Hikeline
Wanderführer

Konrad Lechner

Fernwanderweg

Hochrhöner

Wandern durch die Kuppenrhön und die Lange Rhön

VERLAG**ESTERBAUER**

Hikeline®-Wanderführer
Konrad Lechner
Fernwanderweg Hochrhöner
© 2011-2023, **Verlag Esterbauer GmbH**
A-3751 Rodingersdorf, Hauptstr. 31
Tel.: +43/2983/28982-0, Fax: -500
E-Mail: hikeline@esterbauer.com
www.esterbauer.com
2. überarbeitete Auflage, Sommer 2023
ISBN 978-3-7111-0081-8
Bitte geben Sie bei jeder Korrespondenz die ISBN an!

Umschlagbild: Eric Immerheiser - stock.adobe.com
Bildnachweis: Arnulf Müller: S. 69; Claudia Evans – stock.adobe.com: S. 118; Derkie – stock.adobe.com: S. 140; dieter76 – stock.adobe.com: S. 132; Dominik Marx: S. 30, S. 32, S. 37, S. 40; Gregor Münch: S. 8, S. 9, S. 10, S. 19, S. 23, S. 25, S. 38, S. 47, S. 48, S. 92, S. 94, S. 95, S. 96, S. 98, S. 106, S. 110, S. 142, S. 144, S. 147, S. 150; Heji Shin: S. 36; Konrad Lechner: S. 7, S. 13, S. 14, S. 15, S. 16, S. 17, S. 18, S. 34, S. 38, S. 45, S. 46, S. 58, S. 60, S. 66, S. 67, S. 68, S. 72, S. 76, S. 78, S. 81, S. 89, S. 100, S. 104, S. 108, S. 114, S. 116, S. 117, S. 124, S. 126, S. 127, S. 134, S. 138, S. 141, S. 151, S. 152, S. 158, S. 160; MorePictures - stock.adobe.com: S. 164; Niki Nowak: S. 162; pixabay: S. 128; © Sina Ettmer – stock.adobe.com: S. 166; Stadt Gersfeld/Dr. Arnulf Müller: S. 64; Wolfgang Zangerl: S. 39, S. 50, S. 52, S. 54, S. 55, S. 70, S. 74, S. 80, S. 82, S. 83, S. 84, S. 120, S. 121, S. 122, S. 154

Dank an alle, die uns bei der Erstellung dieses Buches tatkräftig unterstützt haben.

Das *Hikeline*-Team: Birgit Albrecht-Walzer, Renata Andrejeva, Katrin Baumhauer, Beatrix Bauer, Michael Binder, Veronika Bock, Petra Bruckmüller, Roland Esterbauer, Dagmar Güldenpfennig, Gregor Münch, Mario Nakić, Karin Neichsner, Carmen Paradeiser, Amélie Pommier, Manuel Randa, Petra Schartner, Sonja Schleifer, Christina Steinbrecher, Christian Thoren, Isabella Tillich, Martin Trippmacher, Carina Winkelhofer, Martin Wischin, Wolfgang Zangerl

Kartographie erstellt mit axpand
(www.axes-systems.com)

Vorwort

Der Hochrhöner erfüllt fast maßgeschneidert alle Wünsche, die man an einen Wanderweg haben kann – auf den denkbar schönsten Wegen nimmt er die sehenswertesten Plätze der gesamten Rhön mit und ist zudem noch hervorragend ausgestattet. Jede der vier Jahreszeiten hat hier in besonderem Maße Ihren eigenen Reiz, und freies Durchatmen ist Ihnen immer garantiert!

Was den Hochrhöner besonders auszeichnet, ist sein hohes Maß an Abwechslung. Stets präsent sind die Aussichten besonderer Art – die vulkanisch entstandenen Gipfel sind meist unbewaldet und gestatten Fern- und Rundblicke bis weit über die Grenzen der Rhön hinaus. Neben den charakteristischen breiten Hängen mit ihren weichen Wiesenmatten wandern Sie durch pittoreske Fluss- und Bachtäler und eindrucksvolle Moore, treffen auf reizvolle historische Stadtkerne und als spannende Besonderheit dieser Region zudem auf erhaltene Zeugnisse der innerdeutschen Grenze. Daneben lädt immer wieder Kultur am Wegesrand und nicht zuletzt in guter Regelmäßigkeit gemütliche Einkehr zum Verweilen ein.

Präzise Karten, genaue Streckenbeschreibungen, zahlreiche Stadt- und Ortspläne, Hinweise auf das kulturelle und touristische Angebot der Region und ein umfangreiches Übernachtungs- und Serviceverzeichnis – in diesem Buch finden Sie alles, was Sie zu einer Wanderung entlang des Hochrhöners brauchen – außer gutem Wetter, das können wir Ihnen nur wünschen.

Kartenlegende

* in Auswahl

Wanderweg auf Hartbelag
z. B.: befestigter Fußweg • ruhige Anliegerstraße

Wanderweg
breiter oder gut begehbarer Weg
z. B.: Wald- und Forstweg

Wandersteig, Pfad
schmaler Weg/Pfad • Wiesenweg

Klettersteig, Kletterstelle
• schwierige Stelle
• Trittsicherheit erforderlich
• Leiter

Verkehrsreicher Abschnitt
Strecke auf oder direkt an Straße mit starker Verkehrsbelastung

Variante, Alternativstrecke
z. B.: Ausflüge • Abkürzungen • Ein- oder Ausstiege • alternative Hauptroute

Anschlussetappen und weitere Touren

Wanderweg geplant

Wanderweg gesperrt

Tunnelstrecke, Unterführung

Fährverbindung; Lift

Stadt-/Ortsplan

Routenverlauf; Wegpunkt

Gefahrenstelle; Text beachten

Treppe

Tourist-Information
Unterkunft; Jugendherberge
Campingplatz; Zeltplatz
Gasthaus
Einkaufsmöglichkeit; Kiosk
Erlach sehenswerter Ort
Einrichtung im Ort vorhanden
sonstige Sehenswürdigkeit
sehenswerte Kirche; Kapelle
sehenswertes Kloster
sehenswerte Synagoge; Moschee
sehenswerte/s Schloss, Burg
sehenswerte Ruine
sehenswertes Denkmal; Wegkreuz
sehenswerte/s Bergwerk; Höhle
sehenswerter Turm; Leuchtturm
sehenswerte Wassermühle; Windmühle
sehenswertes/r Kraftwerk; Flughafen
Museum
Ausgrabung; Römische Objekte
Tierpark; Natur-Information
Naturpark; sonstige Natursehenswürdigkeit
Aussichtspunkt
Rastplatz; Unterstand
Schutzhütte; Grillplatz
Wanderparkplatz
Brunnen*
Freibad, Badestelle; Hallenbad
Bushaltestelle*

Maßstab 1 : 35.000

1 cm ≙ 350 m   1 km ≙ 2,9 cm

0   1   2   3 km

- Kirche; Kapelle
- Kloster
- Synagoge; Moschee
- Schloss, Burg
- Ruine
- Denkmal
- Wegkreuz
- Bergwerk
- Höhle
- historischer Grenzstein, Römerstein
- Grabanlage, Hügelgrab
- Turm; Leuchtturm
- Wassermühle; Windmühle
- Funk-, Sendeanlage
- Kraftwerk
- Umspannwerk, Trafostation
- Windkraftanlage
- Sportplatz, Stadion
- Golfplatz; Tennisplatz
- Flughafen; Landeplatz
- Quelle
- Kläranlage
- Schiffsanleger; Schleuse

Nur in Ortsplänen

- Parkplatz
- Parkhaus/Tiefgarage
- Post*
- Apotheke*
- Krankenhaus
- Feuerwehr
- Polizei
- Theater*

- Wald; Wiese, Weide
- Nassfläche, Sumpf, Moor; Heide
- Weinbau; Garten
- Friedhof; Sand, Düne
- Steinbruch, Tagebau; Gletscher
- Fels; Schutt
- Gebäude; Siedlungsfläche
- öffentl. Gebäude; Industriegebiet
- See/Staumauer/Fluss
- A13 Autobahn
- B12 Schnellverkehrsstraße
- B236 Fernverkehrsstraße
- Hauptstraße
- Pass (820 m) untergeordnete Hauptstraße / Pass
- 550 Nebenstraße / Höhenpunkt
- Fahrweg; Weg
- Pfad; Fähre
- Eisenbahn / Bahnhof; S-Bahnhof
- Eisenbahn stillgelegt; Nebenbahn
- Straßenbahn / Haltepunkt; Bergbahn
- Materialseilbahn; Sessellift
- Staatsgrenze / Grenzübergang
- Landesgrenze
- Kreisgrenze, Bezirksgrenze
- Damm
- Stadtmauer, Mauer
- Kanal
- Naturpark, Nationalpark
- Truppenübungsplatz, Sperrgebiet
- Höhenlinie 100m
  Höhenlinie 25m
- Kilometerraster
  mit UTM-Koordinaten

Inhalt

Vorwort des Autors

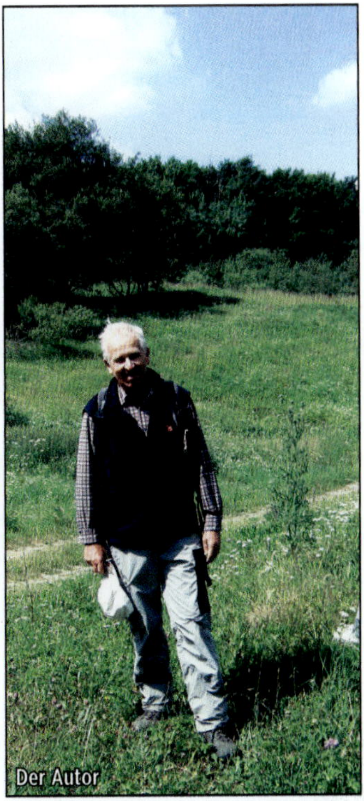
Der Autor

In fernen Kindertagen entdeckte ich in einer Zeitschrift meines wesentlich älteren Bruders einen bebilderten Artikel über die Rhön. Die Überschrift lautete „Kennt Ihr die Berge in Deutschlands Herz“. Mein Interesse für diese Landschaft war geweckt, allerdings kam ich erst während des Studiums auf einer mehrtägigen geologischen Exkursion in die Rhön. Es war zur Zeit der Sommersonnwende, als sich die Rhön in ihrer ganzen Schönheit zeigte. Blumenreiche Wiesen über einem Kranz von dunklen Wäldern, Berge mit weitem Blick und Sonnwendfeuer auf vielen Höhen beeindruckten mich sehr. Hinzu kam die brillante Führung des Geologen Professor Dr. Bruno von Freyberg, die uns zeigte, dass es hier nicht nur schön ist, sondern auch noch viel zu erforschen und zu erkunden gibt.

Nach dem Studium kam ich immer wieder in die Rhön. Auf botanischen und geologischen Exkursionen führte ich Wandergruppen, meistens mehrtägig, durch dieses Gebirge. Im Winter bestieg ich mit einem Freund auf Tourenskiern mehrfach den Kreuzberg, wobei wir wie in den Alpen für die Aufstiege noch Felle verwendeten. Gelegentlich fuhren wir auch mit den Liften, aber meistens suchten und fanden wir die Einsamkeit.

In Zusammenarbeit mit dem Erlanger Mineralogen Prof. Dr. W. M. Bausch wendete ich später mein Interesse hauptsächlich den vulkanischen Gesteinen zu. Diese Tätigkeit setzt sich bis in die Gegenwart fort. Dazu

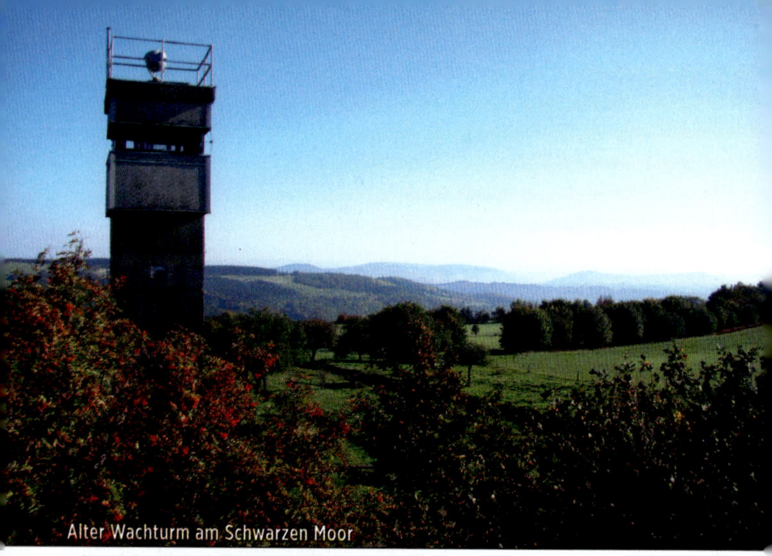

Alter Wachturm am Schwarzen Moor

ging ich allein oft weite Wege, um die Fundstellen zu erreichen und zu beproben. Immer wieder war ich auch für das Wandermagazin in der Rhön tätig. Hierbei beging ich bereits einen Teil des Hochrhöners. Für ein Sonderheft des Wandermagazins im Auftrag des Rhönklubs anlässlich des Deutschen Wandertages in Fulda schrieb ich einen Artikel über Geologie und Flora der Rhön und stellte einige Touren vor. Auf diese Weise hat sich die Sehnsucht in der Kindheit nach der Rhön für mich in reichem Maß erfüllt.

Aus all diesen Gründen nahm ich seinerzeit die Aufgabe, einen Wanderführer zum Hochrhöner zu verfassen, gerne an und hoffe mit diesem Buch Interesse für die Rhön zu wecken und auf der Wanderung etwas von meiner Begeisterung für diese Landschaft weitergeben zu können.

An dieser Stelle möchte ich mich bei Frau Christine Kolasch und Herrn Roland Frormann von der Rhön GmbH Landkreis Fulda sowie bei Herrn Thomas Lemke vom Naturpark Bayerische Rhön für ihre Hilfen bei meinen Erkundungen und bei der Durchsicht des Manuskripts herzlich bedanken.

Dr. Konrad Lechner

Die Rhön

Landschaft und Klima

Die Rhön erstreckt sich etwa 90 Kilometer von Gemünden am Main im Süden bis Vacha an der Werra im Norden und in einer Breite von ca. 50 Kilometer von Fulda im Westen bis Meiningen im Osten. Die genannten Ausmaße werden nicht überall erreicht, sodass die Gesamtfläche nur etwa 3.300 Quadratkilometer beträgt.

Kernstück der Rhön ist die sogenannte Hohe oder Lange Rhön im Osten, die etwa bogenförmig verläuft. Dabei handelt es sich um eine überwiegend von Wiesen und Mooren bedeckte Hochfläche auf ungefähr 800 Metern Höhe. Sie besteht aus dunklen vulkanischen Gesteinen und wird vor allem an ihren Rändern von etwas höheren Kuppen überragt. Eine solche Kuppe ist z. B. die Wasserkuppe, mit 950 Metern die höchste Erhebung des Gebirges. Die Hohe Rhön ist weitgehend von einem Saum aus Muschelkalk umgeben.

Westlich und nordwestlich der Hochfläche befindet sich die sogenannte Kuppenrhön, die aus zahlreichen einzelnen Bergen besteht, deren Inneres meistens helles vulkanisches Gestein enthält.

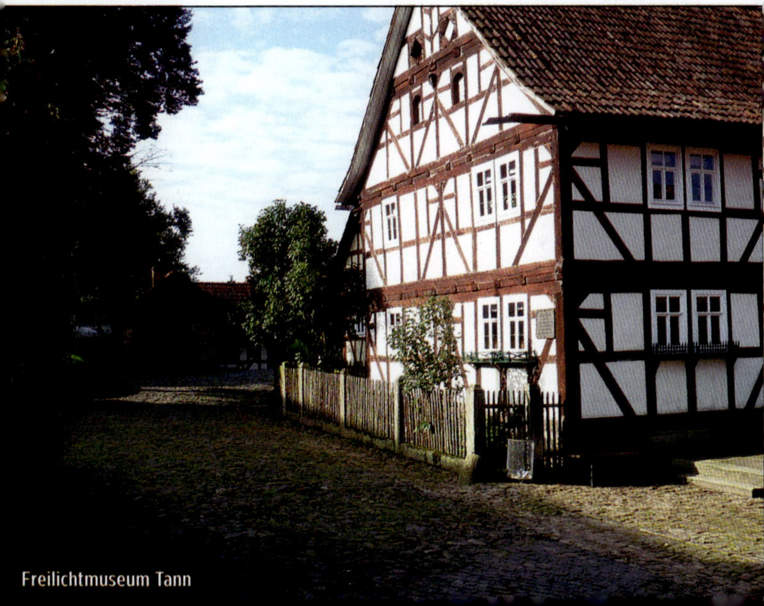

Freilichtmuseum Tann

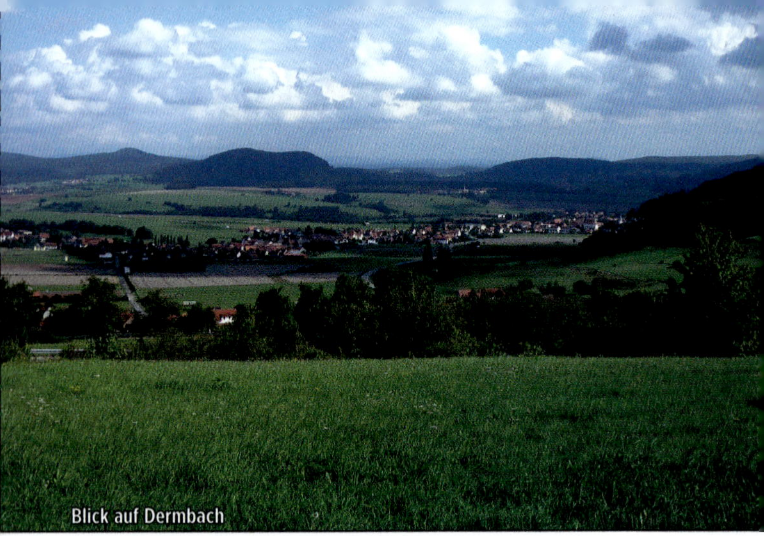

Blick auf Dermbach

Sowohl Kuppenrhön als auch Hohe Rhön sind von einer etwa 500 Meter hohen, stark bewaldeten Buntsandsteinfläche umschlossen.

Durch die Höhe, die ungeschützte Lage und die Waldarmut liegen die Mittelwerte der Temperaturen auf der Hohen Rhön etwa 3,5 bis 4 °C unter denen des Umlandes. Die Folge sind 135 bis 150 Frosttage und eine auch durch die höheren Niederschläge bedingte, bis drei Monate anhaltende Schneedecke. Werden man noch die zahlreichen Nebeltage berücksichtigt, kann man bezüglich der umgebenden Landschaften durchaus von einer Kälteinsel sprechen.

Die Hohe Rhön ist ungeachtet dessen ein großartiges Wandergebiet. Die weiten unbewaldeten Flächen, die blumenreichen Bergwiesen, die oft gute Fernsicht, doch auch der Nebel über den Mooren und im Winter der Schnee schaffen Landschaftsbilder von großer Schönheit und erinnern häufig an alpine Verhältnisse. Man sollte es in der Tat einmal erlebt haben, hier über den von Nebel erfüllten Tälern auf sonnigen Höhen zu wandern und in die Ferne zu blicken. Spätestens dann erschließt sich die Rhön als das „Land der offenen Fernen“.

Durch die hohen Niederschläge und die teils wasserundurchlässigen Böden gibt es zahlreiche Quellen und ausgedehnte Moore. In der Rhön entspringen die zur Weser orientierten Flüsse Fulda, Felda und Ulster sowie die zum Main und damit Rhein fließende Fränkische Saale und die Sinn.

Besonderheiten und Sehenswürdigkeiten

Neben der faszinierenden Landschaft, die in den Etappen auch bei den Hinweisen zu Geologie und Flora gewürdigt wird, gibt es im Bereich des Hochrhöners auch kulturkundliche und andere Sehenswürdigkeiten wie zum Beispiel das weltberühmte Bad Kissingen, das Deutsche Segelflugmuseum auf der Wasserkuppe, Kloster und Kirche auf dem Kreuzberg und das romanische Grabmal des Minnesängers Otto von Bodenlauben und seiner Gattin Beatrix in Frauenroth. Ferner kommen Sie durch das Rhöner Museumsdorf in Tann, passieren Frankenheim als höchstgelegenes Dorf der Rhön und erreichen schließlich das Sole-Heilbad Bad Salzungen. Ein besonderer Bestandteil der Rhönlandschaft sind nicht zuletzt die Stätten des Glaubens und der Besinnung. Dazu gehören der Kreuzweg bei Stralsbach, die Kirche in Oberweißenbrunn mit ihrer Barockausstattung in neuem Gebäude oder die St.-Gangolfs-Kapelle auf der Milseburg. Auch die zahlreichen Bildstöcke und Kreuze am Weg, oftmals mit Bank und schattenspendendem Baum, bieten Orte mit unaufdringlicher Aufforderung zum Rasten und Verweilen, wo sich der Reichtum des Augenblicks erleben lässt.

Zur Geologie der Rhön

Der Sockel der Rhön: Ablagerungen aus Sand und Kalk

Das Rhönvorland besteht aus Buntsandstein, einem Sandstein, dessen Quarzkörner von braun-roten Eisenverbindungen überzogen sind. Vor 250 Millionen Jahren befand sich in Mitteleuropa ein ausgedehntes Becken, das sog. Germanische Becken, in das von den umgebenden Gebirgen durch Wasser Sand eingeschwemmt wurde, der sich später zu Sandstein verfestigte. Die wenig fruchtbaren Böden über Buntsandstein eignen sich kaum für den Ackerbau, und der Wald blieb weitgehend erhalten.

In der folgenden Muschelkalkzeit sank der Boden des Beckens, und das Meer konnte vordringen. Bei subtropischem Klima kam es zur

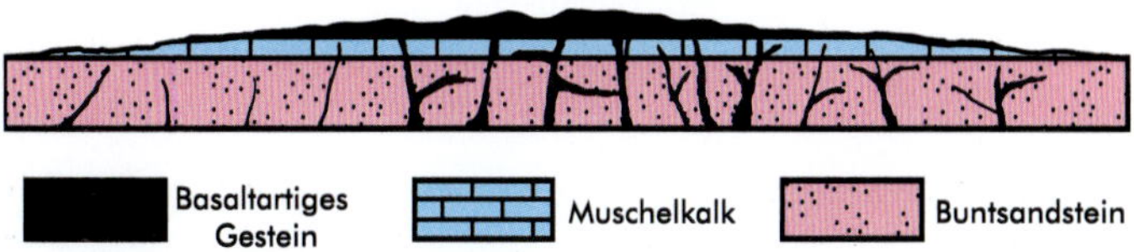

Abb. 1 Hohe Rhön: Schematischer Schnitt durch die Hohe Rhön ohne Berücksichtigung der Tertiärablagerungen, der Aufwölbung der Gesteinsschichten und der Schichtstörungen

Kalkausscheidung, wobei die Schalen bestimmter Meerestiere einen beträchtlichen Anteil stellten. Das aus dem Kalk hervorgegangene Muschelkalkgestein umgibt heute kranzförmig die hohen Berge der Rhön, da es dort durch die Härte der vulkanischen Gesteine vor Abtragung geschützt wurde. Über dem Muschelkalk kam es auch in der Tertiärzeit noch zu Ablagerungen.

Das Dach der Rhön: erschaffen durch Vulkanergüsse

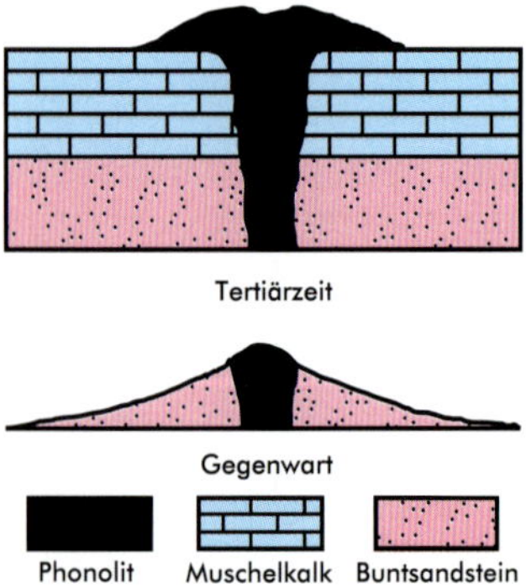

Abb. 2 Kuppenrhön: Schematischer Schnitt durch einen Phonolith-Vulkan (Tertiärzeit), ohne Tertiärablagerungen, und darunter den durch Abtragung daraus entstandenen Berg der Kuppenrhön (Gegenwart)

In der Tertiärzeit vor ca. 25 bis 18 Millionen Jahren stieg in etwa 500 Spalten und Röhren Magma hinauf und drang in die vorhandenen Gesteine ein. Da die Schlote teilweise eng beisammen lagen, bildeten sich auch horizontale Lager, die sich zu Decken vereinigten. Die Ausbrüche erfolgten auf einer Landoberfläche aus Tertiär und Muschelkalk. Sowohl Tertiärablagerungen als auch Muschelkalk der näheren Umgebung der Rhön wurden durch die spätere Hebung und Abtragung weitgehend entfernt. Im Bereich der Vulkanausbrüche erfolgte die Abtragung bis in den Bereich der horizontalen Lager. Auf diese Weise entstanden die ausgedehnten vulkanischen Decken der heutigen Hohen Rhön mit Muschelkalk- und Tertiärresten an den Rändern.

Etwas ungenau werden die dunklen vulkanischen Gesteine der Hohen Rhön meistens als Basalt bezeichnet, der jedoch im engeren Sinn nur wenig beteiligt ist. In der Tat handelt es sich um mehrere dunkle, vulkanische Gesteine von unterschiedlicher Mineralzusammensetzung, die diese Decken bilden. Zur Vereinfachung wird jedoch auch hier der Begriff „Basalt“ verwendet. Die Verteilung der dunklen vulkanischen Gesteine ist regellos.

Die kegelförmigen, entfernt voneinander stehenden Berge der Kuppenrhön entstanden ebenfalls durch Hebung und Abtragung und sind Schlotfüllungen ehemaliger Vulkane, welche durch die

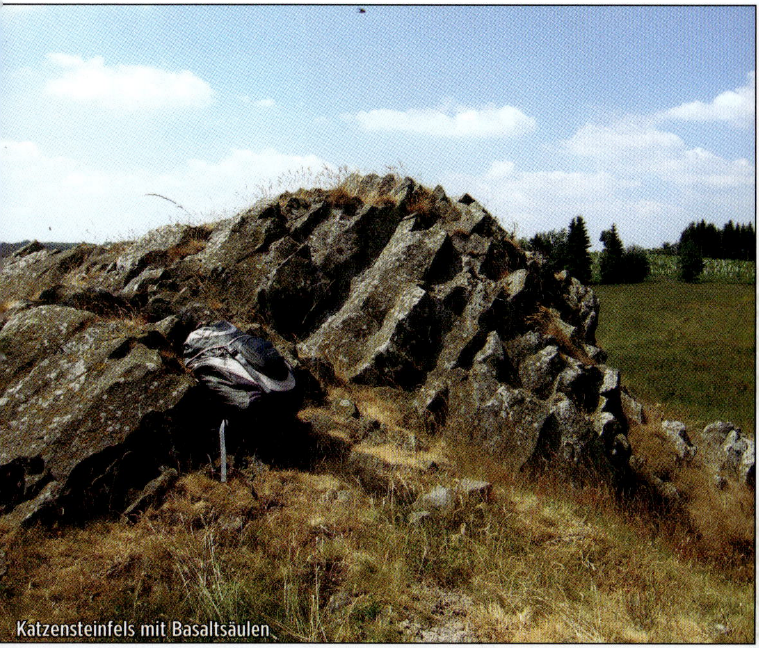

Katzensteinfels mit Basaltsäulen

Härte des vulkanischen Gesteins ihre heutige Form erhielten. Dabei handelt es sich meist um den hellen Phonolith, auch als Klingstein bezeichnet, da das Gestein beim Anschlagen mit dem Hammer einen hellen Ton erzeugt.

Der Rhönvulkanismus gehört zu einem Vulkanbogen, der sich von der Eifel bis nach Schlesien erstreckt. Im Bereich der Rhön geht die Öffnung von Spalten vor allem auf eine Aufbeulung der Erdkruste zurück. Die Erforschung des Rhönvulkanismus begann durch den Würzburger Mineralogen Bücking, der um 1900 eine Sammlung von 5.000 Gesteinsproben zusammenstellte und 2.500 Dünnschliffe von Gesteinen anfertigte, um die darin enthaltenen Minerale mikroskopisch zu bestimmen und die Gesteine zu klassifizieren. Die seinerzeit von ihm erstellte geologische Karte der Rhön ist noch heute wertvoll.

Die Prozesse von Hebung und Abtragung begannen bereits im Tertiär und setzten sich im Eiszeitalter fort, in dem auch das heutige Flussnetz durch

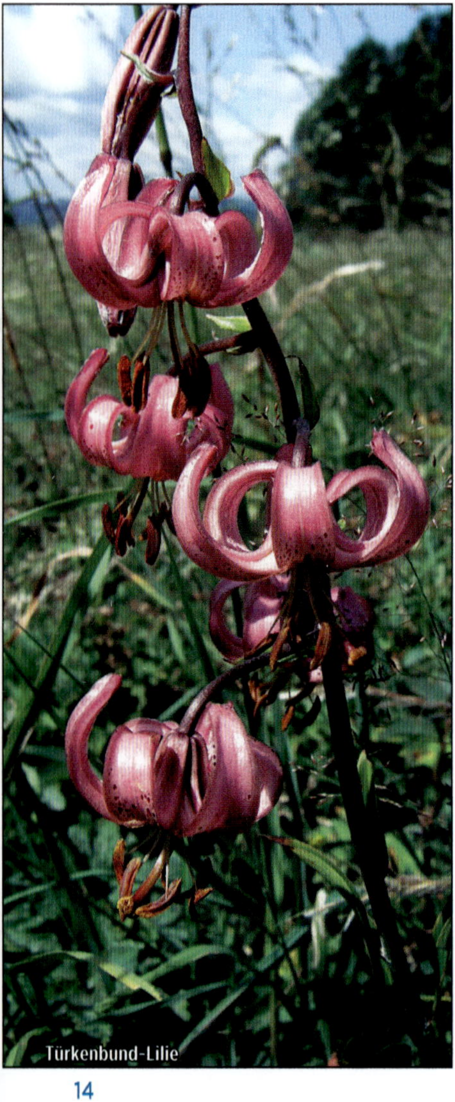
Türkenbund-Lilie

das Einschneiden der Gewässer entstand. Durch den Spaltenfrost bildeten sich Blöcke, aus denen sich an den Hängen Blockhalden entwickelten, wie z. B. am Kreuzberg, an der Milseburg und am Schafstein. Diese gehören zu den wertvollsten Geotopen in Deutschland.

Zur Flora der Rhön und ihres Vorlandes

Um 1920 schrieb der Botaniker Hans Scherzer „Wer die Rhön in ihrem farbigsten Pflanzenkleid kennen lernen will, muss zur Pfingstzeit kommen. Da rauschen die Wogen der Buchenwälder goldgrün auf, da sind die Waldestiefen noch erfüllt vom Blütenschmuck des Frühlings, da liegt leuchtendes Mattengrün auf den weit geschwungenen Hochwiesen". Diese erfüllten Worte haben bis heute nichts von ihrer Gültigkeit verloren.

Die Artenfülle der Rhön geht auf die vielen verschiedenen Biotope zurück, die relativ nahe beieinander liegen. Im Detail spielen hierbei viele Faktoren eine Rolle. Mit zunehmender Höhe sinkt die Temperatur, gleichzeitig nehmen Anzahl der Tage mit Schneedecke, Niederschläge und UV-Strahlung zu. Zudem bestimmen Richtung und Neigung der Hänge deren Erwärmung. Nährstoffarme, an Kieselsäure reiche Böden bilden sich über Sandstein, über Muschelkalk und basaltartigen Gesteinen hingegen sind die Böden nährstoffreich und basisch. Die Moore entstehen durch wasserstauende Böden in Senken der Hochrhön. Schließlich haben die durch Menschenhand geschaffenen Wiesen und Weiden der Hochrhön den Wald in den Bereich der steileren Hänge verdrängt und aus Sicht heutiger Wanderer prächtige Biotope geschaffen.

Die Auswahl der hier erwähnten Pflanzen erfolgte nach Schönheit, Auffälligkeit und landschaftsprägender Wirkung, nicht nach wissenschaftlichen Gesichtspunkten.

In den Buchenwäldern auf den sauren Böden über dem Buntsandstein blühen im Mai die allseits bekannten Maiglöckchen, die Große Sternmiere mit ihren weißen gespaltenen Blütenblättern und das Schattenblümchen mit kleinen weißen Blüten und zwei großen herzförmigen Blättern. Die Buchenwälder auf Muschelkalk schmücken ihren Waldboden bereits vor der Belaubung mit weißen, gelben und blauen Anemonen. Etwas später erscheint die Frühlingsplatterbse, deren Blüten zunächst rot sind, später blaugrün. Das Salomonssiegel hat röhrenförmige, weiße Blüten an einem kantigen Stängel. Etwas spä-

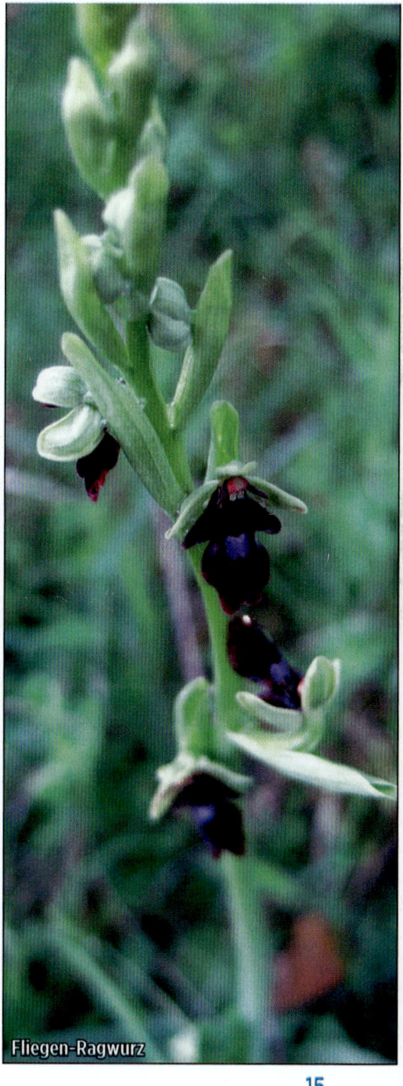
Fliegen-Ragwurz

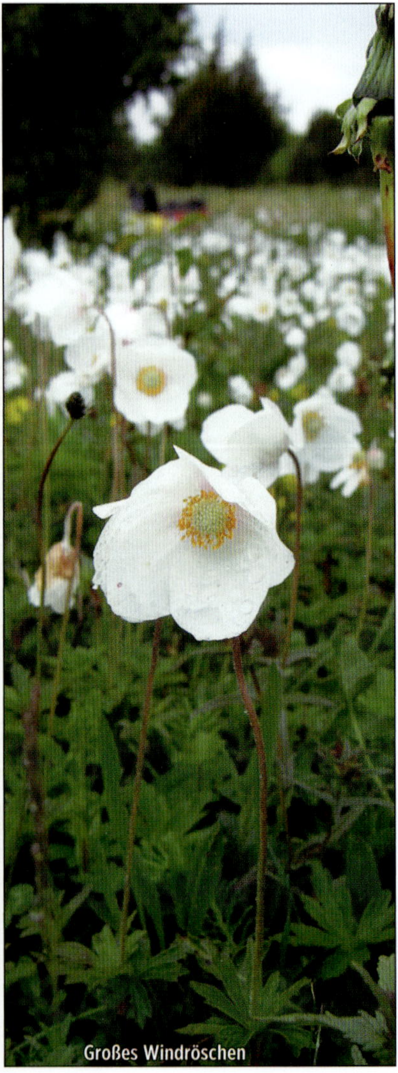
Großes Windröschen

ter findet man hier als besondere Rarität auch die Türkenbund-Lilie mit ihren großen roten Blütenblättern, die dunkle Flecken aufweisen und zurückgerollt sind.

Die Bäume der Bergwälder sind neben der Buche auch Spitzahorn, Bergahorn, Esche und Ulme. Die Krautschicht trägt zusätzlich den über einen Meter hohen Platanenblättrigen Hahnenfuß mit weißen Blüten, die Zwiebeltragende Zahnwurz mit hellvioletten Blüten und Brutknöllchen in den Blattachseln sowie die auch auf den Bergwiesen häufige Ährige Teufelskralle mit einem ovalen, gelbweißen Blütenstand. Das violett blühende Silberblatt trägt elliptische Früchte, deren Scheidewand im Herbst silbrig glänzt. Das Christophskraut besitzt kleine weiße Blüten und im Herbst dunkle Früchte.

Natürlich gibt es hier auch Orchideen. Man findet z. B. die Mückenhändelwurz mit ihrem auffallend langen Sporn, das Purpur-Knabenkraut mit seinen großen hellroten, punktierten Blüten, das Stattliche Knabenkraut mit dem nach oben gerichteten Sporn sowie das Weiße und Rote Waldvögelein. An den Wegrändern im Bereich der Gräben ist auch das Breitblättrige Knabenkraut nicht selten. Bienen- und Fliegen-Ragwurz zählen zu den größten Raritäten der Rhön. Die Ragwurzarten, allesamt geschützt und zu den botanischen Raritäten Europas

gehörend, werden auch als Sexualtäuschblumen bezeichnet. Sie sind nektarlos und locken männliche Hautflügler an, da ihre Blüten Weibchen-Attrappen darstellen.
Charakteristischer und besonderer Schmuck der Rhön sind die ausgedehnten und artenreichen Bergwiesen, auf denen u. a. der Waldstorchschnabel mit seinen violetten Blüten und der Schlangenknöterich mit einem dichten rosa Blütenstand wachsen, vor dem ersten Schnitt der Bergwiesen die vorherrschenden Arten.
An steileren Hängen unterhalb der Felsen und auf trockenen Böden über dem Muschelkalk erstrecken sich kurzgrasige Flächen mit Wacholderbüschen, bekannt auch als Magerrasen. Hier blühen im Frühling die Küchenschelle mit ihren großen violetten Blüten, das weißblühende Große Windröschen und etwas später mehrere Orchideenarten. Im Sommer folgen die Arnika, die Prachtnelke mit zerteilten Blütenblättern und der gelbe Hufeisenklee. Im Herbst sind die Trockenrasen durch die Silberdistel, Wahrzeichen der Rhön, den Gefransten Enzian und die blaugelbblütige Kalkaster nochmals prächtig geschmückt.
Zu den großartigsten Landschaftsbildern der Rhön gehören die Moore in ihrer Einsamkeit und Weite, die aber auch oft durch Nebel verhüllt

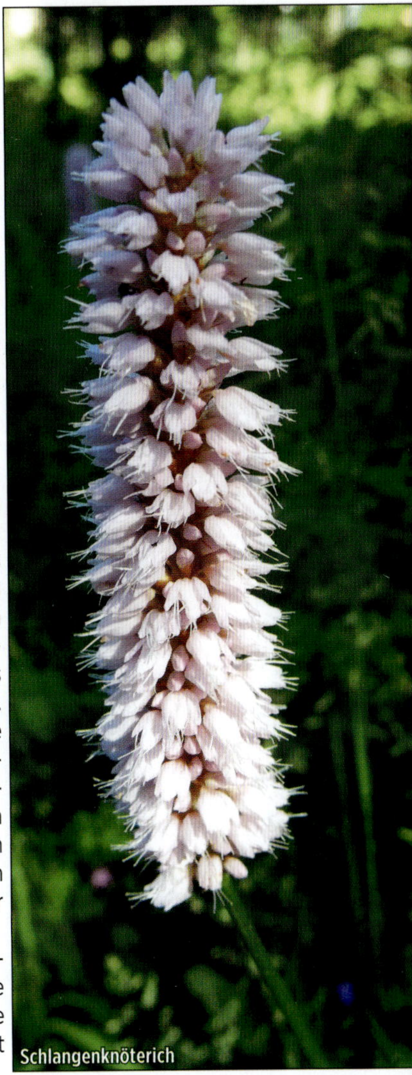
Schlangenknöterich

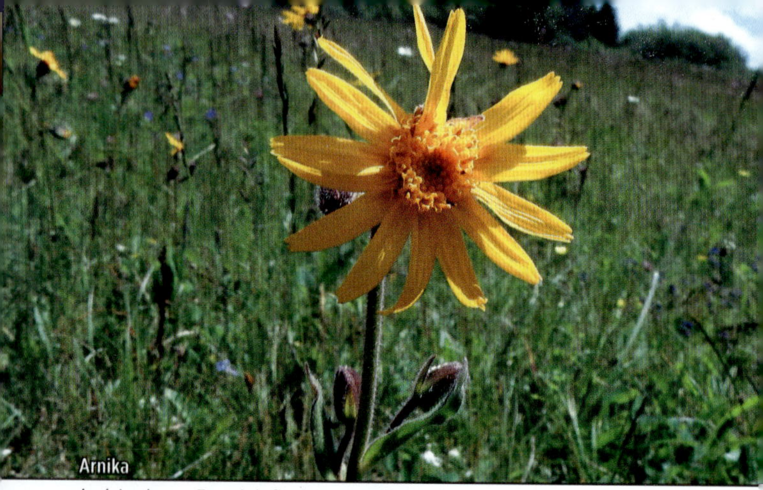

Arnika

sind. In deren Bereich findet man die Torfmoose mit ihren etwas edelweißähnlichen Blattsternen, das Wollgras mit seinen leuchtend weißwolligen Fruchtständen, das rosa Heidekraut und die Moorbirke sowie deren Unterart, die Karpatenbirke.

Zur Geschichte der Rhön

Bereits im Mittelalter gab es in der Rhön eine Straßenverbindung von der Wetterau nach Thüringen, die Antsanvia. Diese bestand über Jahrhunderte als Handelsweg und Heerstraße. In ihrem Bereich wurden Hügelgräber mit Waffen und Schmuck gefunden, woraus sich auf eine Besiedlung bereits zu dieser Zeit schließen lässt. Aus den letzten Jahrhunderten vor der Zeitenwende wurden keltische Fliehburgen nachgewiesen. Diese übernahmen die Germanen, nachdem sie die Kelten verdrängt hatten. Der römische Geschichtsschreiber Tacitus berichtet von einer Schlacht 58 n. Chr., bei der es um die salzhaltigen Quellen an der Fränkischen Saale ging.

Im 7. und 8. Jahrhundert begann dann die Christianisierung, in deren Rahmen das Kloster Fulda gegründet wurde. Gleichzeitig kamen die Franken und durch Karl den Großen auch Sachsen in die Rhön, worauf der Name Wüstensachsen hindeutet. Im 11. Jahrhundert war das Gebiet der Rhön weitgehend im Besitz des Bistums Würzburg, des Klosters Fulda und einiger Adliger. Unter diesen waren die Grafen von Henneberg besonders begütert, denen neben der Burg Bodenlauben bei Kissingen weitere Burgen gehörten.

In der beginnenden Neuzeit erschütterten Reformation, Bauernkrieg und Gegenreformation das Land. Hinzu kam ein erbitterter Streit zwischen dem Bistum Würzburg und der Abtei Fulda, dazu noch der Dreißigjährige und später der Siebenjährige Krieg, unter denen die Bevölkerung zu leiden hatte und stellenweise auch ausgerottet wurde. Die rege Bautätigkeit der Fürstäbte von Fulda ab Ende des 17. Jahrhunderts, die in Fulda den Dom und eine Universität hervorbrachte, erfolgte nicht immer zur Freude der Bevölkerung. Die Fürstbischöfe von Würzburg errichteten in dieser Zeit auf dem Kreuzberg das Kloster und die Kirche.
Während der Neuordnung Europas zu Beginn des 19. Jahrhunderts verloren das Bistum Würzburg und das noch junge Bistum Fulda ihre Territorien. Nach wechselnden Besitzverhältnissen in der folgenden Zeit gehört die Rhön heute zu den Bundesländern Bayern, Hessen und Thüringen, durch die auch der Hochrhöner führt.

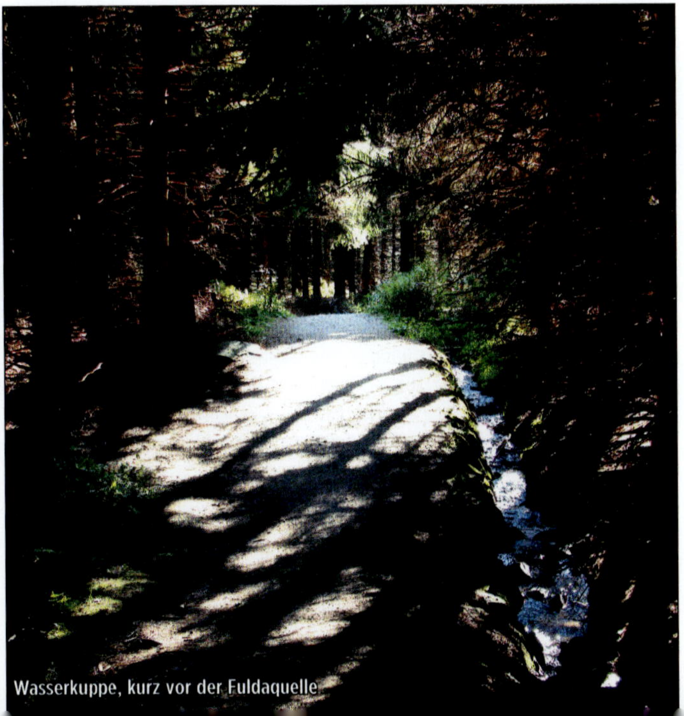

Wasserkuppe, kurz vor der Fuldaquelle

Streckenstatistik		
Länge der Hauptstrecke: **191 km**		
Aufstieg: **4.921 m**	Abstieg: **5.084 m**	
Hartbelag: **15 %**	Wanderwege: **66 %**	Wanderpfade: **19 %**
Summe aller Strecken: **235 km**		

Biosphärenreservat Rhön

1991 wurde die uralte Kulturlandschaft der Rhön von der UNESCO als Biosphärenreservat anerkannt. In diesem soll die Artenvielfalt erhalten bleiben, die weitere Entwicklung sich unter ökologischen, ökonomischen und sozialen Gesichtspunkten vollziehen. Außerdem erfolgen Fortbildung, Forschung, Kommunikation und Überwachung. Man unterscheidet Kernzonen, in denen der Naturschutz im Vordergrund steht, sowie Pflege und Entwicklungszonen. In der Pflegezone soll die charakteristische Kulturlandschaft mit ihren Wiesen, Weiden, Hecken und Steinwällen durch Pflegemaßnahmen erhalten bleiben. In der Entwicklungszone dominieren Landwirtschaft, Gewerbebetriebe und Siedlungen unter dem Gesichtspunkt einer Nutzung ohne Zerstörung der Landschaft.

Streckencharakteristik

Länge, Höhenmeter und Etappen

Der Hochrhöner führt von Bad Kissingen an der Fränkischen Saale nach Bad Salzungen an der Werra, beide Orte sind gut mit der Bahn zu erreichen. Am Roten Moor gabelt sich die Route. Die Westroute führt über die Kuppenrhön, die Ostroute über die Lange Rhön. Bei Andenhausen vereinigen sich beide Strecken wieder. Die Gesamtlänge von Bad Kissingen nach Bad Salzungen über die Kuppenrhön beträgt 136 Kilometer, über die Lange Rhön sind es 122 Kilometer.

Die vorliegende Etappeneinteilung ermöglicht unter Berücksichtigung der Etappenorte, zwischen dem Roten Moor und Andenhausen entweder die West- oder die Ostroute zu wandern. Die Westroute „Kuppenrhön" verläuft dabei auf den Etappen 3 bis 6 (ab S. 59), der Abschnitt der Ostroute „Lange Rhön" wird in den Etappen 7 bis 9 beschrieben (ab S. 109).

Wer eine der beiden Routen gegangen ist und später noch den fehlenden Abschnitt der anderen gehen möchte, erreicht vom Bahnhof

Gersfeld auf einem markierten Zubringer (s. S. 62) die südliche Gabelung der beiden Routen beim Roten Moor. Am selben Tag lässt sich dann noch das jeweilige Etappenziel erreichen. Die weitere Strecke bis Andenhausen kann nach Belieben aufgeteilt werden. Ab Andenhausen bzw. Zella an der nördlichen Gabelung gibt es nach derzeitigem Fahrplan täglich mehrere Busverbindungen nach Bad Salzungen (Rufbus 132, dann Linie 130).

Ebenso ist es möglich, über den knapp 8 Kilometer langen Zuweg von Gersfeld zur südlichen Hochrhöner-Gabelung zu gehen und von dort eine knapp 90 Kilometer lange Rundtour aus West- und Ostroute zu gehen (s. S. 62).

Die hier beschriebenen Etappen sind für Wanderer mit durchschnittlicher Kondition an einem Tag, für gute Geher teils auch an einem halben zu begehen. Am Etappenende besteht jeweils die Möglichkeit zu übernachten. Durch Angabe weiterer Übernachtungsmöglichkeiten entlang der Strecke lässt sich die Etappenlänge individuell verändern. Der Hochrhöner enthält keine gefährlichen Stellen, Schwindelfreiheit ist nicht erforderlich. An manchen Stellen ist jedoch Trittsicherheit erforderlich, insbesondere bei Nässe.

Wegweisung, Anforderungen

Der Hochrhöner ist in beide Richtungen mit dem orangefarbenen „Ö" und „Hochrhöner" markiert. Die Zusätze „Lange Rhön" (Ost) und „Kuppenrhön" (West) kennzeichnen die Routenvarianten. Im vorliegenden Buch wird die Begehung von Süd nach Nord beschrieben. Abseits des Weges gelegene Wanderparkplätze und Siedlungen mit Übernachtungsmöglichkeit sind über Zubringer an den Hochrhöner angebunden, die mit grünem „Ö", „Hochrhöner" und „Zubringer" gekennzeichnet sind. Die sog. Extratouren, hervorragende Tages-Rundtouren und ebenfalls Premium-Wege, sind immer mit dem roten Anfangsbuchstaben des Tour-Namens gekennzeichnet, z. B. „M" für Moorweg.

Ausstattung und Wegequalität

Die Qualität des Hochrhöners wurde vom Deutschen Wanderinstitut geprüft. Der Weg entspricht den hohen Anforderungen, erhielt das deutsche Wandersiegel und darf die Bezeichnung Premiumweg führen. Bei einer solchen Beurteilung werden z. B. die landschaftliche Schönheit, Abwechslung, kulturelle Sehenswürdigkeiten, Aussichtspunkte, Rastplätze und Informationstafeln, ferner die Wegequalität und die Markierung berücksichtigt, um Wandern auf hohem Niveau zu gewährleisten.

Tourenplanung

Infostellen

Rhönklub Hauptvorstand, Peterstor 7, 36037 Fulda, ✆ 0661/73488, hauptvorstand@rhoenklub.de, www.rhoenklub.de
Rhön Infozentrum Wasserkuppe, Wasserkuppe 1, 36129 Gersfeld, info@rhoentourist.de, www.rhoentourist.de
Tourist-Infozentrum Rhön „Haus der Schwarzen Berge", Rhönstr. 97, 97772 Wildflecken-Oberbach, ✆ 09749/9122-0, infozentrum@rhoen.de
Rhönforum e. V., Untere Röde 13, 36466 Dermbach, ✆ 036964/861170, rhoenforum@rhoen.info, www.rhoenforum.de

An- und Abreise mit der Bahn

Infostellen

Deutsche Bahn AG, Reise-Service: ✆ 030/2970, Mo-So 0-24 Uhr, Auskünfte über Fahrpreise und Fahrpläne, Informationen über die Serviceleistungen der Deutschen Bahn, www.bahn.de
Aus dem Süden gelangen Sie mit der Bahn von Schweinfurt aus nach Bad Kissingen oder durchs Streu- und Werratal bis nach Bad Salzungen. Von Westen verkehrt vom ICE-Bahnhof Fulda aus die Rhönbahn nach Gersfeld, das durch einen markierten Zubringer mit dem Hochrhöner und dem südlichen Treffpunkt der beiden Hochrhöner-Varianten verbunden ist. Von Andenhausen am nördlichen Treffpunkt der beiden Hochrhöner-Varianten gelangen Sie mit den Bussen 133 (am Wochenende Rufbus 132, ✆ 0180/7979899, Anm. bis spätestens 60 Min. vor Abfahrt) und 130 über Dermbach nach Bad Salzungen.
Von Bad Salzungen können Sie mit der Bahn abreisen.

An- und Abreise mit dem Fernbus

Aufgrund der großen Anzahl von Fernbuslinien und -unternehmen informieren Sie sich bitte im Internet z. B. unter www.fernbusse.de .

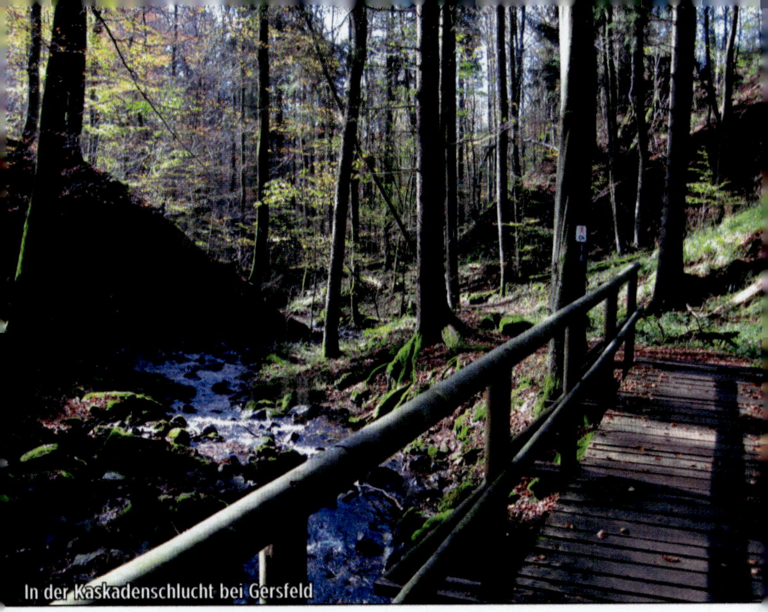

In der Kaskadenschlucht bei Gersfeld

Mit der Bahn entlang der Strecke

Das Bahnnetz im Bereich der Rhön befindet sich im Wesentlichen an den westlichen und östlichen Außenkanten des Mittelgebirges, durch die Rhön selbst gibt es keine Bahnlinien. So lässt sich am Hochrhöner neben den Start- und Zielpunkten Bad Kissingen und Bad Salzungen nur noch Gersfeld per Bahn erreichen, das durch einen markierten Zuweg mit dem Hochrhöner verbunden ist.

Mit dem Bus zur Bahn

Hochrhöner über Kuppenrhön (Westroute)

Von einzelnen Orten an der Strecke des Hochrhöners können Sie mit dem Bus das Bahnnetz erreichen.

Bus 8142: von Stralsbach nach Bad Kissingen
Bus 8305: von Oberweißenbrunn nach Gersfeld und Bad Neustadt
Bus 35: von Abtsroda bzw. von der Wasserkuppe nach Fulda
Bus 20: von Schwarzbach bzw. von Tann nach Fulda
Bus 133+130: von Andenhausen über Dermbach nach Bad Salzungen (am Wochenende statt Bus 133 Rufbus 132)
Bus 21/20: ab Steens oder Elters nach Fulda

Lange Rhön (Ostroute)
Bus 8305: von Frankenheim nach Gersfeld bzw. Bad Neustadt
Bus 411: von Kaltensundheim nach Meiningen

Wanderbus

Die Orte Meiningen (✆ 036945/58061), Gersfeld (✆ 06654/1780) und Hilders (✆ 06681/960815) lassen zu bestimmten Zeiten Wanderbusse verkehren, mit denen auch der Hochrhöner an verschiedenen Stellen erreicht werden kann. Dadurch lässt sich dieser auch auf kürzeren Abschnitten begehen.

Von Mai bis Anfang Oktober gibt es am Wochenende und an den Feiertagen zusätzlich die **Freizeitbuslinien**. Acht Linien (Hochrhönbus, Streutalbus, Bäderlandbus, Saaletalbus, Sinntalbus, Brendtalbus, Kreuzbergbus, Kreuzberg-Shuttle) verbinden mehrmals täglich die schönsten Ausflugsziele der Rhön, darunter eine Reihe der Orte, die am Hochrhöner liegen. Informationen dazu unter www.freizeitbuslinien.de/hochrhoenbus/

RhönRadBus (Linie 90), Mai-Okt. am Wochenende sowie an Feiertagen. Der Bus verkehrt von Gersfeld über die Wasserkuppe und die Milseburg nach Fulda, Informationen unter www.lng-fulda.de/de/Wochenendverkehr/

Von Gersfeld lässt sich telefonisch der **Wanderbus** bestellen, der täglich Bring- und Abholtermine bietet und u. a. die Wasserkuppe und das Rote Moor anfährt. Telefonische Voranmeldung ist spätestens am Vortag unter ✆ 06654/1780 erforderlich. Der Bus fährt schon ab 2 Personen.

Taxi: In Notfällen können Sie aus Poppenhausen unter ✆ 06658/375 oder aus Gersfeld unter ✆ 06654/440 ein Taxi rufen, wahlweise auch aus Fulda unter ✆ 0661/77752.

An- und Abreise mit dem Auto

Aus dem Süden kommen Sie über die A 70 und A 7 in die Rhön, aus dem Westen über die A 7 bei Fulda. Von Norden gelangen Sie über die A 4 bei Eisenach nach Bad Salzungen, von Osten über die A 71 fast direkt nach Bad Kissingen.

Haben Sie Ihr Auto in Bad Kissingen abgestellt, kommen Sie von Bad Salzungen in ca. 2 Stunden mit der Bahn dorthin zurück. Langzeitparken ist in Bad Kissingen möglich in der Bahnhofstraße, der Friedrich-Ebert-Straße, der Pfalzstraße, der Salinenstraße und der Kapellenstraße.

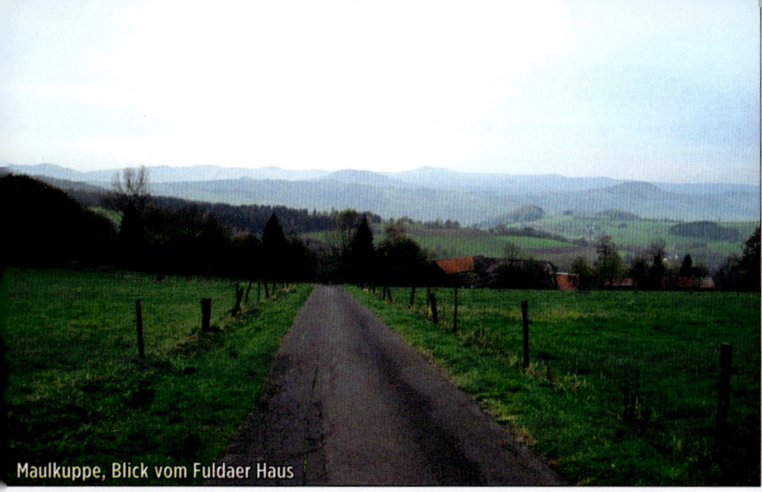

Maulkuppe, Blick vom Fuldaer Haus

Beste Reisezeit

Die günstigste Wanderzeit ist zwischen Ende April und Anfang Oktober. Um eine oder zwei Etappen auf dem Hochrhöner zu gehen, muss die Rhön nicht völlig schneefrei sein. Leicht schneebedeckte Höhen über bereits frühlingshaften Niederungen ergeben besonders reizvolle Landschaftsbilder. Auch die Etappe von Bad Kissingen nach Stralsbach ist bereits im April zu empfehlen. Der Hochsommer kann als besonders günstige Zeit bezeichnet werden, da über die Rhön meist ein angenehm frischer Wind weht. Im Herbst sind oft die ersten Novembertage auf den Höhen noch schneefrei und sonnig, während sich in den Niederungen der Nebel an manchen Tagen nicht mehr auflöst.

Bei Schneehöhen ab 25 Zentimeter ist das Schneeschuhwandern durchaus eine Alternative. Allerdings sollte die Etappenlänge entsprechend verkürzt und das Ziel vor Sonnenuntergang erreicht werden, da dann die Temperatur an klaren Tagen sehr schnell sinkt. Zudem muss die Ausrüstung diesem anspruchsvolleren Outdoor-Vergnügen entsprechen, das eigentlich jeder betreiben kann, der regelmäßig wandert. Dazu gehört neben ausreichend warmer Kleidung auch eine Thermoskanne mit einem heißem Getränk.

Übernachtung

In der Tourenbeschreibung sind die meisten Orte bzw. Häuser an der Route aufgeführt, wo sich einkehren bzw. übernachten lässt. Im Übernachtungsverzeichnis am Ende des Buches finden Sie diese Betriebe mit ihren Telefonnummern. Daneben enthält das Verzeichnis auch Übernachtungsorte, die nicht direkt an der Route liegen, jedoch für eine individuelle Routenplanung von Belang sein können. Einige der etwas abseits gelegenen Häuser bieten nach telefonischer Rückfrage einen Hol- und Bringservice zur Route an.

Wanderreiseveranstalter und Gepäcktransport

Wandern ohne Gepäck von Bad Kissingen nach Bad Salzungen wird angeboten von **Rhön GmbH – Kompetenzzentrum Wasserkuppe**, Wasserkuppe 1, 36129 Gersfeld, ✆ 06654/917120, wasserkuppe@rhoen.info, www.rhoen.de

Zu diesem Buch

Dieser ***Hikeline*-Wanderführer** enthält alle Informationen, die Sie für Ihre Wanderung benötigen: exakte Karten, eine detaillierte Wegbeschreibung und die wichtigsten Informationen zu touristischen Attraktionen und Sehenswürdigkeiten.
Und das alles mit der ***Hikeline*-Garantie**: Die Routen in unseren Büchern sind von unserem professionellen Redaktionsteam vor Ort geprüft worden. Um höchste Aktualität zu gewährleisten, nehmen wir nach der Erhebung Korrekturen von Lesern bzw. offiziellen Stellen bis Redaktionsschluss entgegen, die dann jedoch teilweise nicht mehr an Ort und Stelle verifiziert werden können.

Konzept

Am Beginn jeder Etappe finden Sie folgende Daten der **Hauptroute** zusammengefasst: Start- und Zielort, die Länge, die zu bewältigenden Höhenmeter im Auf- und Abstieg, die durchschnittliche Wegzeit in normalem Gehtempo, ein Höhenprofil und die Anteile an Asphalt, Wanderwegen und -pfaden. Zusätzlich finden Sie dort auch eine kurze Charakteristik der Etappe.
Die Längen der möglichen Ein- und Ausstiege beim Etappenbeginn bzw. -ende werden im Text separat beschrieben.

Karten

Eine Übersicht über die geografische Lage des Hochrhöners gibt Ihnen die Übersichtskarte auf der vorderen inneren Umschlagseite.

Die Detailkarten sind im Maßstab 1:35.000 erstellt. Dies bedeutet, dass 1 Zentimeter auf der Karte einer Strecke von 350 Metern in der Natur entspricht. Zusätzlich zum genauen Routenverlauf informieren die Karten auch über die Beschaffenheit des Bodenbelags bzw. über die Art des Weges sowie über kulturelle und gastronomische Einrichtungen entlang der Strecke. Die Höhenlinien haben einen Abstand von 25 Metern.
Allerdings können selbst die genauesten Karten den Blick auf die Wegbeschreibung nicht ersetzen. Stellen mit schwieriger Wegfindung werden in der Karte mit dem Symbol ⚠ gekennzeichnet, im Text finden Sie das gleiche Zeichen zur Markierung der betreffenden Stelle wieder, manchmal ergänzt durch ein Foto.
Die beschriebene Haupttour wird immer in Blau, Varianten oder Abstecher werden in Grün dargestellt. Die genaue Bedeutung der einzelnen Symbole wird in der Zeichenerklärung auf den Seiten 4 und 5 erläutert.

Textteil

Der Textteil besteht im Wesentlichen aus der genauen Routenbeschreibung. Stichwortartige Streckeninformationen werden von dem Zeichen ⁓ begleitet. Manche besonders markante oder wichtige Punkte auf der Strecke sind als Wegpunkte **1**, **2**, **3**, ... durchnummeriert und – zur besseren Orientierung – mit demselben Symbol in den Karten und im Höhenprofil wieder zu finden. Bei Varianten wird dasselbe System angewendet, allerdings mit Großbuchstaben **A**, **B**, **C**,...
Die Kilometerangaben, im Text hochgestellt, zeigen Ihnen die schon zurückgelegte Strecke seit dem Tourenstart an, sie sind auf hundert Meter gerundet. In Klammern finden Sie die Höhe des betreffenden Punktes. Der

Wegpunkt 7 5,1 (540) ist also 5,1 Kilometer vom Ausgangspunkt der Tour entfernt und liegt auf einer Höhe von 540 Metern.
Ferner sind alle wichtigen **Orte** zur besseren Orientierung aus dem Text hervorgehoben. Die Symbole Ortsanfang und Ortsende kennzeichnen ein größeres, geschlossenes Siedlungsgebiet. Gibt es interessante Sehenswürdigkeiten in einem Ort, so finden Sie unter dem Ortsbalken die jeweiligen Adressen, Telefonnummern und Öffnungszeiten.
Die Beschreibung der einzelnen Orte sowie historisch, kulturell oder naturkundlich interessanter Gegebenheiten entlang der Route tragen zu einem abgerundeten Reiseerlebnis bei. Diese Textblöcke sind kursiv gesetzt und unterscheiden sich dadurch auch optisch von der Streckenbeschreibung.
Absätze in grüner Farbe behandeln Varianten und Ausflüge.

TIPP Textabschnitte in Blau heben Stellen hervor, an denen Sie auf den weiteren Wegeverlauf und auf mögliche Varianten hingewiesen werden. Sie geben auch Empfehlungen und Erläuterungen zu Sehenswürdigkeiten oder Freizeitaktivitäten etwas abseits der Route.

Öffnungszeiten – Kategorien

Öffnungszeiten
frei zugänglich
täglich
häufig (5-6 Tage/Wo.)
durchschnittlich (3-4 Tage/Wo.)
selten (bis 2 Tage/Wo.)
nach Vereinbarung

Diese Angaben gelten während der Wandersaison und dienen als Orientierungshilfe. Die tagesaktuellen Öffnungszeiten finden Sie über den Weblink.

Weblink

Im Ortsdatenblock bei dem jeweiligen touristischen Eintrag befindet sich nach dem @ Symbol eine sechsstellige Zahlen- und Buchstabenkombination *(z. B. @ abc123)*. Die Eingabe dieser Weblink-ID auf unserer Internetseite www.esterbauer.com leitet Sie direkt auf die entsprechende Webseite weiter und ersetzt somit die mühsame Eingabe ellenlanger Webadressen.

Übernachtungsverzeichnis

Im Informationsteil zu Beginn des Buches unter Wanderreiseveranstalter bzw. im Übernachtungsverzeichnis auf den letzten Seiten finden Sie

auch das Zeichen ⊟. Dies bedeutet, dass ein Reiseveranstalter oder ein Beherbergungsbetrieb einen Gepäcktransfer anbietet.
Auf den letzten Seiten dieses Wanderführers finden Sie zu fast allen Orten entlang der Strecke eine Vielzahl von Übernachtungsmöglichkeiten vom einfachen Zeltplatz bis zum 5-Sterne-Hotel.

GPS-Navigation

GPS (Global Positioning System) ermöglicht die präzise Lokalisierung des eigenen Standorts. Früher war die GPS-Nutzung eher etwas für Spezialisten und Technik-Freaks, doch spätestens mit der Verbreitung des Smartphones ist sie für die meisten Menschen zur Selbstverständlichkeit geworden. So bedarf es mittlerweile weder spezieller Kenntnisse noch Gerätschaften, jedes handelsübliche Smartphone gestattet mittels App die Nutzung von GPS zur Standortermittlung oder Navigation. Vorzüge eines reinen GPS-Empfängers gegenüber einem Smartphone sind die größere Robustheit hinsichtlich Wasser- und Staubdichte oder Stoßempfindlichkeit sowie eine erheblich längere Akku-Laufzeit.
Zu unseren Büchern erhalten Sie jeweils GPS-Tracks, welche die beschriebene Route präzise abbilden. Die Tracks können Sie auf Ihr Smartphone oder Ihren GPS-Empfänger laden und direkt zur Navigation nutzen. Details zu den verschiedenen Betriebssystemen sowie Hinweise zu geeigneten Apps erhalten Sie im Rahmen des Track-Downloads. Den Link zu den aktuellen GPS-Tracks finden Sie auf der vorderen Umschlagseite.

Bad Kissingen

Vorwahl: 0971

Tourist-Information Arkadenbau, Am Kurgarten 1, direkt im Kurgarten, ✆ 8048444, @ whi875

Herz-Jesu-Stadtpfarrkirche, Von-Hessing-Str. 8. Die Stadtpfarrkirche (1884) wurde im neugotischen Stil aus weißem Sandstein errichtet. @ ear582

Russ.-orth. Kirche, Salinenstr. 20, @ xwv448

St.-Jakobus-Kirche, Kirchg. 8. Innenausstattung in den Stilen von spätem Rokoko und Klassizismus (1755-1779).

Marienkapelle, Kapellenstr. 17. Mit sehenswerter Pietá aus dem Jahre 1420 im Hochaltar.

Kurtheater, Theaterpl. 1. Das Theater wurde 1905 nach dem Vorbild eines höfischen Rangtheaters gestaltet. Mit Jugendstilornamenten an den Wänden und Deckengemälden ist es fast im Originalzustand erhalten. @ pph388

Altes Rathaus, Marktpl. Der Renaissancebau stammt aus dem Jahre 1577. Heute dient es als Bürgerzentrum und Ausstellungsort. Seit 2017 gibt es auch eine Vinothek.

Luitpoldbad, Im Luitpoldpark 1. Das Luitpoldbad wurde 1871 gebaut, um den Kurgästen angemessene Badekabinen zu bieten. Heute dient es als Behördenzentrum. Der Prachtbau wurde 2019 mit der Silbermedaille des Bayerischen Denkmalpreises ausgezeichnet. @ ehu537

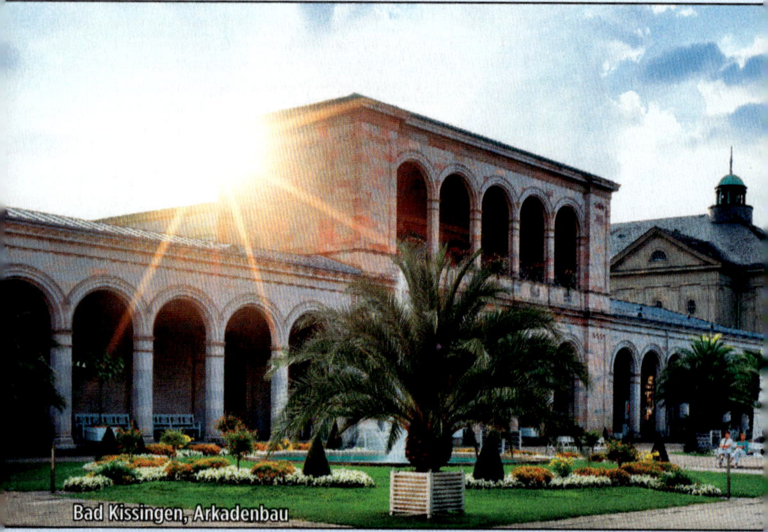

Bad Kissingen, Arkadenbau

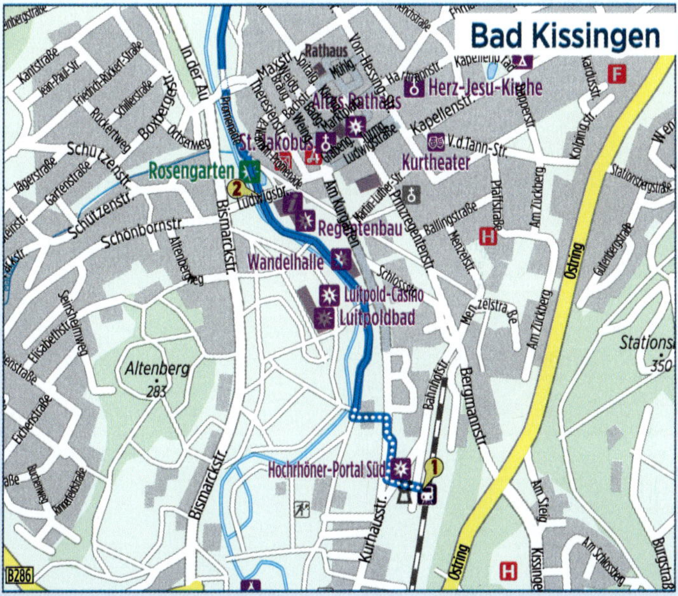

Neues Rathaus, Rathauspl. 1. Das Neue Rathaus (1707-1710) befindet sich im ehemaligen Lochner-Heußleinschen Schloss, welches nach Plänen des Architekten Johann Dientzenhofer gebaut wurde, der u. a. auch den Fuldaer Dom entwarf. @ rsl161

Postkutschenlinie, Parkplatz Tattersall, Mai-Okt., So nach Bad Bocklet, Do-Sa zum Schloss Aschach, Abfahrt jeweils um 14 Uhr am Parkplatz Tattersall. Die Postkutschenlinie von Bad Kissingen nach Bad Bocklet über Schloss Aschach ist seit 1950 ununterbrochen im Einsatz. Die letzte Postkutschenlinie in Deutschland kann bis zu neun Mitreisende transportieren, betrieben wird sie nach wie vor von der Deutschen Post. Auskunft und Anm. bei der Tourist-Information. @ fij472

Regentenbau, Ludwigstr. 2 © Der Regentenbau aus dem Jahre 1913 gilt als prachtvollstes Gebäude der Stadt, gebaut wurde er im Auftrag von Prinzregent Luitpold von Bayern. @ wnt344

Kiss Salis Therme, Heiligenfelder Allee 16, ✆ 826600. Das Thermenwasser für die Heilbadelandschaft stammt aus dem Schönbornsprudel. @ tds365

Im bekanntesten Kurort Deutschland mischt sich eine traditionsreiche Historie mit eindrücklicher Architektur

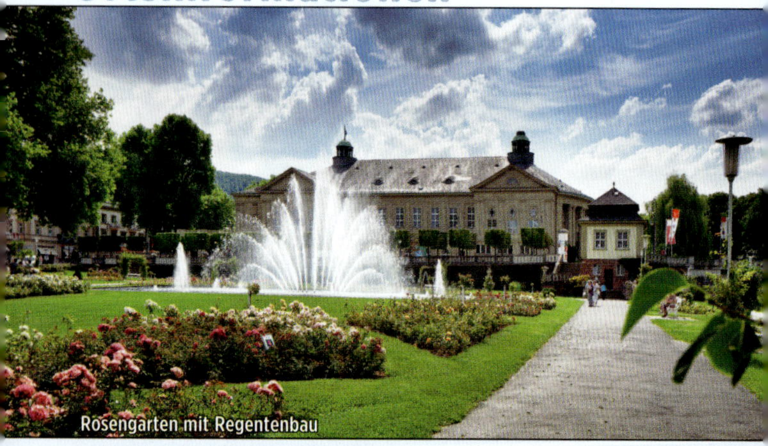

Rosengarten mit Regentenbau

und zahlreichen Sehenswürdigkeiten, dazu kommen ein vielfältiges Kulturangebot und nicht zuletzt eine Reihe von Gesundheits- und Wellnessangeboten.

Darüber hinaus zählt Bad Kissingen seit 2021 zum UNESCO-Welterbe „Die bedeutenden Kurstädte Europas“. Prägende Elemente der Kurstadt wie die Architektur und die Heilquellen können bis heute hautnah erlebt werden. Im Rahmen von Führungen lässt sich interessantes Hintergrundwissen rund um die Stadt und ihre Geschichte erfahren. Die direkte Wirkung der Heilwässer können Stadtbesucher beim Heilwasserausschank durch die Brunnenfrauen oder bei einem entspannenden Besuch der hiesigen Therme erfahren, die von der salzigen Thermalquelle Schönbornsprudel gespeist wird.

Die Schönheit der Stadt an der Fränkischen Saale zeigt sich neben der Vielzahl der bemerkenswerten Bauwerke im Stadtbild auch in der pittoresken Landschaft, welche Bad Kissingen direkt umgibt. Weitläufige Garten- und Parkanlagen entlang des Flüsschens laden zum Genießen, Entspannen oder Aktivsein ein – und das weitläufige Biosphärenreservat Rhön liegt direkt vor der Tür.

Neben Gesundheit und Historie steht Bad Kissingen auch für seine kulturelle Vielfalt. Ein breit gefächertes Angebot von Veranstaltungen wartet mit hochkarätigen Künstlern aus verschiedensten Genres auf. Musikliebhaber kommen insbesondere bei einem Konzert der Staatsbad Philharmonie Kissingen auf ihre Kosten.

Etappe 1 — 10,1 km

Von Bad Kissingen nach Stralsbach

Start: Bad Kissingen, Bahnhof
Ziel: Stralsbach, Kirche
Aufstieg: 243 m — *Hartbelag:* 15 %
Abstieg: 176 m — *Wanderwege:* 85 %
Gehzeit: 2,5 - 3 Std. — *Wanderpfade:* 0 %

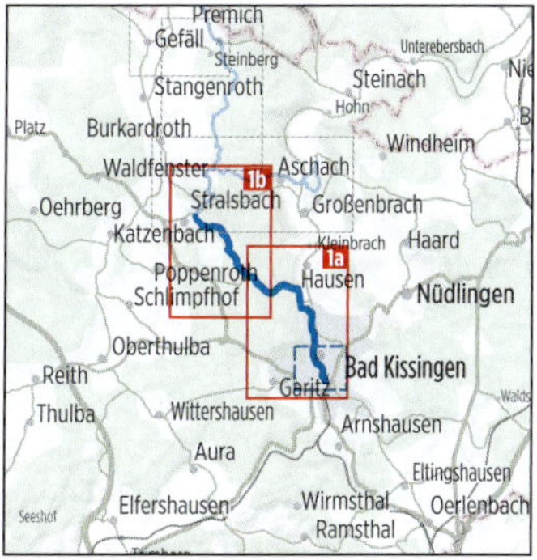

Durch die Vorrhön

Bad Kissingen bildet einen idealen Ausgangspunkt für den Hochrhöner, finden sich doch hier neben der guten Verkehrs-Anbindung eine leistungsfähige Gastronomie, zahlreiche Freizeiteinrichtungen und ein außerordentlich bequemer und abwechslungsreicher Einstieg in den Fernwanderweg. Mit geringen Steigungen geht es zunächst in die Vorrhön, vorüber an einem Baumlehrpfad und einem Tierpark. Am Ende der Etappe bilden der Stationenweg von Stralsbach und dessen hoch über dem Ort gelegene Kirche eine Einstimmung ins geistliche Leben der Rhöner.

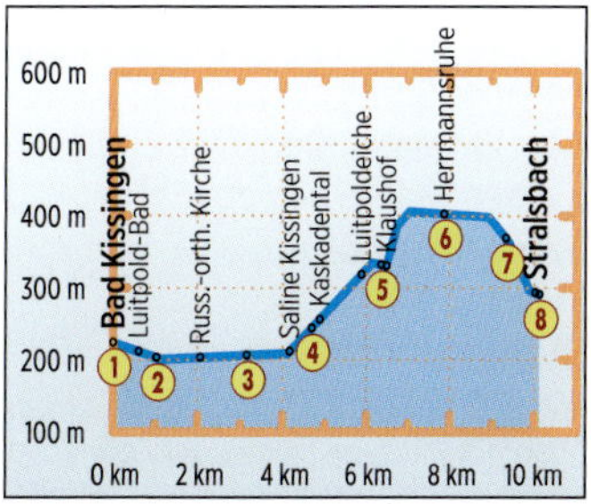

Tipp: Da die erste Etappe sehr kurz ausfällt, können Sie sich in Bad Kissingen und an der Saline sowie am Wildpark Klaushof entsprechend Zeit lassen.

Bad Kissingen

1 0,0 (225) Beginnen Sie Ihre Wanderung auf dem Hochrhöner, indem Sie vom Ausgang des Bahnhofes

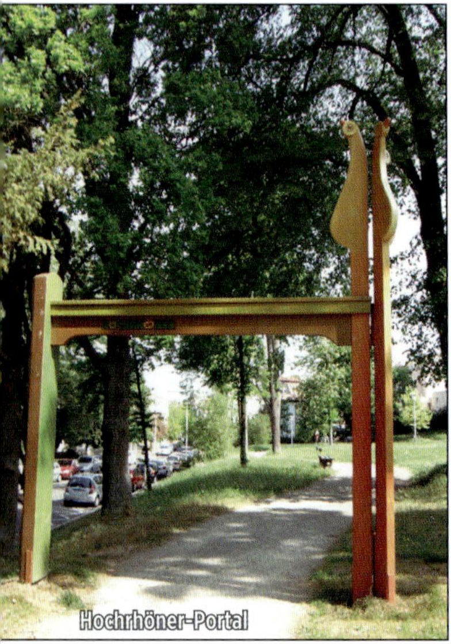

Bad Kissingen über die linken Treppen hinabsteigen und die Straße überqueren ~ durch eine Grünanlage und nochmals über Treppen abwärts ~ rechts durch das **Wanderportal** des Hochrhöners, im Frühling vorbei an vielen Schlüsselblumen, zur **Kurhausstraße** und dort rechts ~ nach 50 m links durch eine Gasse zur Fränkischen Saale, dort rechts auf die **Lindesmühl-Promenade** und unter dem Sannersteg hindurch ~ vorbei an Kureinrichtungen.

Wandelhalle, Am Kurgarten 1 Die Wandelhalle ist mit 3.240 m² Fläche die größte Wandelhalle in Europa. Über die vorgelagerte Brunnenhalle gelangt man zu den Heilquellen Ràkoczy und Pandur. @ rjn624

2 1,0 (200) Nach Querung der Ludwig-Straße passieren Sie den Rosengarten.

Rosengarten. Hier blühen im Sommer etwa 160 Rosensorten an 6.000 Rosenstöcken. Außerdem gibt es einen nachts beleuchteten Fächerspringbrunnen und Denkmäler für den Barockbaumeister Balthasar Neumann, der zusammen mit dem Apotheker G. A. Boxberger den Ràkoczybrunnen neu entdeckte. @ mqf336

Multimedia-Brunnen im Rosengarten, Musik-Wasser-Spiele: April-Okt., tägl. 9 Uhr, 12 Uhr, 15 Uhr, 18 Uhr; Beamer-Show: Mo, Mi, Fr, Sa. Einzigartig im Lande ist dieser Brunnen mit seinen musikalischen Wasserchoreografien sowie jeweils nach Sonnenuntergang zu sehenden Beamer-Projektionen auf eine Leinwand aus Wassertröpfchen. @ aix867

Weiter entlang der Fränkischen Saale, Sie kommen erneut unter einem Steg hindurch, der geschwungenen Schweizerhausbrücke ~ dann auf der **Salinenpromenade** vorbei an einer Bootsanlegestelle ~ nach dem **Bismarck-Denkmal** erreichen Sie den Gradierbau der Saline.

Saline Kissingen (Bad Kissingen)

Vorwahl: 0971

Bismarck-Museum, Obere Saline 20, 8074230 Original eingerichtete Räume zeigen, wie der Fürst

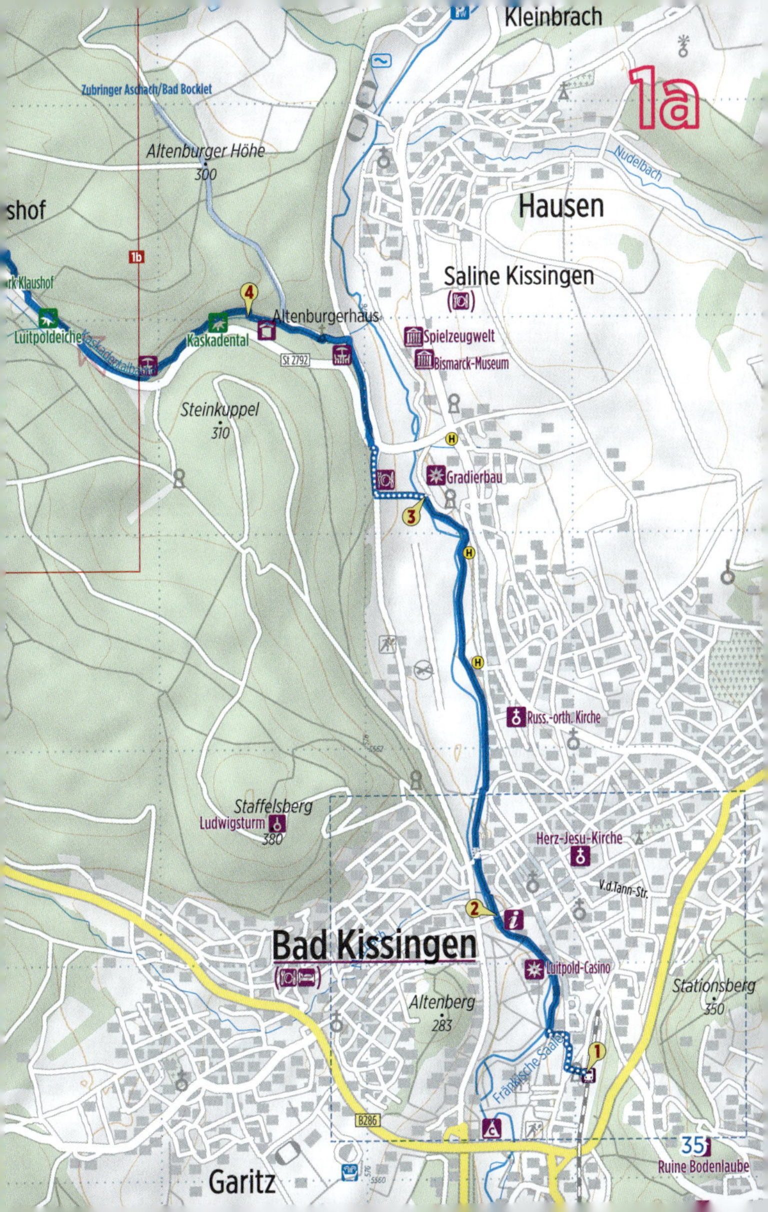

Kleinbrach
1a
Zubringer Aschach/Bad Bocklet
Altenburger Höhe
300
Nudelbach
Hausen
shof
1b
Saline Kissingen
rk Klaushof
4
Altenburgerhaus
Spielzeugwelt
Luitpoldeiche
Kaskadental
St 2792
Bismarck-Museum
Steinkuppel
310
Gradierbau
3
Russ.-orth. Kirche
Staffelsberg
Ludwigsturm
380
Herz-Jesu-Kirche
V.d.Tann-Str.
2
Bad Kissingen
Luitpold-Casino
Stationsberg
350
Altenberg
283
1
Fränkische Saale
B286
35
Ruine Bodenlaube
Garitz

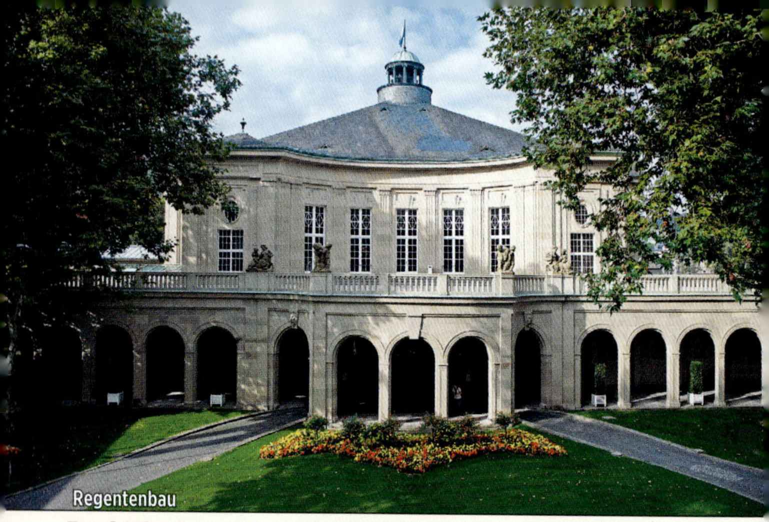

Regentenbau

Bad Kissingen – das Weltbad einst und jetzt

Kurz hinter dem Bahnhof von Bad Kissingen beginnt der Hochrhöner und führt entlang der Fränkischen Saale vorbei an den Kurvillen, dem Kurpark sowie dem Arkaden- und Regentenbau. Später verläuft er auf dem Salinenweg am Gradierbau vorbei, wo Jahrhunderte lang Salz gewonnen wurde. So erhält man als Wanderer selbst ohne ausführliche Besichtigung einen Eindruck des berühmten Badeortes.

Bei einem Besuch der Altstadt mit ihren romantischen Gassen bietet die Stadt ein anderes, nicht minder sehenswertes Bild.

Die Marienkapelle am Kapellenfriedhof ist aus kunstgeschichtlicher Sicht besonders wertvoll. Chor und unterer Teil des Turmes sind noch mittelalterlich. Am Bau des Langhauses im 18. Jahrhundert wirkte der berühmte Barockbaumeister Balthasar Neumann mit. Im Inneren befindet sich eine spätgotische hölzerne Figurengruppe. Die Kirche St. Jakobus mit ihrer klassizistischen Inneneinrichtung besitzt im Turm mittelalterliche Bauteile, der obere Teil ist aus dem 17. Jahrhundert. Das alte Rathaus, gebaut 1577, trägt ein Barockportal aus dem 18. Jahrhundert. Das jetzige Rathaus, der bis 1710 gebaute ehemalige Heussleinsche Hof, ist ein Barockbau von J. Dientzenhofer.

Über der Stadt thront die Burgruine Bodenlauben des Minnesängers Otto von Bodenlauben aus dem 12. und 13. Jahrhundert. Die im Bauernkrieg zerstörte

Burg ist seitdem Ruine. Ein Feuerturm und ein Mauerrest erinnern an die ehemalige Stadtbefestigung.
Im Mittelalter gehörte die gesamte Gegend um Kissingen den Grafen von Henneberg, deren Abkömmling Otto sich nach seiner Stammburg Bodenlauben nannte. Im 13. Jahrhundert kaufte Würzburg die Burg und 1394 auch Kissingen. 1544 wurde die Stadt erstmals als Bad bezeichnet. In der Folgezeit förderten die Würzburger Bischöfe die einträgliche Salzgewinnung und den Badebetrieb. 1814 kam Bad Kissingen an Bayern, dessen Könige mehrere Bauten des Kurbereiches errichten ließen, wie z. B. 1905 das Theater im fränkischen Barockstil durch Prof. Max Littmann. Außerdem besuchten die bayerischen Regenten den Kurort auch gern selbst. Gegen Ende des 19. Jahrhunderts war der Badeort bereits weltberühmt, wobei sich nicht zuletzt die Bahnverbindung mit Ebenhausen und Schweinfurt als förderlich erwies. In dieser Zeit traf sich hier die geistige und politische Elite wie z. B. Tolstoi, Fontane, Scheffel und Bismarck. Letzterer soll gesagt haben, dass er die Gesundheit in der zweiten Hälfte seines Lebens Bad Kissingen zu verdanken hat.

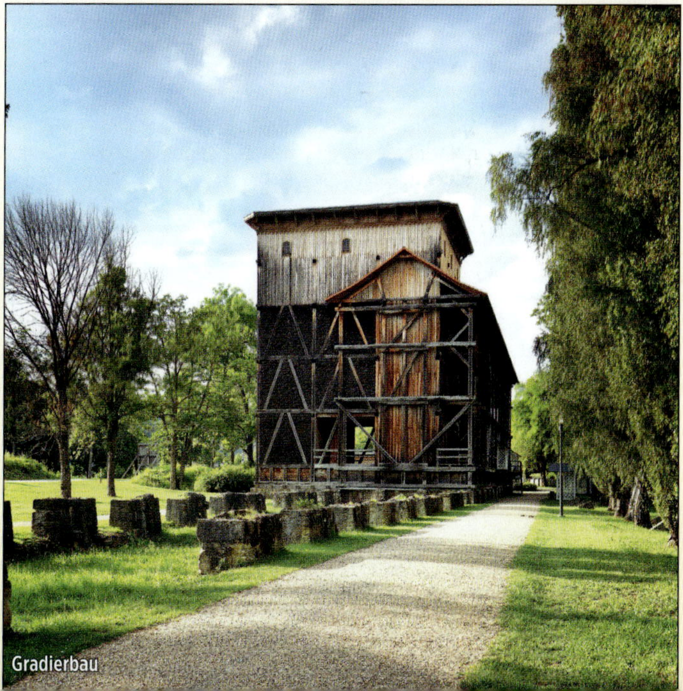

Gradierbau

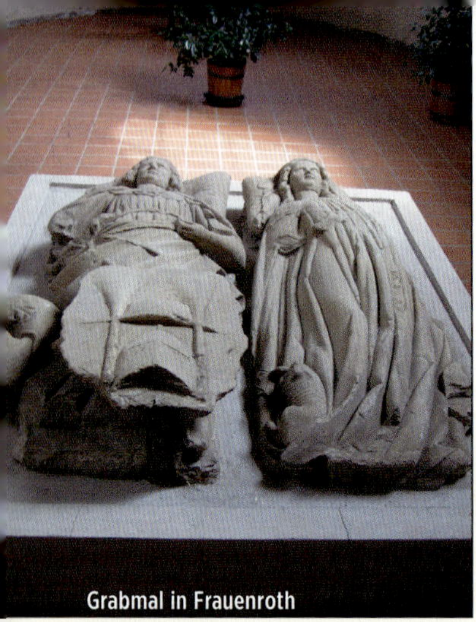

Grabmal in Frauenroth

Kissingens Kurgäste sind seit dem 16. Jahrhundert namentlich festgehalten. Dem berühmten und von Bad Kissingen begeisterten Besucher Otto von Bismarck hat man in der Oberen Saline ein Museum gewidmet, das neben Sonderausstellungen Leben und Wirken des Reichskanzlers sowie die Geschichte des Bades darstellt.

Bad Kissingens Ruhm als Kurort geht auf sieben Heilquellen zurück, von denen sich drei im Kurgarten befinden. Das kalte Wasser des Ràkoczy und Pandur enthält Eisenverbindungen, Kochsalz und Kohlensäure und wird bei Stoffwechselerkrankungen empfohlen. Der erst 1909 durch eine Tiefbohrung erschlossene Luitpoldsprudel kommt für Badeanwendungen bei Gefäßerkrankungen zum Einsatz.

Das heutige Bad Kissingen bietet als moderner Gesundheitsstandort für gesunden Lebensstil und mentale Gesundheit das ganze Jahr über ein reichhaltiges Programm aus Kunst und Kultur, geführte Wanderungen, doch auch anspruchsvolle Einkaufsmöglichkeiten bei kostenlosen Parkplätzen und natürlich Genüsse für Gaumen und Sinne in reichem Maß.

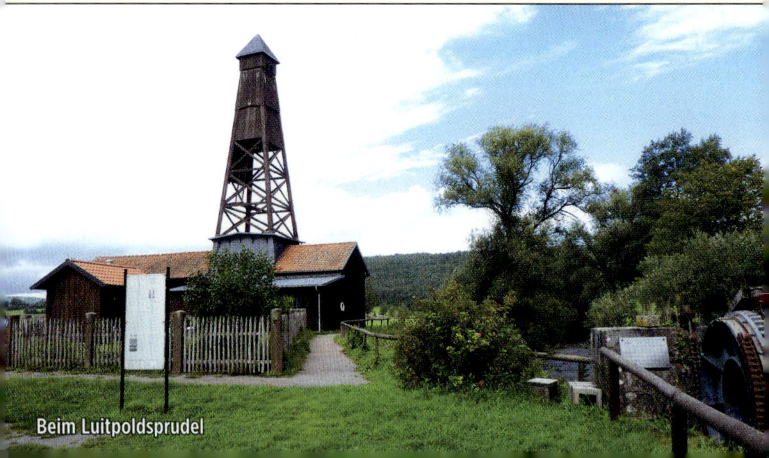

Beim Luitpoldsprudel

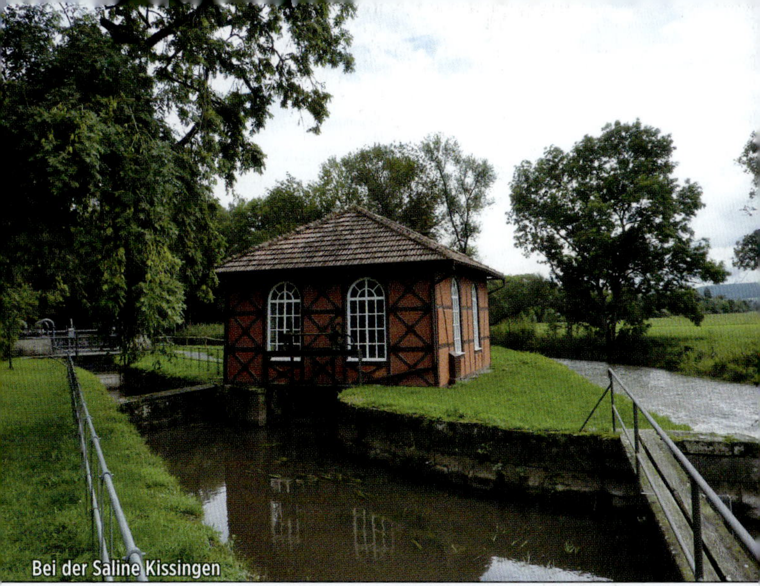

Bei der Saline Kissingen

während seiner Kuraufenthalte lebte. @ top726

Museum Obere Saline, Obere Saline 20, ✆ 8074230 In der Ausstellung wird neben der Stadtentwicklung auch die Salzerzeugung dargestellt. @ laq717

Spielzeugwelt, Obere Saline 20, ✆ 8074230 Basierend auf der Sammlung der Kissingerin Hilla Schütze wird die Geschichte der Spielzeugherstellung in der Rhön thematisiert. @ gyr727

Gradierbau, Am Gradierbau Der auch als Saline bezeichnete Gradierbau ist 200 m lang und wird im Sommer als Freiluftinhalatorium genutzt. Dazu wird das salzhaltige Wasser über Reisigwände hinab geleitet. Durch Zerstäuben bilden sich feinste salzhaltige Wassertröpfchen, sodass die Luft ähnlich der am Meer ist. @ lns342

Obere Saline, Nr. 20. Die Obere Saline, gebaut 1764-1772 im spätbarocken Stil, diente als Verwaltungsbau für die Salzproduktionsstätte in Bad Kissingen. Gleichzeitig richtete sich der damalige Würzburger Fürstbischof F. A. v. Seisheim eine Kurresidenz mit Festsaal ein. In den Mauern der Oberen Saline wurden viele berühmte Gäste untergebracht, so auch Fürst Otto von Bismarck.

3 3,2 (205) Überqueren Sie die Fränkische Saale auf dem **Salinensteg** ⇝ über die Talwiesen zur Straße **In der Au** ⇝ gehen Sie an der Straße rechts ⇝ an der **St 2792** links und gleich wieder rechts, parallel zur Straße In der Au ⇝ vor dem **Altenburger Haus** gehen Sie nach links ⁓ kurz darauf über den **Kaskadentalbach** und dessen Ufer folgend im Tal aufwärts ⁓ vorbei an einem Zubringer von Aschach und Bad Bocklet.

Kaskadental

Das romantische Bachtal veranlasste 1767 den Würzburger Fürstbischof Friedrich von Seinsheim, den Bach zu kleinen Teichen aufzustauen, um Wasserfälle zu erzeugen. Zudem ließ er Statuen aufstellen. Dadurch wurde das Tal zu einem Treffpunkt der Kurgäste. Zu Beginn des 19. Jahrhunderts verfielen die Anlagen, wodurch sich das Kaskadental heute wieder in einem naturnäheren Zustand befindet.

4 4,7 (245) Wechseln Sie an einer Biegung des Baches auf die andere Seite und gehen weiter aufwärts ⁓ der bachnahe Weg führt mit Informationen zu den Bäumen idyllisch durch Buchenwälder ⁓ nach der Luitpoldeiche wird der Waldrand mit einem Rastplatz erreicht.

Luitpoldeiche, südl. des Klausenhofes. Die recht unscheinbare Luitpoldeiche erinnert an den 90. Geburtstag des Kronprinzen Ludwig von Bayern.

5 6,3 (330) Gehen Sie am Rastplatz links in Richtung Straße und vor dieser rechts hoch ⁓ kurz darauf vorbei am Forsthaus Klaushof.

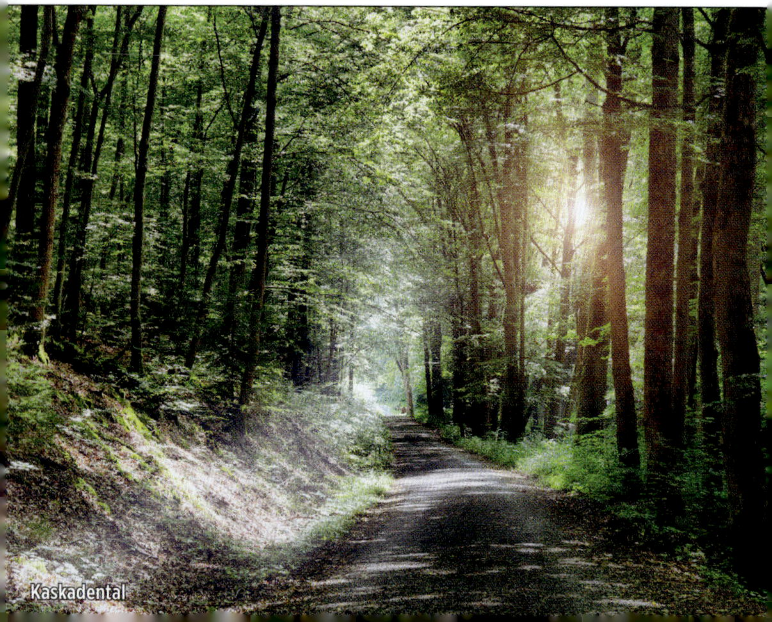

Kaskadental

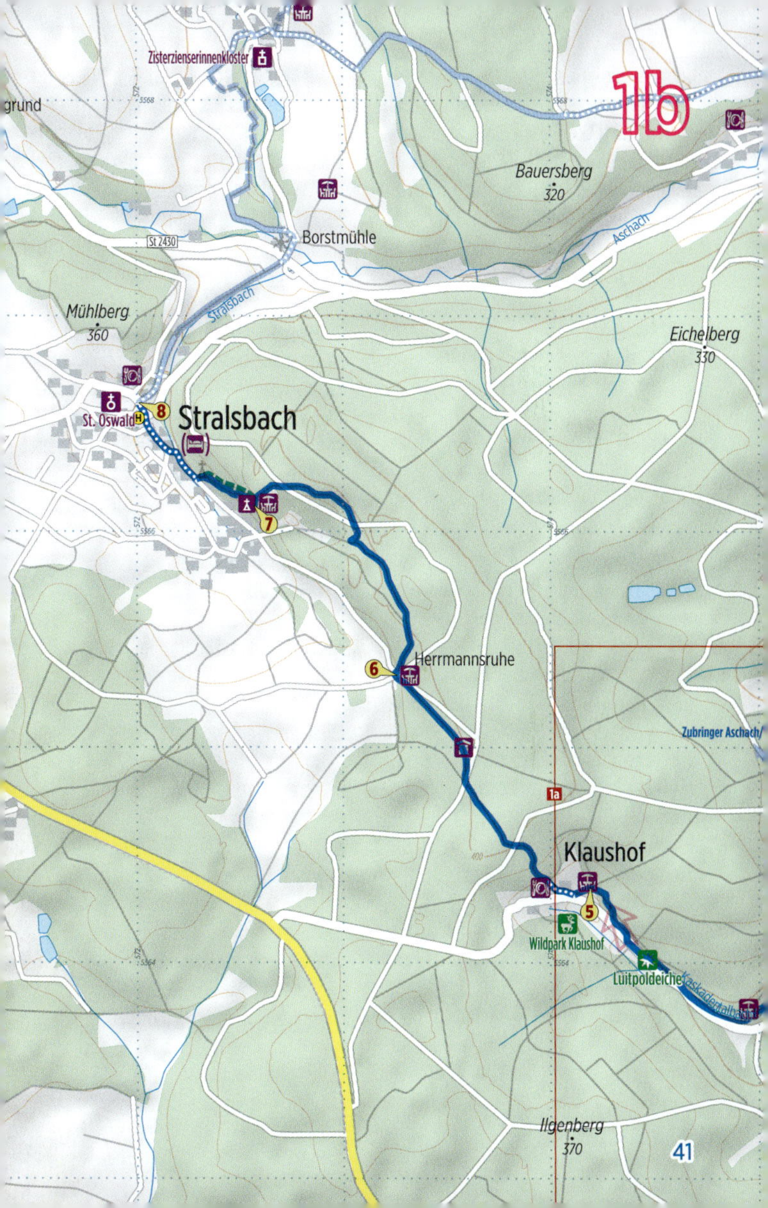

1b
Zisterzienserinnenkloster
grund
Bauersberg
320
Borstmühle
St 2430
Aschach
Stralsbach
Mühlberg
360
Eichelberg
330
St. Oswald
8
Stralsbach
7
6
Herrmannsruhe
Zubringer Aschach/
1a
Klaushof
5
Wildpark Klaushof
Luitpoldeiche
Kaskadentalbahn
Ilgenberg
370

Wild-Park Klaushof (Bad Kissingen)

Wild-Park Klaushof, Klaushofstr. 101 / St 2792, ✆ 0971/8073133 Streichelzoo mit Rhönschafen, Ziegen und Eseln, Lehrpfad „Pfad der Baumgiganten“ und drei Spielplätzen. @ gkp118

Forsthaus Klaushof, Klaushofstr. 102, ✆ 0971/78587818, Do-Mo 11-22 Uhr. Mit hauseigener Konditorei. @ yop818

Der ganzjährig geöffnete Wildpark direkt am Hochrhöner wird jährlich von vielen Besuchern besucht. Hier gibt es 46 verschiedene Tierarten, z. T. in größerer Anzahl. Es handelt sich weitgehend um einheimische Arten wie z. B. Wildschweine, Damhirsche, Biber und verschiedene Vögel. Letztere sind auch durch exotische Arten vertreten. In einem großen naturnahen Gehege werden sogar Luchse gehalten.

Hinter Klaushof führt die Route wieder in den Wald ⤳ nach 400 m über einen breiten Weg ⤳ an der T-Kreuzung auf den nächsten breiten Weg nach rechts und kurz darauf links in den schmaleren Weg abzweigen ⤳ bis zur Wegkreuzung am **Forsthaus Hermannsruh**, von der Sie bereits Aussicht auf Stralsbach und die Schwarzen Berge haben.

6 7,8 (400) An der Kreuzung kurz geradeaus, dann gegenüber des Forsthauses rechts in den Waldweg und durch den Wald ⤳ später rechts abbiegen, dann gleich links halten und über einen breiten Weg ⤳ im sanften Linksbogen und nochmals über den breiten Weg ⤳ an der Lichtung dem Saum des Waldes folgend zur **Kapelle** am Waldrand.

7 9,3 (370) Bei der Kapelle haben Sie die Wahl zwischen dem steilen Abstieg auf dem Kreuzweg und links einem etwas sanfteren Abstieg, beide sind jeweils 250 m lang und vereinigen sich wieder bei der Kapelle am unteren Waldrand ⤳ unten dann rechts weiter auf dem **Silberdistelweg** ⤳ über den Stralsbach zur **Von-Henneberg-Straße** und auf dieser rechts durch den Ort.

8 10,1 (290) Auf Höhe der Kirche erreichen Sie beim rechtsseitigen Abzweig der Straße Zum Wiesengrund das Etappenziel.

Stralsbach (Burkardroth)

Vorwahl: 09734

St. Oswald. Die Kirche aus dem Jahre 1801 verfügt über einen schönen Rokoko-Altar von 1760.

Zum Weißen Rössl, Von-Henneberg-Str. 15, ✆ 201, Mi-So ab 17 Uhr, Sa, So auch 11.30-13.30 Uhr, @ xrp361

TIPP Sollte im Weißen Rössl kein Zimmer frei sein, können Sie dem Hochrhöner nach Frauenroth folgen und von dort den Abstecher nach Bad Bocklet machen (insg. ca. 7,5 km), wo es weitere Quartiere gibt. Damit die ohnehin lange Folgeetappe nicht noch länger wird, könnten Sie am nächsten Tag bereits auf dem Kreuzberg übernachten - von Bad Bocklet bis dorthin sind es knapp 23 km.

Etappe 2 26,1 km

Von Stralsbach nach Oberweißenbrunn

Start: Stralsbach, Kirche
Ziel: Oberweißenbrunn, Kirche

Aufstieg:	837 m	*Hartbelag:*	17 %
Abstieg:	513 m	*Wanderwege:*	78 %
Gehzeit:	6 - 7 Std.	*Wanderpfade:*	5 %

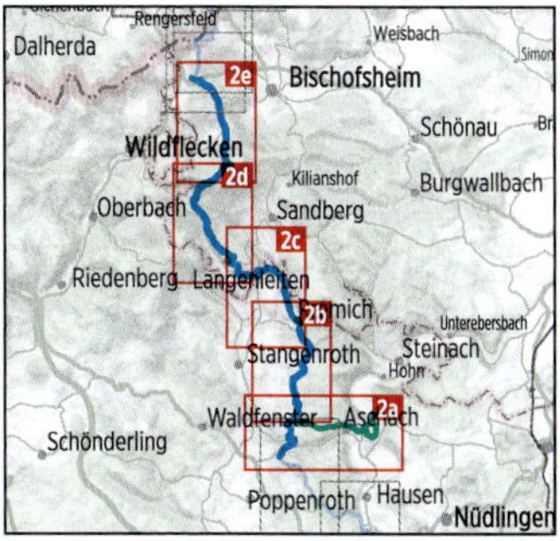

Klosterbier und Bergwiesen

Gleich zu Beginn liegt als erster Höhepunkt der längsten Hochrhöner-Etappe die Kirche des ehemaligen Zisterzienserinnenklosters in Frauenroth mit einem etwa 800 Jahre alten Grabmal von großer Ausdruckskraft am Weg. Anschließend wandern Sie umgeben von einsamen Wäldern und werden so auf das bevorste-

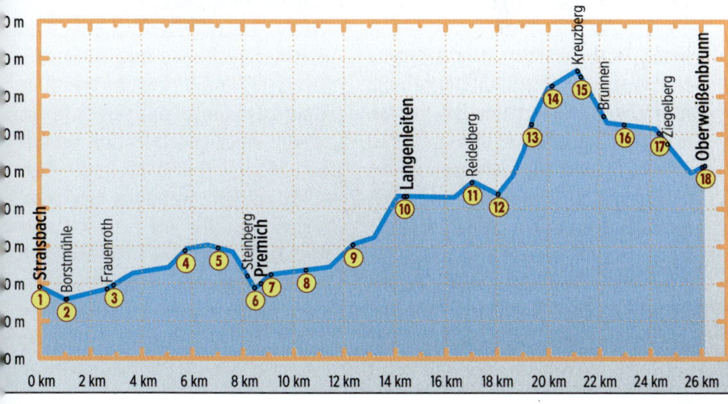

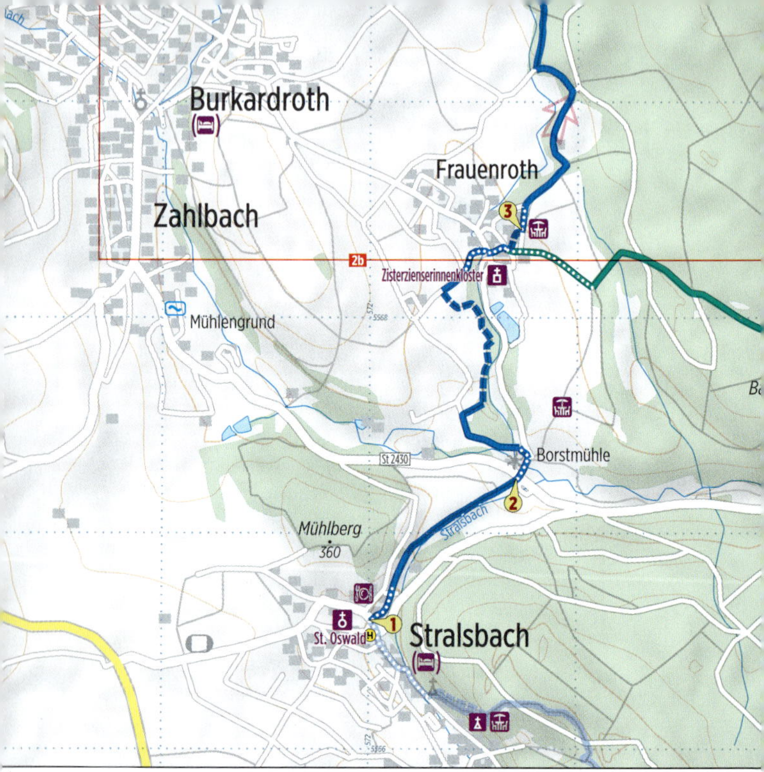

hende Naturerlebnis eingestimmt. Der Weg von Premich hinauf zum Kreuzberg fordert Sie zwar in einem ausgedehnten Anstieg, ist im Ausgleich jedoch besonders schön. Nach der Ortschaft Langenleiten wird es richtig einsam. Von Wald umgebene Wiesen, Ausblicke und zahlreiche Bäche kennzeichnen die abwechslungsreiche Landschaft. Nach steilem Anstieg erreicht man zunächst die Klosterschenke mit ihrem berühmten Bier. Gut gestärkt geht es hinauf zum Gipfel mit seiner großartigen Aussicht auf die umgebende Rhön, aber auch in die Ferne. Gemütlich wandern Sie über Bergwiesen, die im Frühsommer fantastisch bunt sind, hinab nach Oberweißenbrunn. Mehrere Rastplätze laden dabei zur Pause ein. Neben der sehenswerten Kirche gibt es in Oberweißenbrunn gute

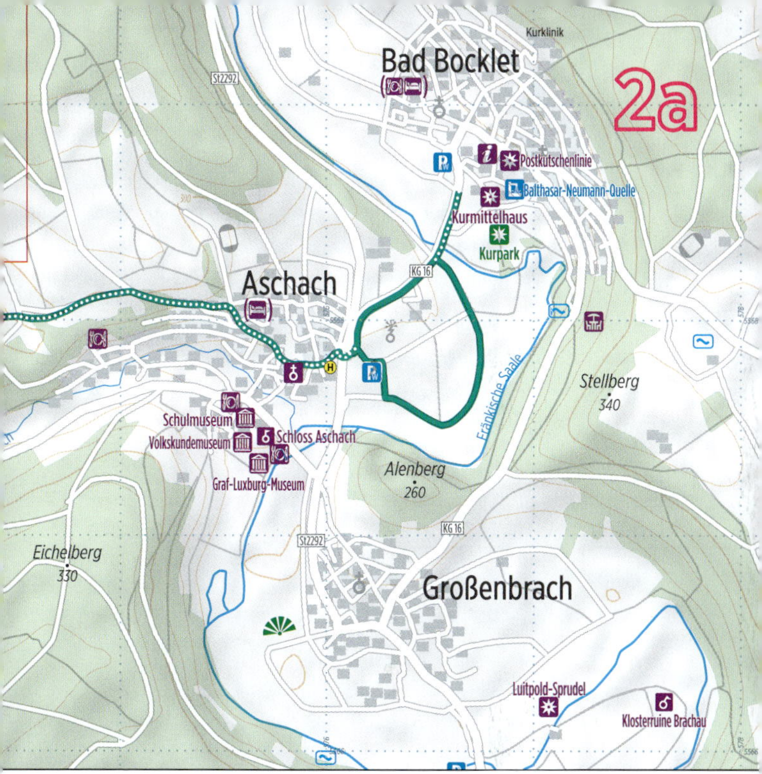

Busverbindungen zu den Bahnhöfen Gersfeld und Bad Neustadt.

Stralsbach (Burkardroth)

1 0,0 (290) Auf Höhe der Kirche biegen Sie rechts ab in die Straße **Zum Wiesengrund** und verlassen den Ort auf einem Weg entlang des Stralsbaches zur St 2430 im Tal der Aschach.

2 1,0 (255) Über die Landstraße und vorbei an der **Borstmühle**, dann

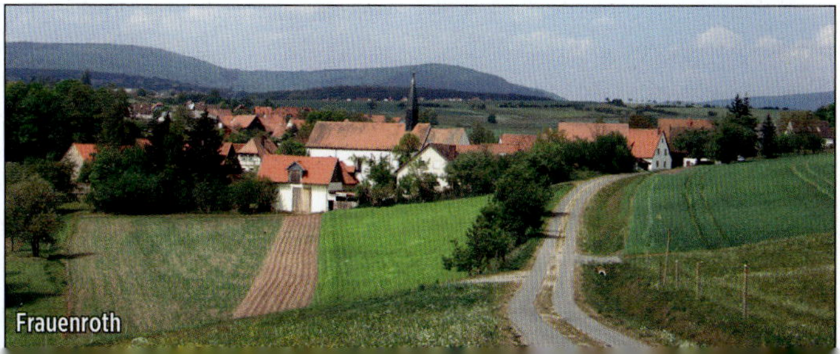
Frauenroth

über die Aschach und wieder aufwärts ⤳ am Ende des folgenden Linksbogens verlassen Sie die Straße nach links in den Wirtschaftsweg ⤳ vorbei am Haus, kurz darauf rechts und nun immer dem Waldrand folgen ⤳ mehrfach unter Stromleitungen hindurch ⤳ im Linksbogen entfernt sich der Pfad vom Waldstreifen, kurz darauf rechts abbiegen und quer über die Wiese ⤳ am Sträßchen biegen Sie rechts ab ⤳ auf dem **Schmalzmühlweg** hinein nach Frauenroth ⤳ über ein Bächlein, dahinter rechts und gleich wieder links in die Straße **An der Klostermauer**, rechts ist das ehemalige Zisterzienserinnenkloster zu sehen.

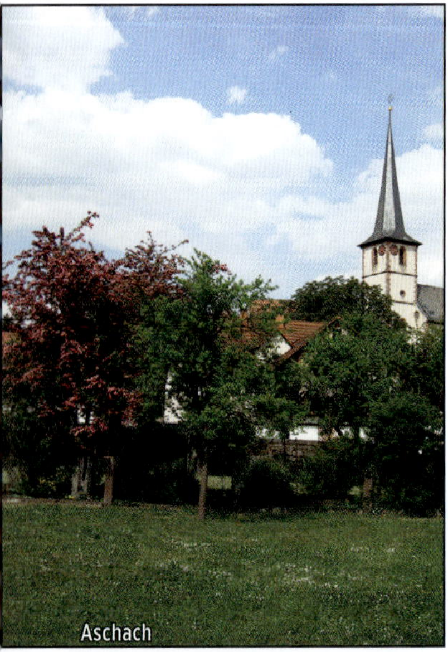

Aschach

Frauenroth (Burkardroth)

Zisterzienserinnenkloster, An der Klostermauer. Das Kloster wurde von 1231 bis 1234 errichtet.

Hier wurde durch den Minnesänger Graf Otto von Bodenlauben und seine Gattin Beatrix von Courtenay, welche aus hohem französisch-morgenländischem Geschlecht stammt, ein Zisterzienserinnenkloster errichtet. Es war nie von großer Bedeutung und wurde nach den Beschädigungen im Bauernkrieg am Ende des 16. Jhs. aufgelöst. Die heute noch vorhandene Kirche stammt aus der Gründungszeit, wurde aber im 17. und 18. Jh. verändert und in den letzten Jahren renoviert. Heute ist das einst dreischiffige Gotteshaus einschiffig. Innen befindet sich ein bedeutendes mittelalterliches Kunstwerk: das Grabmal des Stifterehepaares aus dem Jahre 1245. Wer heute dieses fast 800 Jahre alte, abgeschieden in der Vorrhön gelegene Grabmal besucht, wird überrascht sein von der ergreifenden Lebendigkeit der Gesichtsausdrücke.

An der T-Kreuzung rechts, nach wenigen Metern noch vor dem Gehöft links und gleich rechts halten in den Weg zum Friedhof.

AUSFLUG

Haben Sie Lust auf einen Abstecher nach Aschach oder Bad Bocklet, das an einem weiten Bogen der Fränkischen Saale liegt, bleiben

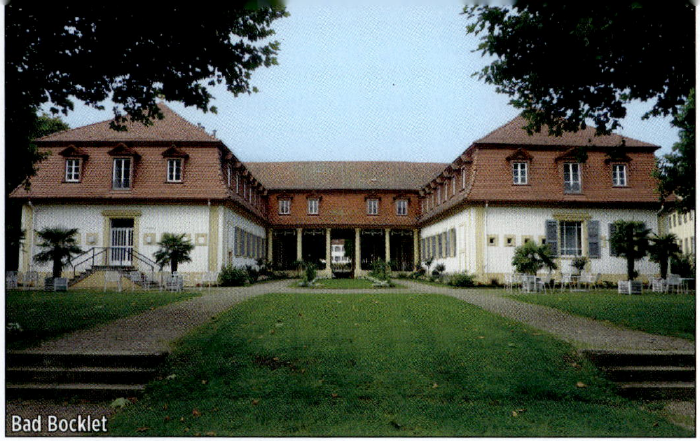

Bad Bocklet

Sie auf der Straße Zum Ruhbrunnen und folgen dem Zubringer vorbei am Bauersberg bis nach Aschach und von dort entlang der Straße (4,6 km) oder nahe der Fränkischen Saale (5,6 km) nach Bad Bocklet.

Aschach (Bad Bocklet)

Vorwahl: 09708

- **Graf-Luxburg-Museum**, Schlossstr. 24, Schloss Aschach, ✆ 70418820 Das Museum zeigt die Wohnräume der letzten Schlossbesitzer im Stil der Gründerzeit. @ jrn812
- **Schulmuseum**, Schlossstr. 24, Schloss Aschach, ✆ 70418820 Im Schulmuseum wird der Schulalltag in den fränkischen Landschulen dokumentiert. @ uxe654
- **Volkskundemuseum**, Schlossstr. 24, im Schloss Aschach, ✆ 70418820 Die Ausstellung behandelt das ländliche Leben, Wohnen und Arbeiten in der Rhön zwischen 1850 und 1950. @ ype474
- **Kath. Pfarrkirche**, Kirchpl. Die Kirche aus dem Jahre 1447 ist ein Bau der Julius-Echter-Zeit. Der Turm wurde im frühgotischen Stil erbaut, die Innenausstattung im neugotischen Stil gehalten.
- **Schloss Aschach**, Schlossstr. 24, ✆ 70418820 Vom Grafen von Henneberg gegründet. Der heutige Bau geht auf das 16. Jh. zurück und beherbergt mehrere Museen sowie ein Restaurant-Café. @ dca416
- **Café Bauer**, Hirtenrasen 5, ✆ 6300, @ aex456
- **Gasthof Zur Krone**, Schlossstr. 12, ✆ 264
- **Restaurant und Café Aschacher Schlossstuben**, Schlossstr. 24, ✆ 357, Di-Sa 11-21 Uhr, So/Fei 11-20 Uhr, @ sxo862

Bad Bocklet

Vorwahl: 09708

- **Tourist-Information**, Kurhausstr. 2, Haus des Gastes, ✆ 707030, @ sdc827
- **Kurmittelhaus**, neben dem Brunnenhaus

Postkutschenlinie, Parkplatz Tattersall, Bad Kissingen, Mai-Okt., So nach Bad Bocklet, Do-Sa zum Schloss Aschach, Abfahrt jeweils um 14 Uhr am Parkplatz Tattersall. Die Postkutschenlinie von Bad Kissingen nach Bad Bocklet über Schloss Aschach ist seit 1950 ununterbrochen im Einsatz. Die letzte Postkutschenlinie in Deutschland kann bis zu neun Mitreisende transportieren, betrieben wird sie nach wie vor von der Deutschen Post. Auskunft und Anm. bei der Tourist-Information. @ fij472

Balthasar-Neumann-Quelle. Wegen des hohen Eisengehaltes auch Stahlquelle genannt. Eine Besonderheit der Stadt ist das belebende Stahlbad, das Quellwasser wird direkt in die Wannen des Kurmittelhauses geleitet. @ nnw283

Bei einem Spaziergang im Sommer 1724 fand der Aschacher Pfarrer J. G. Schöppner im Saaletal eine Quelle mit Wasser, das mineralhaltig schmeckte – ähnlich dem Luitpoldsprudel in Bad Kissingen. Damit begann die Geschichte des heutigen Heilbades. Balthasar Neumann, Oberbaudirektor des damaligen Fürstbischofs, wurde ein Jahr später mit der Erschließung der Quelle beauftragt und fand dabei Reste einer Quellfassung aus uralter Zeit. Im späten 18. Jahrhundert entstanden die ersten Badegebäude, der klassizistische Brunnentempel und der Kurpark.

3 2,9 (295) Auf der Hauptroute gehen Sie vor dem Friedhof rechts zur Straße und dort links in Richtung Premich und Kreuzberg ⁓ nach dem **Rastplatz** an der ehemaligen Hutbuche wandern Sie am Saum des Waldes, entlang eines Baches und teilweise am Rand von Wiesen ⁓ vor der Brücke über den Lederbach rechts abbiegen, Sie wandern zunächst unweit des Baches ⁓ in einer weiten Linkskurve am Rand des Waldes scharf rechts abbiegen ⁓ über Wiesen wandern Sie am Waldrand entlang zu einem Rastplatz und wieder in den Wald hinein.

4 5,7 (385) An der folgenden Weggabelung gehen Sie links ⁓ auf

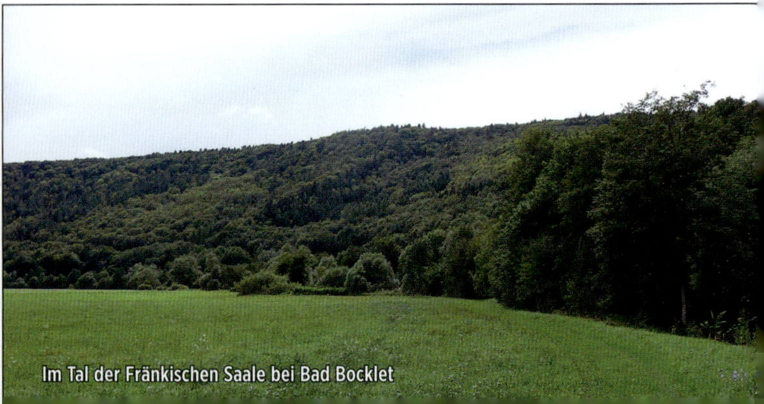
Im Tal der Fränkischen Saale bei Bad Bocklet

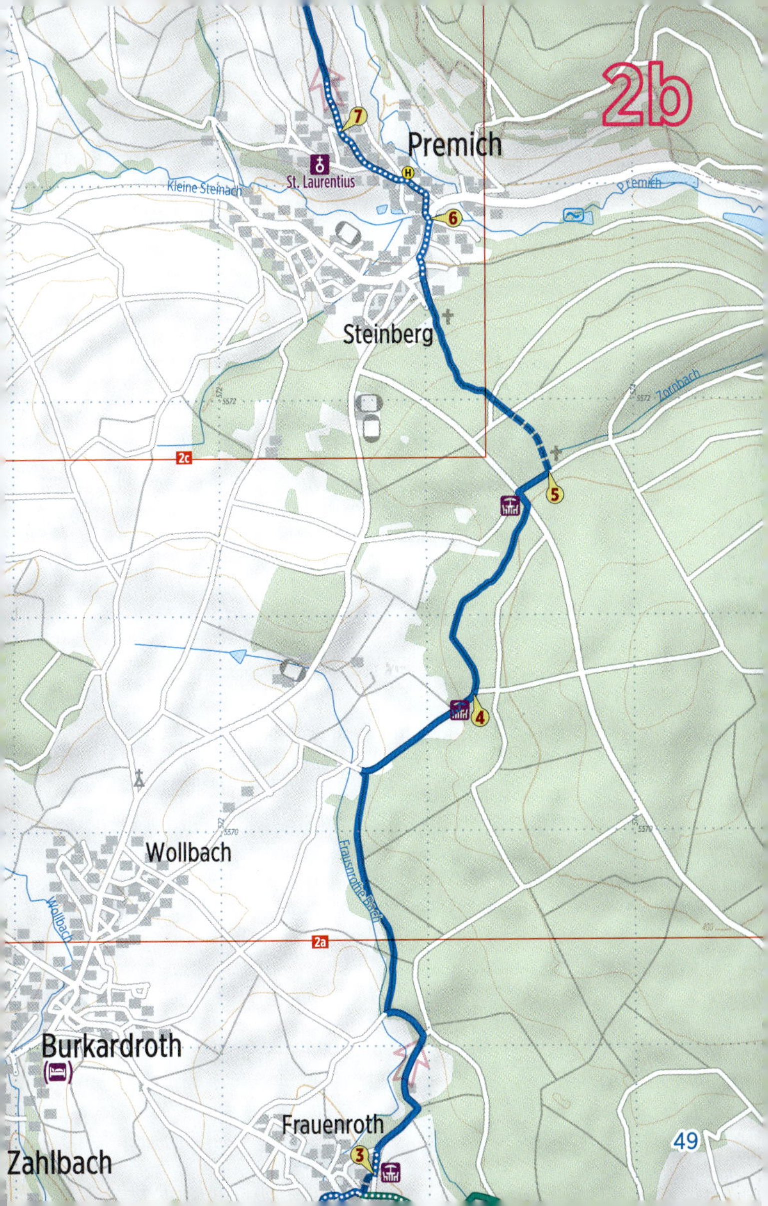

2b
Premich
St. Laurentius
Kleine Steinach
Premich
Steinberg
Zornbach
2c
Wollbach
Frausnrothe Bach
Wollbach
2a
Burkardroth
Frauenroth
Zahlbach

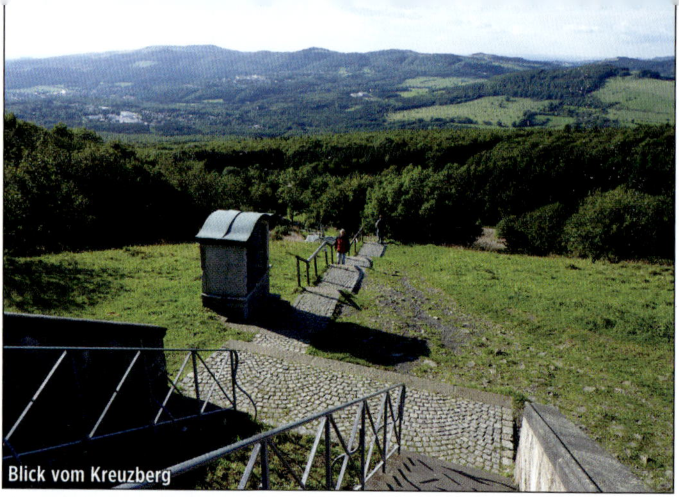
Blick vom Kreuzberg

etwas holprigem Weg entlang von **Grenzsteinen** ⇝ am breiten Forstweg links, kurz darauf an der Kreuzung rechts.

5 7,0 (395) An dem **Bildstock** beim Rastplatz biegen Sie links ab in den Pfad ⇝ auf einem Damm über die Wegkreuzung und absteigend Richtung Premich ⇝ über einen weiteren Weg ⇝ Sie erreichen den Premicher Ortsteil **Steinberg** an einem Holzlagerplatz, dort an der Weggabelung beim Kreuz rechts weiter ⇝ vorbei an Häusern abwärts auf dem **Aschacher Weg** ⇝ an der **Steinbergstraße** rechts.

Premich (Burkardroth)

Vorwahl: 09701

- **St. Laurentius,** Kirchstr. Die Kirche stammt aus dem 17. Jh.
- **Schöne Aussicht,** Steinbergstr. 5, ✆ 9068768. Stand 2023 wurde nach einem Nachfolger gesucht, bis dahin findet keine Bewirtschaftung statt.

6 8,4 (290) Bei erster Gelegenheit biegen Sie links ab in die **Brückenstraße** und überqueren die Kleine Steinach ⇝ an der **Kirchstraße** wieder links, kurz darauf an der Weggabelung mit Kreuz und Brunnen nochmals links ⇝ an der folgenden Weggabelung rechts in den **Ringweg**, auf dem linken Ast sind es nur ein paar Minuten bis zur Kirche St. Laurentius ⇝ weiter auf dem Ringweg.

7 9,1 (325) An der folgenden Weggabelung beim Kreuz erneut rechts halten in den **Kreuzbergweg** und am Hang des Kellersbachtales entlang.

8 10,5 (335) Am Ende des Weges beim **Bildstock** links auf den Fahrweg, bald vorbei an einem Rastplatz mit

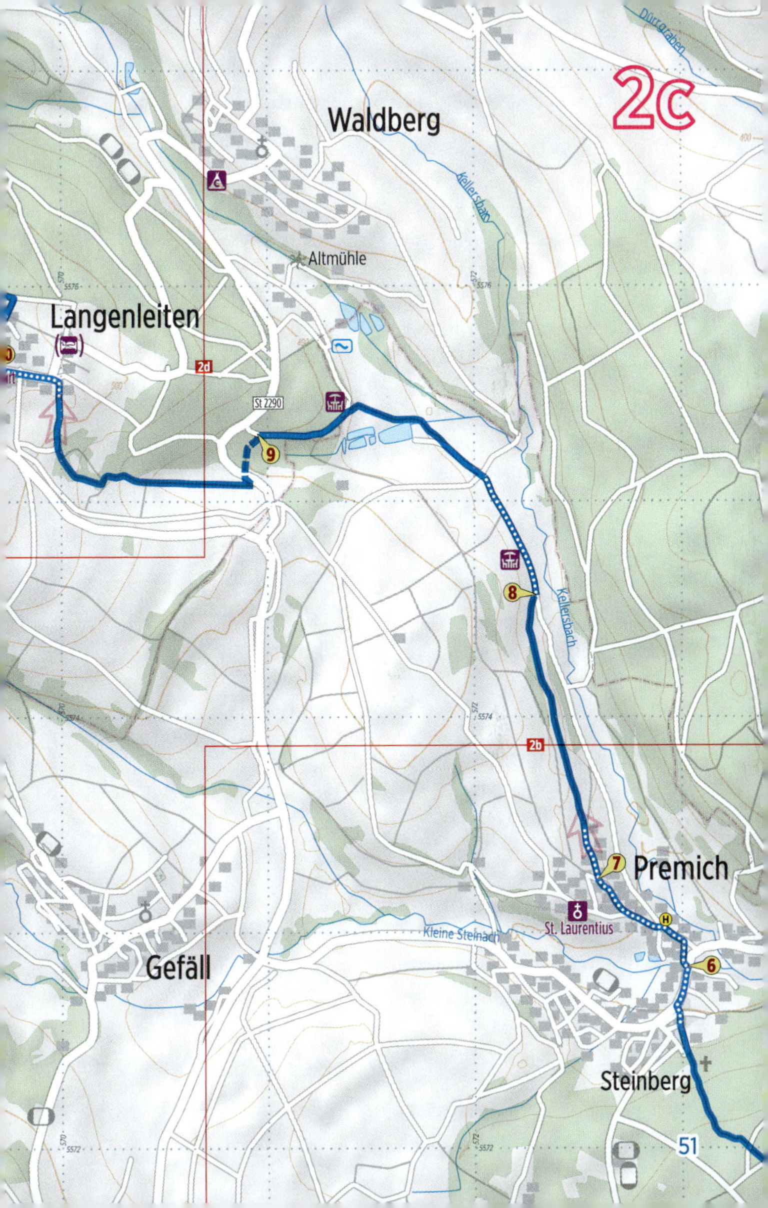
2c
Waldberg
Dürrgraben
Kellersbach
Altmühle
Langenleiten
2d
St 2290
Kellersbach
2b
Premich
St. Laurentius
Kleine Steinach
Gefäll
Steinberg
51

Brunnen und Unterstellmöglichkeit ⁓ nach der Wegkreuzung durch eine Senke ⁓ anschließend wandern Sie oberhalb einiger Weiher ⁓ am Waldrand beim Rastplatz links halten und am Rand des Langenleitener Holzes entlang.

9 12,3 (405) Im folgenden Wald biegt der Weg noch vor der Straße links ab in ein Tal, wo ein Steg begangen wird ⁓ wieder hinauf und über die **St 2290**, dann kurz links und wieder scharf rechts ⁓ an einer Strauch- und Baumreihe entlang ⁓ im Rechtsbogen steil aufwärts nach Langenleiten ⁓ vorbei am alten Friedhof kommen Sie in den Ort ⁓ hinter den ersten Häusern links und entlang der **Lindenstraße**.

Langenleiten (Sandberg)

Vorwahl: 09701

Mariä Himmelfahrt, Lindenstr. Die Kirche stammt zum Teil aus dem 18. Jh.

Gasthaus Kissinger Hütte, Kissinger Hütte 1, auf dem Feuerberg westlich von Langenleiten, ✆ 286, Di-So 11-21 Uhr, @ shi634

Die Lage der Häuser entlang der Straße und der sich jeweils anschließende Besitz an Flur, Wiese und Wald ist für die Siedlungsform eines Waldhufendorfes charakteristisch. Solche Dörfer entstanden in den Waldgebirgen während einer späten Phase der Besiedlung.

10 14,3 (530) Biegen Sie an der Kirche nach rechts ab und wandern auf dem **Köhlerweg** zum Wald ⁓ am Waldrand links und diesem kurz folgen, danach wandern Sie mit schönem Blick zum gegenüber liegenden Kreuzberg an Gehölzen und Baumreihen, dem **Sportplatz** und blumenreichen Wiesen vorbei ⁓ sanft abwärts, dabei über mehrere Bäche ⁓ wieder aufsteigend durch Wald und oben vor dem Reidelberg links auf den Fahrweg.

11 17,0 (570) Nach gut 100 m biegen Sie in der Linkskurve des Fahr-

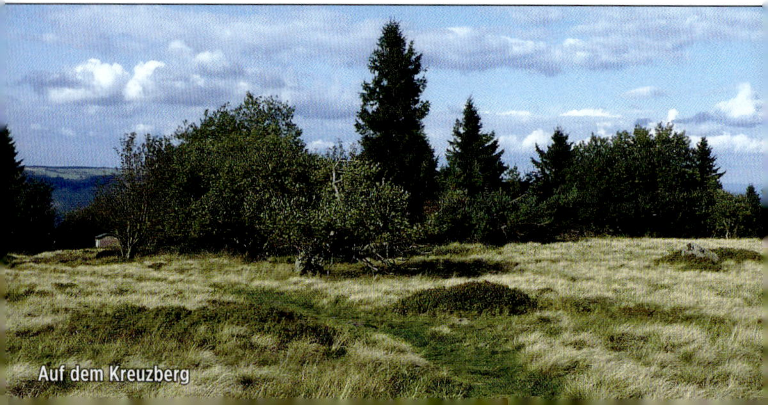

Auf dem Kreuzberg

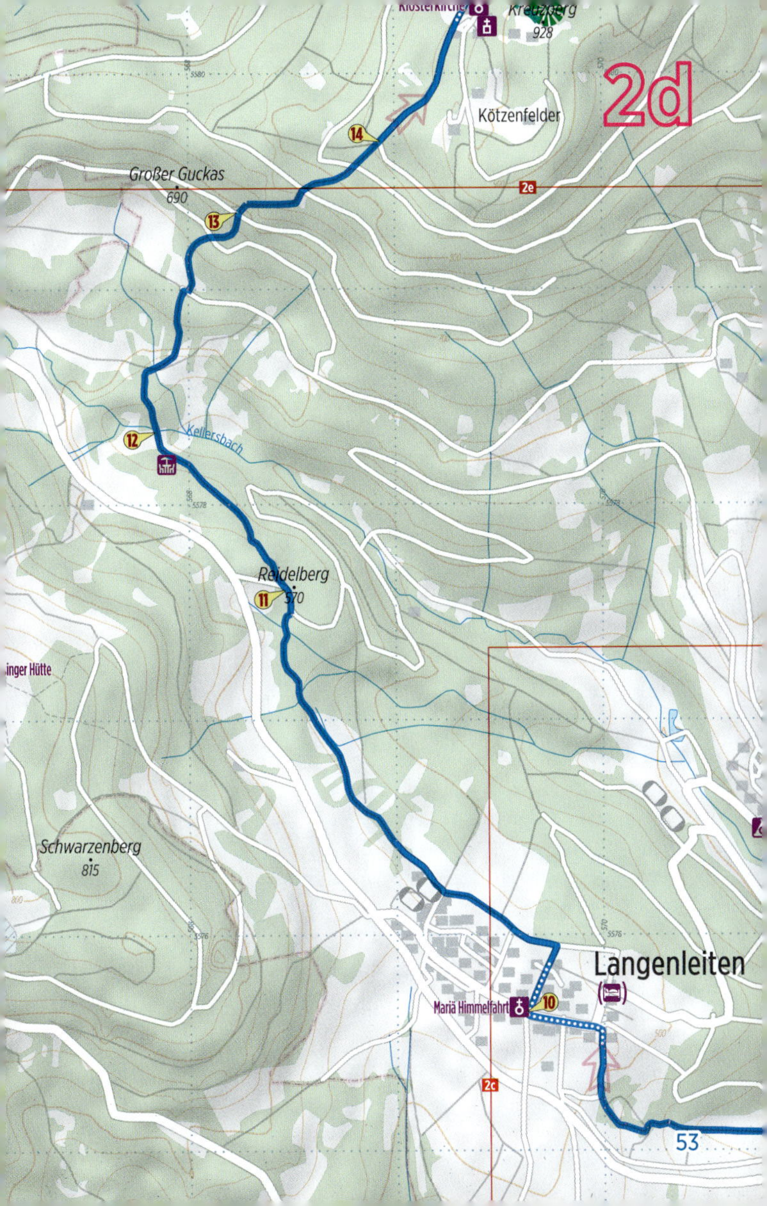

Kreuzberg
928
2d
Kötzenfelder
Großer Guckas
690
2e
Kellersbach
Reidelberg
570
Schwarzenberg
815
Langenleiten
Mariä Himmelfahrt
2c
14
13
12
11
10

Kloster Kreuzberg

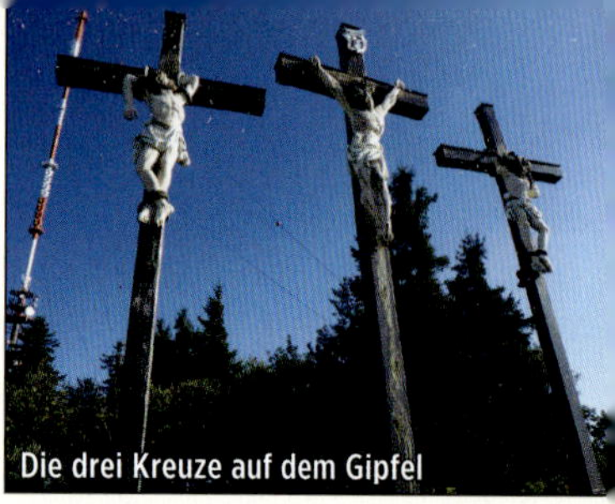

Die drei Kreuze auf dem Gipfel

Mit 928 Metern wird auf dem Klosterkreuzberg der höchste Punkt der Bayerischen Rhön erreicht. Der frühere Name Aschberg geht vielleicht auf das germanische Göttergeschlecht der Asen zurück. Reste von Wällen deuten auf eine keltische Besiedlung. Einer Sage nach soll der hl. Kilian gegen Ende des 7. Jahrhunderts einen germanischen Opferstein umgestürzt und an dieser Stelle ein hölzerndes Kreuz errichtet haben. Fürstbischof Julius Echter von Mespelbrunn ließ 1568 statt eines im Bauernkrieg zerstörten Holzkreuzes ein steinernes Kreuz und eine Kapelle errichten. Zu dieser Zeit fanden bereits Wallfahrten zu Gottesdiensten auf dem Kreuzberg statt. Nach dem Dreißigjährigen Krieg, gegen Ende des 17. Jahrhunderts, ließ Fürstbischof von Dermbach das Kloster und die jetzige Kirche errichten. Wertvollste Bestandteile sind eine vergoldete Monstranz, die einen Splitter vom Kreuz Jesu enthalten soll, und ein Sandsteinaltar der früheren Kapelle. Die Wallfahrten auf den Kreuzberg finden bis zur Gegenwart auch aus fernen Gegenden statt und gehören zu den bedeutendsten in Franken. Von der Kirche führen 14 Kreuzwegstationen zu drei Kreuzen, die das Wahrzeichen des Kreuzberges darstellen.

Im 18. Jahrhundert entstand die Klosterbrauerei, deren köstliches Bier weit über die Region hinaus bekannt ist. Zur Herstellung wird das für die Bierherstellung besonders gut geeignete weiche Wasser aus dem Basalt des Gipfels verwendet.

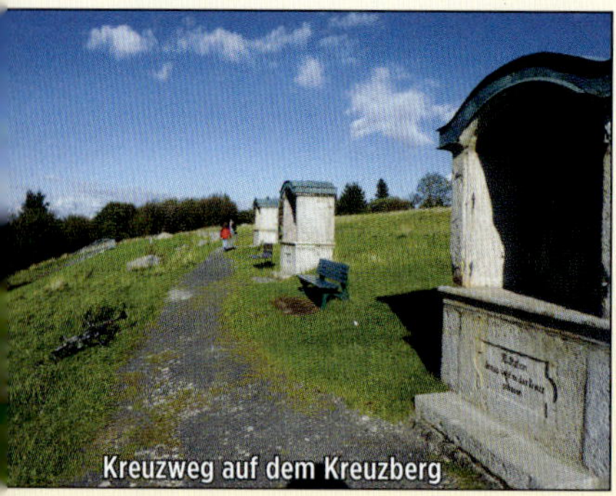

Kreuzweg auf dem Kreuzberg

Das anstehende Gestein des Gipfels ist jedoch durch Basaltschutt verdeckt. Im Bereich der Südostflanke befindet sich ein Blockmeer, auch „Johannisfeuer" genannt. Auf dem Gipfel befinden sich Reste sog. Frostböden aus dem Eiszeitalter. Durch zeitweiliges Gefrieren des Wassers im Boden wurde dieser bewegt.

Die Aussicht reicht an klaren Tagen weit über die Rhön bis zu den anschließenden Gebirgen.

weges rechts ab in den Waldweg ⤳ weiter durch Wald hinab zum **Kellersbach**.

12 18,0 (540) Auf dem **Jakobussteg** über den Bach und wieder hinauf, hier beginnt nun der Aufstieg zum Kreuzberg ⤳ durch lichten Buchenwald und dunkle Fichtenschonungen, dabei mehrmals über breite Wege.

13 19,3 (725) Nach dem Queren des dritten Forstweges rechts halten, kurz darauf wieder rechts halten und weiter bergauf ⤳ über weitere Forstwege.

14 20,1 (825) Der Weg endet an einer Dreierkreuzung von Forstwegen, gehen Sie hier geradeaus weiter ⤳ im sanften Anstieg gelangen Sie vorbei an einer Felsenklippe zur Klostersiedlung und der **Kirche**.

Kloster Kreuzberg (Bischofsheim a. d. Rhön)
(s. S. 54)

Vorwahl: 09772

Tourist-Information, Kreuzberg 1, ✆ 932853, @ ayb526

Bruder Franz Haus, Kreuzberg 1, ✆ 932853 Zentrum des Hauses ist eine Ausstellung über den Lebensweg von Franz von Assisi, daneben dient es als Kontakt- und Begegnungsstätte. @ ior126

Klosterkirche, ✆ 91240. Die barocke Kirche (1681-1692) ist ein beliebtes Ziel der Pilger. @ fhe781

Kloster Kreuzberg, Kreuzberg 2, ✆ 91240 Der Wallfahrtsort mit dem Franziskanerkloster befindet sich auf dem 928 m hohen Kreuzberg. Mitte des 20. Jahrhunderts entstand ein neues Brauereigebäude. @ pul411

Klostergaststätte, Kreuzberg 2, in der Saison tägl. 11-20.30 Uhr, @ bou874

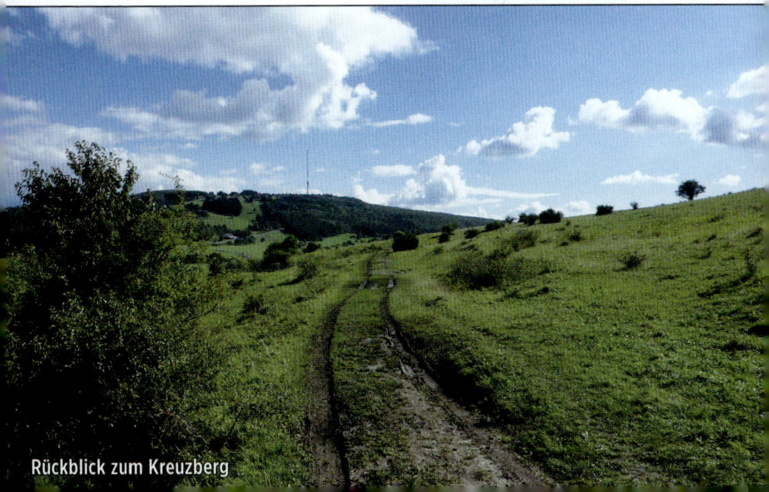

Rückblick zum Kreuzberg

Berggasthof Elisäus, Kreuzberg 2, Fr 17-22 Uhr, Sa 13.30-22 Uhr, So/Fei 9.30-18 Uhr, @ bpe735

Roth, Kreuzberg 10, 1245, Fr-Di 17-21 Uhr, Sa, So schon ab 11 Uhr, @ vbb631

Seit Jahrhunderten pilgern Gläubige auf den 928 m hohen Kreuzberg, der auch als „Heiliger Berg der Franken" bezeichnet wird. Der frühere Name Aschberg geht vielleicht auf das germanische Göttergeschlecht der Asen zurück. Reste von Wällen deuten auf eine keltische Besiedlung. Einer Sage nach soll der heilige Kilian gegen Ende des 7. Jahrhunderts einen germanischen Opferstein umgestürzt und an dieser Stelle ein hölzernes Kreuz errichtet haben. Nach dem Dreißigjährigen Krieg, gegen Ende des 17. Jahrhunderts, ließ Fürstbischof von Dermbach das Kloster und die jetzige Kirche errichten. Wertvollste Bestandteile sind eine vergoldete Monstranz, die einen Splitter vom Kreuz Jesu enthalten soll, und ein Sandsteinaltar der früheren Kapelle. Die Fahrt zu den drei Kreuzen auf dem Gipfel wird mit einem einmaligen Panoramablick belohnt – bei klarer Sicht bis zum Vogelsberg, in den Spessart, Taunus und den Thüringer Wald. Das Franziskanerkloster verfügt über eine eigene Brauerei, die bis heute das berühmte Kreuzbergbier braut.

Nach der Kirche erreichen Sie eine Weggabelung und halten sich links.

AUSSICHT Wollen Sie sich den Gipfel mit seiner weiten Sicht nicht entgehen lassen, folgen Sie rechts über lange Treppen der Markierung K. Zunächst vorbei an drei Kreuzen, dem Wahrzeichen des Kreuzberges, erreichen Sie den höchsten Punkt neben dem Sendeturm, rundum erstrecken sich weite Bergheiden.

Kreuzberg (928 m)

Nach dem Durchwandern des Weilers weiter mit der Markierung des Hochrhöners auf einem Fußweg neben der Straße **NES 10**.

15 21,3 (850) Kurz darauf überqueren Sie die Landstraße und steigen durch Wald ab ~ aus dem Wald hinaus und über Wiesen, vorbei am Rastplatz mit dem Schafsbrunnen ~ zuletzt wieder dicht entlang der NES 10.

16 22,9 (725) Kurz darauf die NES 25 queren, wo ein Zubringer nach Bischofsheim abzweigt, dahinter weiter in geringer Entfernung zur Landstraße ~ vorbei an einem weiteren **Rastplatz** mit Aussicht nach Osten bis hin zu den Gleichbergen ~ dann in den Wald hinein und an der Weggabelung links ~ vorbei an der **Lumumba-Hütte**, die nur im Winter bewirtschaftet wird.

17 24,3 (700) Unter dem Skilift hindurch ~ nach zwei Rastplätzen vorbei am Zubringer nach Bischofsheim ~ an einer folgenden Weggabelung links und am nächs-

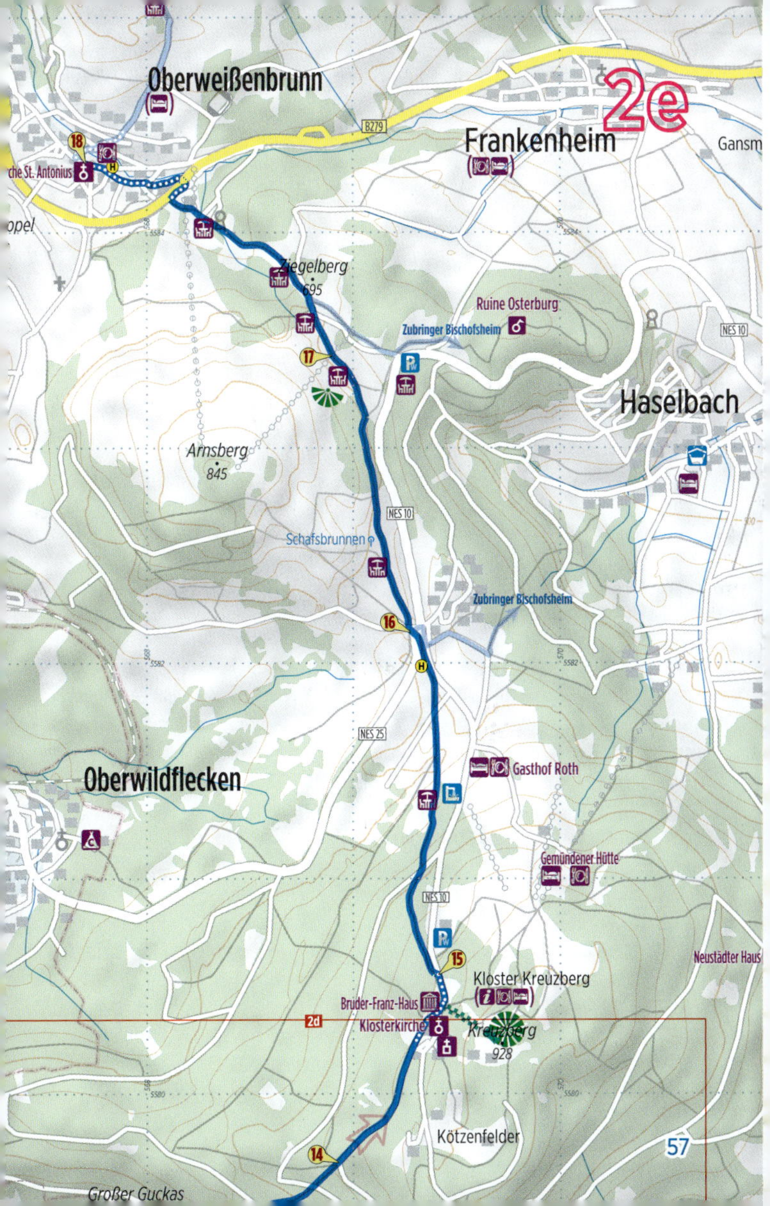

Oberweißenbrunn
B279
2e
Frankenheim
Gansm
che St. Antonius
18
opel
Ziegelberg
695
Ruine Osterburg
Zubringer Bischofsheim
NES 10
17
Haselbach
Arnsberg
845
NES 10
Schafsbrunnen
Zubringer Bischofsheim
16
NES 25
Oberwildflecken
Gasthof Roth
Gemündener Hütte
NES 10
15
Neustädter Haus
Kloster Kreuzberg
Bruder-Franz-Haus
2d
Klosterkirche
Kreuzberg
928
Kötzenfelder
14
Großer Guckas

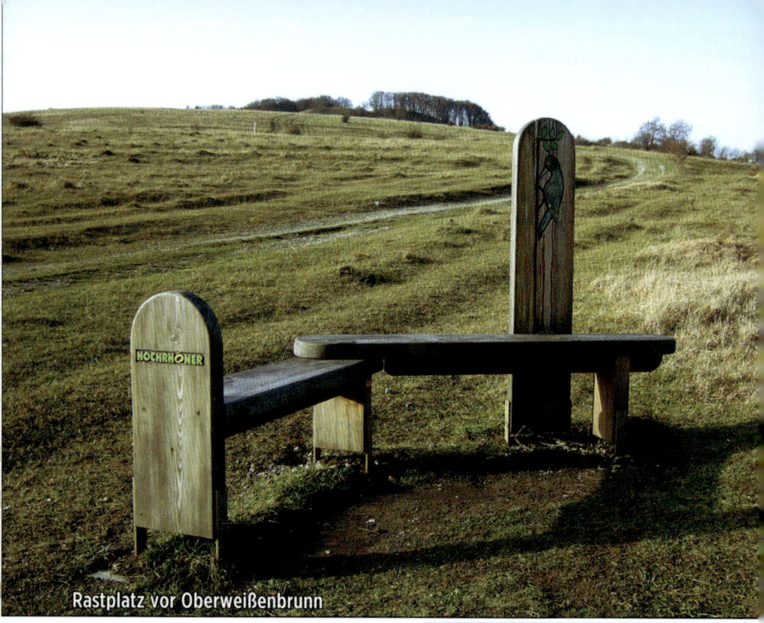

Rastplatz vor Oberweißenbrunn

ten Rastplatz vorbei ⇝ weiter abwärts bis zum **Arnsberg-Imbiss**, der ebenfalls nur im Winter bewirtschaftet wird, und einem Rastplatz mit Brunnen ⇝ nach Querung des Liftes direkt vor der **B 279** rechts, kurz darauf im engen Linksbogen die Bundesstraße unterqueren ⇝ rechts halten in den **Mühlengrund** und vorbei am gleichnamigen Gasthaus in den Ort ⇝ an der Hauptstraße links und auf dieser zur Bushaltestelle unterhalb der Kirche.

18 26,1 (615) An der Kirche sind Sie am Etappenziel angelangt.

Oberweißenbrunn (Bischofsheim a. d. Rhön)
Vorwahl: 09772

Kirche St. Antonius. Die jüngere Kirche (1962) mit barocker Ausstattung aus dem 18. Jh. ist eine gelungene Synthese von alt und neu. @ fot875

Mühlengrund, Mühlengrund 3+5, ✆ 445, ⏲ Do-Mo 8-14 Uhr, ab 17 Uhr, @ yfs866

Der Ort liegt nahe der Wasserscheide zwischen der zur Weser fließenden Fulda und den zum Main orientierten Flüssen Brend und Sinn. Die umgebenden Gipfel bestehen aus Basalten. Die beiden Hagküppel unmittelbar südwestlich des Ortes werden auch als „Rhönbusen" bezeichnet.

Etappe 3 — 19,6 km

Von Oberweißenbrunn zur Enzianhütte (Westroute Kuppenrhön)

Start: Oberweißenbrunn, Kirche
Ziel: Enzianhütte
Aufstieg: 661 m
Abstieg: 522 m
Gehzeit: 5 - 6 Std.
Hartbelag: 9 %
Wanderwege: 59 %
Wanderpfade: 31 %

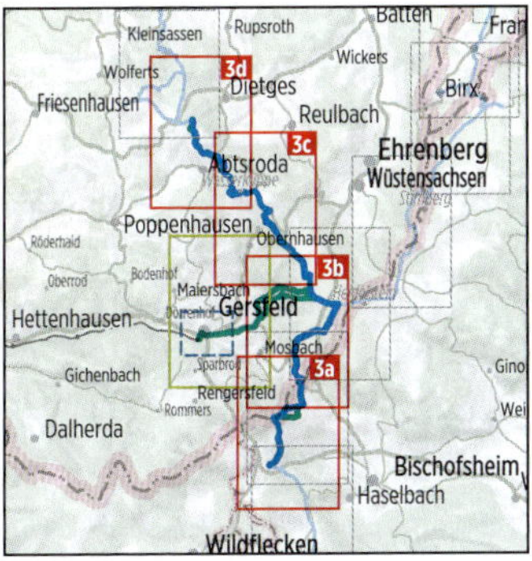

Über die Wasserkuppe

Große Teile dieser Wanderung faszinieren durch ihre gewaltige Aussicht auf die nähere Umgebung und in die Ferne, eine schöne Passage löst die nächste ab. Zunächst steigen Sie hinauf zum wiesenbedeckten Gipfel des Himmeldunkberges und wieder hinab zum Schwedenwall, wandern unterhalb des Kesselsteins entlang, um sich kurz nach der

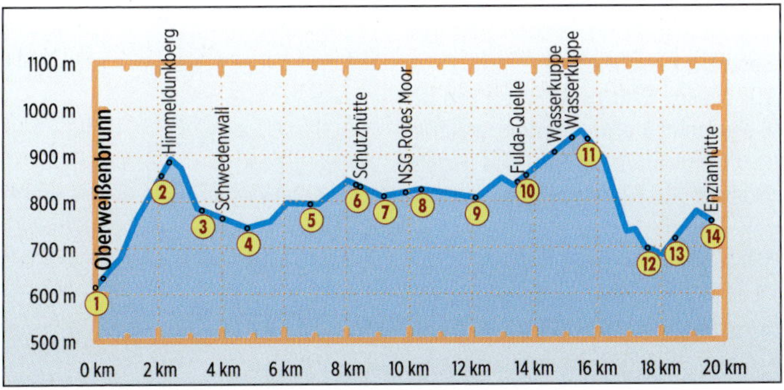

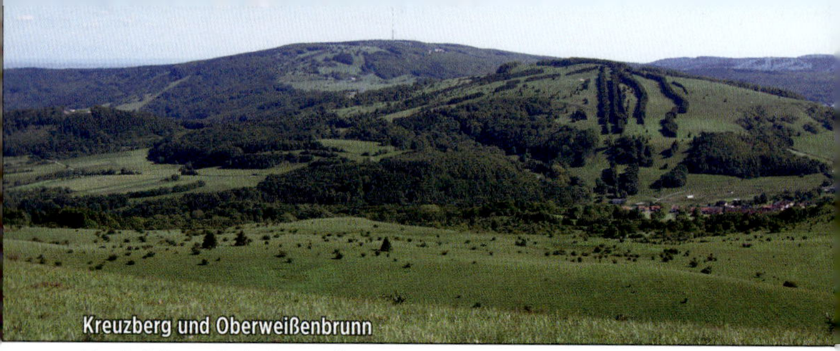

Kreuzberg und Oberweißenbrunn

Hochrhöner-Gabelung der speziellen Faszination des Roten Moores mit dessen bizarrer Pflanzenwelt hinzugeben. Vorbei an der Fuldaquelle mit ihrem begehrten Wasser aus dem Basaltgestein erreichen Sie schließlich die Wasserkuppe, den höchsten Berg der Rhön. Alle Wege entlang der Wiesen sind von reicher Flora.

Auf Einkehrmöglichkeiten treffen Sie beim Haus am Roten Moor, auf der Wasserkuppe sowie in Abtsroda.

Tipp: Falls Sie erst beim Roten Moor in den Hochrhöner einsteigen möchten, finden Sie ab S. 62 einen 7,5 km langen Zuweg ausgehend vom Bahnhof Gersfeld beschrieben.

Auf dieser Etappe können Sie bei Wegpunkt 6 entscheiden, welcher der beiden Varianten des Hochrhöners Sie bis Andenhausen folgen wollen.

Oberweißenbrunn (Bischofsheim a. d. Rhön)

1 0,0 (615) Von der Bushaltestelle unterhalb der Kirche gehen Sie kurz entlang der **Geigensteinstraße** in Richtung Ortsmitte, dann rechts in die **Mühlackerstraße** ⤳ bald links halten in den **Rockensteinweg** und aus dem Ort ⤳ hier beginnt der Aufstieg zum Himmeldunkberg ⤳ der Weg verläuft zunächst zwischen Sträuchern, dann über Wiesen mit prächtigem Rückblick zum Kreuzberg und Arnsberg ⤳ am Rockensteingipfel rechts vorbei.

2 2,1 (855) Oben vor dem Waldrand gehen Sie rechts ⤳ auf dem Gipfel des Himmeldunkberges befindet sich ein Rastplatz, von dem die Aussicht noch besser ist.

Himmeldunkberg

AUSSICHT

Ein schmaler, etwa in Südost-Richtung führender Pfad abseits der Route erweitert die Aussicht nochmals. Man blickt hier u. a. über das tief liegende Bischofsheim und das Grabfeld bis zu den Hassbergen. Auf der Würzburger Bergbundhütte (DAV) ist nach Voranmeldung Schlafsackübernachtung möglich.

Auf der Hauptroute weiter durch Fichtenwald, vorbei an Grenzsteinen von 1872.

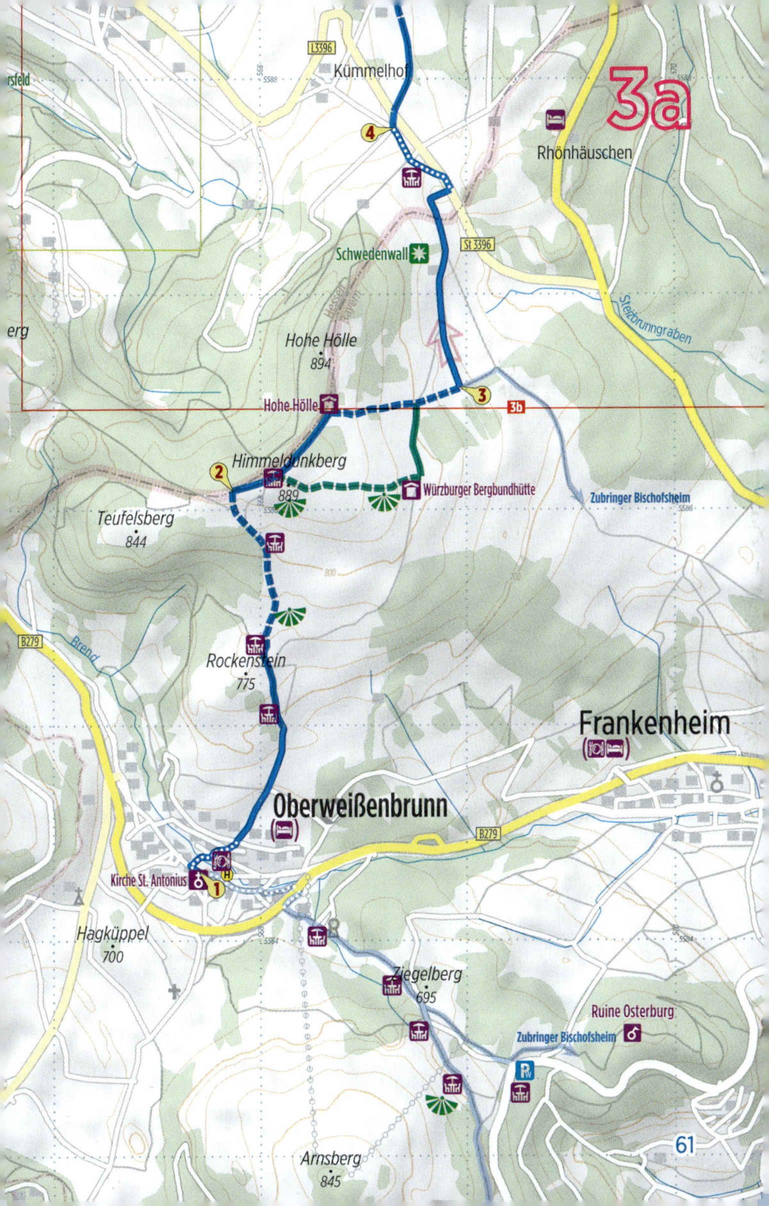
3a
Kümmelhof
L3396
Rhönhäuschen
Schwedenwall
St 3396
Steinbrunngraben
Hohe Hölle
894
Hohe Hölle
3b
Himmeldunkberg
889
Würzburger Bergbundhütte
Zubringer Bischofsheim
Teufelsberg
844
B279
Brend
Rockenstein
775
Frankenheim
Oberweißenbrunn
B279
Kirche St. Antonius
Hagküppel
700
Ziegelberg
695
Ruine Osterburg
Zubringer Bischofsheim
Arnsberg
845

Grenzlinien

Das Königreich Bayern (KB) grenzte hier an das Königreich Preußen (KP). Heute verläuft an dieser Stelle die Grenze zwischen den Bundesländern Bayern und Hessen.

Zweigen Sie an der Weggabelung bei der **Hütte Hohe Hölle** rechts ab und steigen über prächtige Bergwiesen ab, dabei mit Sicht auf die Gleichberge und dahinter den Kamm des Thüringer Waldes.

Kulturlandschaft Rhön

Die herrlichen Fernsichten der Rhön führten zu dem sehr begründeten Begriff „Land der offenen Fernen". Hierbei ist nicht zu vergessen, dass die Bergwiesen durch die Beweidung mit Schafen und vor allem durch die jährlichen Schnitte waldfrei gehalten worden sind. Nur durch die Tätigkeit des Menschen kann die Rhön in ihrer heutigen Schönheit erhalten bleiben.

3 3,4 (780) Nach dem Abstieg links auf den Pfad, geradeaus führt ein Zubringer nach Bischofsheim ~ über den Schwedenwall.

Schwedenwall

Bereits im Mittelalter bestand hier eine Grenzbefestigung. Sie wurde von den Schweden während des Dreißigjährigen Krieges übernommen und ausgebaut, um die Pass-Straße über die Rhön zwischen Gersfeld und Bischofsheim zu sichern. Hier und über den Berg Hohe Hölle verläuft auch die Wasserscheide zwischen Fulda und Main.

Rechts vor zur **L 3396** und dieser nach links wenige Meter folgen, dann links am Parkplatz entlang.

4 4,8 (740) An der Kreuzung rechts und die L 3396 überqueren ~ wieder über Bergwiesen, am Hang des Kesselsteins entlang mit Ausblicken zu den Nallenbergen und nach Gersfeld ~ dann im weiten Rechtsbogen auf der Forststraße durch den Wald.

5 6,9 (795) Über die **B 278** und wenig später links in den ansteigenden Weg ~ bis zur Kreuzung an der **Schutzhütte**.

6 8,3 (835) An der Kreuzung trennen sich die beiden Routen des Hochrhöners in die Westroute Kuppenrhön und die Ostroute Lange Rhön.

Hochrhöner-Gabelung

VARIANTE Möchten Sie nur die West- oder die Ostroute des Hochrhöners wandern, eine knapp 90 km lange Rundtour aus beiden Mittelteilen gehen bzw. generell erst im Roten Moor einsteigen, nutzen Sie den Hochrhöner-Zuweg vom Bhf. Gersfeld zur Hochrhöner-Gabelung.

Von Gersfeld zur Hochrhöner-Gabelung 7,5 km

Gersfeld (Rhön)

Vorwahl: 06654

Tourist-Information Gersfeld, Brückenstr. 1, ✆ 1780, @ vvn227

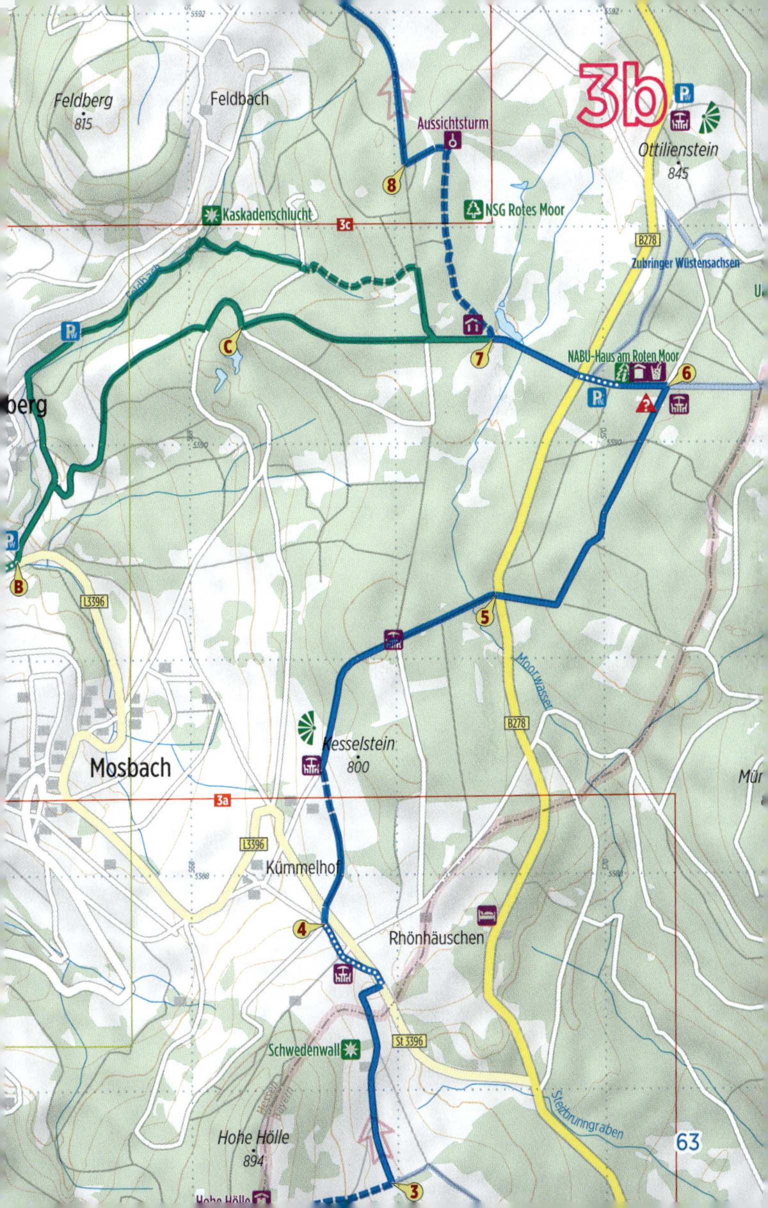
3b
Feldberg
815
Feldbach
Aussichtsturm
Ottilienstein
845
NSG Rotes Moor
Kaskadenschlucht
3c
B278
Zubringer Wüstensachsen
NABU-Haus am Roten Moor
Moorwasser
L3396
Mosbach
Kesselstein
800
3a
Kümmelhof
Rhönhäuschen
Schwedenwall
St 3396
Hohe Hölle
894
Steizbrunngraben

Gersfeld

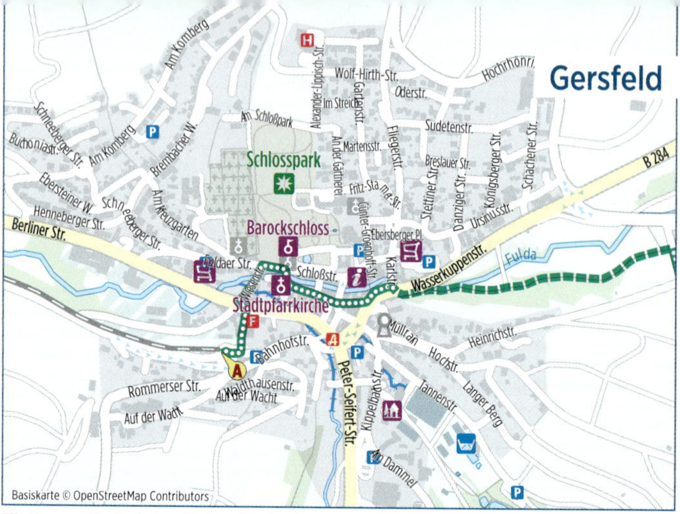

Evangelisch-lutherische Stadtpfarrkirche, Marktpl. 2. Die Kirche wurde von 1780 bis 1785 erbaut. Sehenswert sind die Orgel-Kanzel-Altarwand im Rokokostil und das Grabmal des Ritters Christopher von Ebersberg. @ ikh142

Barockschloss, Schlossstr. Die Anlage liegt am Südrand des großzügig angelegten Schlossparks und ist ein klassisches Beispiel barocker Hofarchitektur. Das Schloss befindet sich in Privatbesitz und ist nicht zu besichtigen.

Wildpark Gersfeld, ✆ 680 Auf über 500.000 m² können die Besucher mehr als 150 Tiere, überwiegend heimisches Wild, fast wie in freier Wildbahn beobachten und bei Rundgängen unter fachlicher Führung vieles über die verschiedenen Arten lernen. Mit Gastronomie. @ mqp568

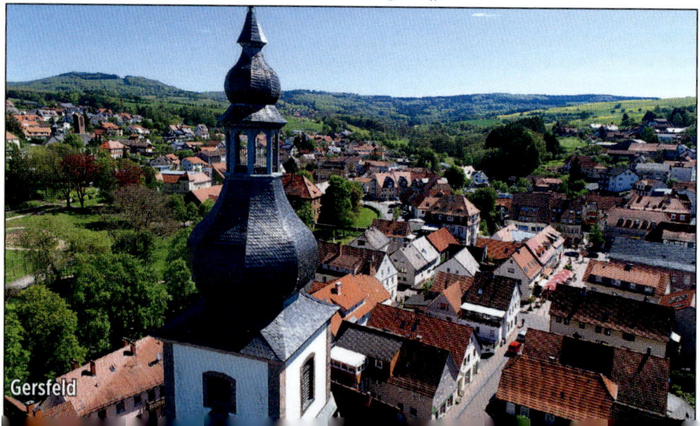

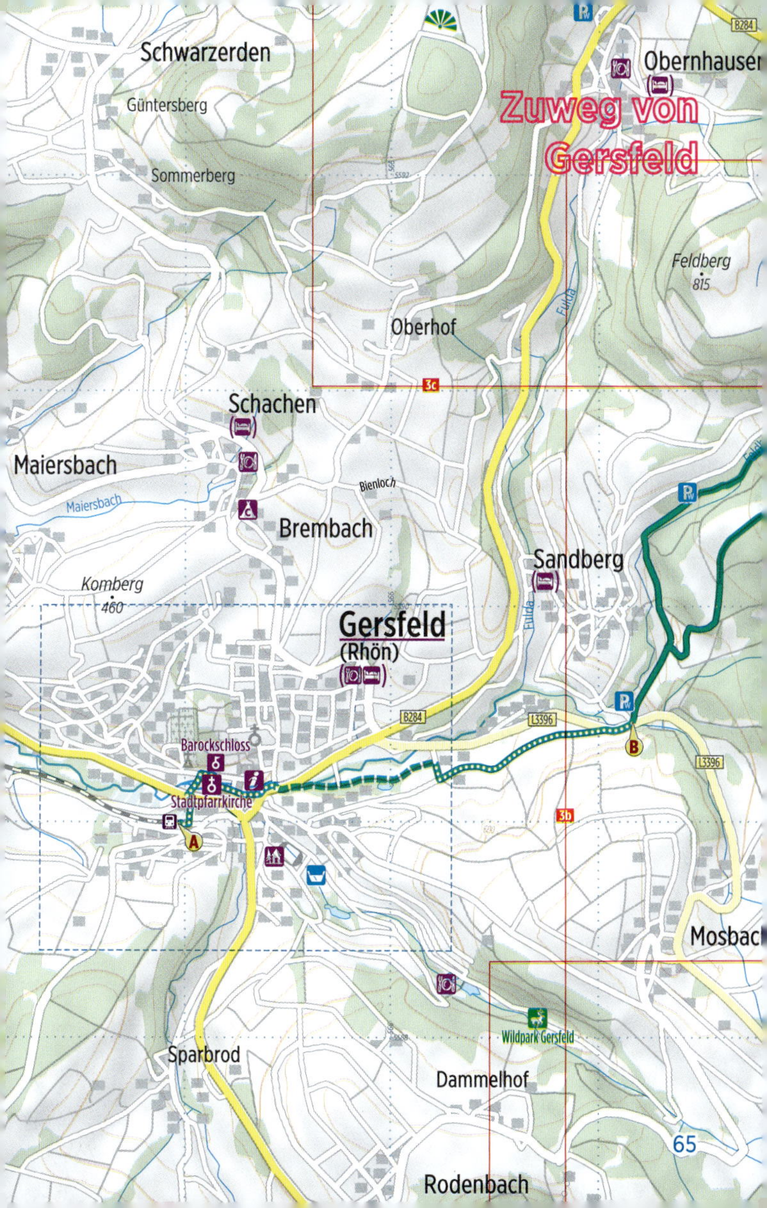

Schwarzerden
Güntersberg
Sommerberg
Obernhausen
Zuweg von Gersfeld
Feldberg 815
Oberhof
Fulda
Schachen
Maiersbach
Maiersbach
Bienloch
Brembach
Sandberg
Komberg 460
Gersfeld (Rhön)
B284
L3396
Barockschloss
Stadtpfarrkirche
A
B
3c
3b
Mosbach
Wildpark Gersfeld
Sparbrod
Dammelhof
Rodenbach

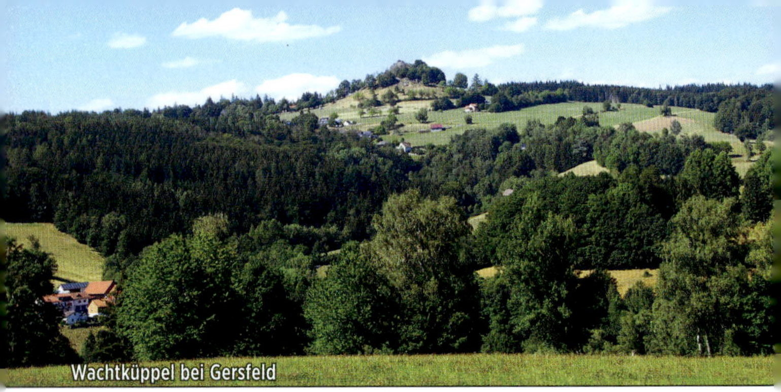

Wachtküppel bei Gersfeld

Freibad, Tannenstr. 10, ✆ 388, @ gsm413

Wildpark-Gaststätte Ehrengrund, Wildpark 1, ✆ 680, ⏲ tägl. 9-18 Uhr, @ dto788

Direkt am Fuße der 950 Meter hohen Wasserkuppe, des höchsten Berges Hessens, liegt der Heilklimatische Kurort Gersfeld (Rhön). Sehenswert sind vor allem der historische Marktplatz mit den schönen Fachwerkhäusern, die eindrucksvolle Barockkirche und der Schlosspark mit seinen drei Schlössern. Seine Nähe zu den schönsten Rhöner Bergen macht Gersfeld auch für Wanderer und Naturliebhaber interessant. Die Rhön, eine jahrhundertealte Kulturlandschaft, erhielt 1991 von der UNESCO das Prädikat „Biosphärenreservat". Naturschützer, Förster und Landwirte haben die Aufgabe, diesen einzigartigen Naturraum mit seinen Bergen, Hochwiesen, Laubwäldern und Hochmooren zu erhalten.

A **0,0 (505)** Gehen Sie am Bahnhof am Ende des Gleises über den kleinen **Kreisverkehr**, dann links und die Treppe hinab ⤳ vor der Hauptstraße kurz links, dann diese überqueren in die **Wiesenstraße** ⤳ erst über einen Bach, dann über die Fulda ⤳ an der T-Kreuzung rechts auf die **Fuldaer Straße** und gleich nochmal rechts in die Straße **Marktplatz** ⤳ vorbei an der Kirche und über eine Kreuzung ⤳ kurz links auf die **Wasserkuppenstraße** und noch vor der Fulda-Brücke rechts in den Pfad, dem Zubringer zum Roten Moor folgend ⤳ zunächst am Bach entlang, dann zwischen Wald und Wiese und vorbei an einem Weiher.

Botanik am Wegesrand

Man findet unweit der Wege etwa ab Ende Mai Schlangenknöterich, Waldstorchschnabel und Ährige Teufelskralle.

Nach dem Parkplatz rechts, gleich wieder links und vorbei an der **Rhönmarkthalle**.

B 3,2 (555) An der **L 3396** kurz rechts, nach 150 m links und über die Wiesen hinauf ~ nach 400 m rechts.

VARIANTE Wenn Sie am Abzweig geradeaus gehen, können Sie auf dem idyllischen Weg durch die verwunschene Kaskadenschlucht und entlang eines Bächleins zum Roten Moor gelangen. Der gut ausgewiesene Weg ist geringfügig länger.

Kaskadenschlucht. Der Feldbach bahnt sich über zahlreiche kleine gestufte Wasserfälle seinen Weg durch die idyllische Schlucht. Ein Wanderweg begleitet den Bach.

Auf dem Hochrhöner-Zuweg gehen Sie gleich nach dem Abzweig im engen Linksbogen ~ am Waldrand rechts und dem weiten Linksbogen folgen ~ nochmals nach rechts, in Süd-Richtung mit Blick auf den Simmelsberg ~ nach einer Wegkreuzung weiter hinauf entlang des Waldrandes ~ bleiben Sie an der folgenden Weggabelung auf dem Hauptweg ~ an der mächtigen Buche in den Wald hinein ~ bald darauf links.

C 5,3 (765) Am Ende des Rechtsbogens erreichen Sie den Rand eines ehemaligen **Basaltsteinbruches**, biegen Sie hier links ab ~ unterhalb des Mostberges entlang ~ Sie queren den Radweg.

7 6,5 (810) Wenig später kommt von vorn die Westroute des Hochrhöners, der Sie wahlweise nach links auf dem großteils auf Planken verlaufenden Moorlehrpfad folgen ~ gehen Sie hingegen bei der **Schutz- und Infohütte** zum Roten Moor weiter geradeaus, über die **B 278** und vorbei am **Haus am Roten Moor**, erreichen Sie an der Hochrhöner-Gabelung die Ostroute.

Hochrhöner-Gabelung

PLANUNG Auf der Hauptroute ist an dieser Stelle die Entscheidung zu treffen, ob Sie Ihren Weg auf der westlichen Route Kuppenrhön (Etappen 3-6) oder der Ostroute Lange Rhön (Etappen 7-9) fortsetzen wollen. Für letztere gehen Sie hier rechts, den zugehörigen Routentext finden Sie ab S. 114.

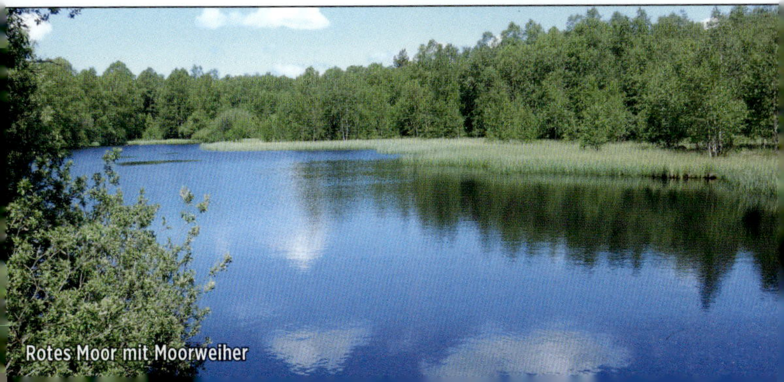
Rotes Moor mit Moorweiher

Moore der Rhön: Das Rote Moor

In der Hessischen Rhön liegt in einer Höhe von etwa 800 Meter das Rote Moor innerhalb des gleichnamigen Naturschutzgebietes. Das Gebiet gehört auch zur Kernzone des Biosphärenreservates Rhön. Von 1809 bis 1984 wurde im Roten Moor Torf abgebaut, zunächst als Heizmaterial, ab 1838 auch für Moorbäder. Dazu wurden sogar Entwässerungsgräben angelegt. Dadurch wurden beträchtliche Teile des Hochmoores zerstört bzw. geschädigt, sodass sich nur die Randgebiete ungestört weiter entwickeln konnten. Gegen Ende des 20. Jahrhunderts begann man mit der Renaturierung, wobei zunächst der Feuchtigkeitsverlust verringert wurde. Um den Grundwasserspiegel wieder anzuheben, wurden Gehölze entfernt und Entwässerungsgräben aufgestaut.

Unterschieden wird zwischen dem Großen Roten Moor und dem Kleinen Roten Moor, zwischen denen der Bach Moorwasser fließt.

Das Moor enthält nebeneinander verschiedene Lebensräume. Im Inneren befindet sich ein besonders nährstoffarmes Gebiet. Hier überwiegen die teilweise rötlichen Torfmoose und insektenfressende Pflanzen wie z. B. Sonnentau und Fettkraut. An diese Kernzone des Moores schließen sich Zwergsträucher und kleinere Bäume an. Im folgenden Sumpfgürtel findet man z. B. Wollgras mit seinen weißwolligen Blütenborsten. Die Randzone bildet der Karpatenbirkenwald, in dem eine Unterart der Moorbirke, die sog. Karpatenbirke dominiert. Diese Art des Waldes ist vor allem im östlichen Teil des Moores gut entwickelt.

Das Moor ist auch Lebensraum zahlreicher Tierarten, von denen der Wanderer auf dem Hochrhöner wahrscheinlich vor allem größere Raubvögel wie z. B. den Roten Milan mit seinem gabelartigen Schwanz sehen wird. Die Pflanzen- und Tierwelt des Moores wird durch mehrere Tafeln erläutert.

Die Moore der Rhön entstanden am Ende der letzten Vereisung, als durch verstärkte Abtragungsvorgänge Mulden entstanden. In diesen sammelte sich auf lehmigen Verwitterungsprodukten der Basalte oder auf tonigen Ablagerungen der Tertiärzeit das Wasser, das zusammen mit den niedrigen Temperaturen die Entwicklung von Mooren begünstigte.

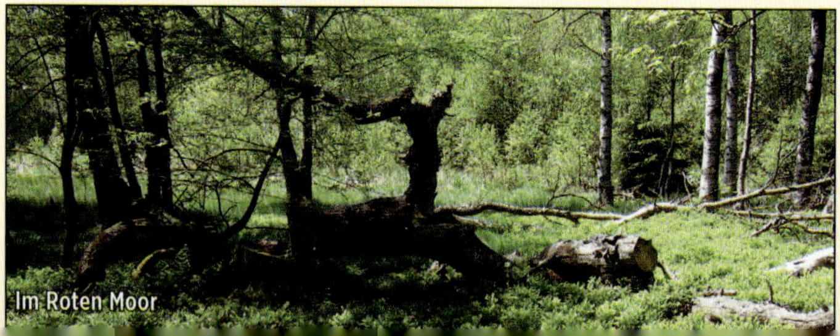

Im Roten Moor

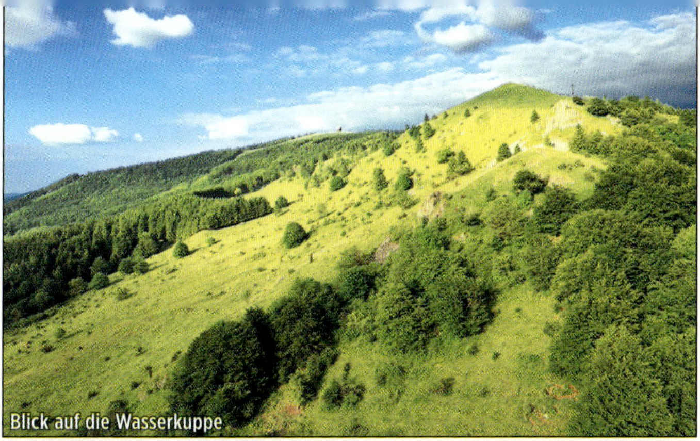

Blick auf die Wasserkuppe

Jedem seine Wasserkuppe

Die Wasserkuppe ist mit 950 Metern der höchste Berg der Rhön. Obgleich die Gipfel des Mittelgebirges sehr niederschlagsreich sind und sich hier etwa 30 Quellen befinden, kommt der Name Wasserkuppe wahrscheinlich nicht von „Wasser" sondern vom altdeutschen „Wass", das auf einen Weideplatz hinweist.
Die Wasserkuppe ist vor allem der Berg der Segelflieger - mutige Pioniere der Segelfliegerei starteten hier ihre ersten Flugversuche, ein Fliegerdenkmal erinnert an sie und die Wasserkuppe gilt seither als „Berg der Flieger". So ist die hiesige Fliegerschule die älteste der Welt, und das Segelflugmuseum zeigt die Geschichte dieses Sports.
Der Berg wird heute für viele Freizeitaktivitäten genutzt, so gibt es eine Sommerrodelbahn, Gleitschirmflieger schwingen sich in die Lüfte und nicht weit entfernt befindet sich ein Flugplatz für Modellflieger.
Auf der Wasserkuppe können die meisten Wintersportarten betrieben werden. Das Rhön Kompetenzzentrum Wasserkuppe, der deutsche Wetterdienst, die Bergwacht, ein Zeltplatz, mehrere Gasthäuser, Hotels und auch Läden fehlen nicht. Aus all diesen Gründen bringt der Hochrhönring, eine von Gersfeld verlaufende Ringstraße, Besucher in großer Zahl auf die Wasserkuppe.
Eine ehemalige Radar-Kuppel lässt den Berg bereits aus der Ferne erkennen und dient heute als Aussichtspunkt. Mehrere Wanderwege des Rhönklubs führen seit langer Zeit über die Wasserkuppe, und auch den Hochrhöner hat man zu Recht über diesen Berg gelegt. Gegenseitige Toleranz ist angesagt, der Wanderer muss nicht lange bleiben und wird bald wieder von der Einsamkeit der Rhön umgeben sein, wenn es sein Wunsch ist.

Sie folgen der nach links verlaufenden westlichen Etappe über die Kuppenrhön ⤳ vorbei am **Haus am Roten Moor**, noch vor der B 278 zweigt rechts der Zubringer nach Wüstensachsen ab.

Rotes Moor (Gersfeld (Rhön))

NABU-Haus am Roten Moor, Wanderparkplatz „Moordorf", ✆ 09772/930517, ⌚ Mi-So 11-18 Uhr. Das Naturerlebniszentrum zeigt eine interaktive Dauerausstellung zum Lebensraum Rotes Moor und bietet zudem Führungen sowie regionale Produkte an. Die Gaststube mit dem großen Außenbereich bietet original Rhöner Speisen und Getränke. @ ast342

Gastwirtschaft im Haus am Roten Moor, ⌚ Mi-So 11-18 Uhr, @ yms676

Das Rote Moor ist das einzige Hochmoor Hessens und entstand nach der letzten Eiszeit. Über einen Zeitraum von 175 Jahren wurde von 1809 bis 1984 Torf zur Gewinnung von Brennmaterial abgebaut. Um es vor weiteren menschlichen Eingriffen zu bewahren, ist das Rote Moor im Anschluss daran zum Naturschutzgebiet erklärt worden. Während der Kernbereich durch Abtorfung stark geschädigt ist, kann in den Randgebieten die typische Moorvegetation beobachtet werden.

Am Rande des Parkplatzes gehen Sie vor zur B 278 und überqueren diese ⤳ vorbei am Moorweiher, kurz darauf erreichen Sie die **Schutz- und Informations-Hütte** Rotes Moor.

TIPP Gönnen Sie sich für den folgenden Kilometer im Roten Moor ausreichend Zeit, um diese einzigartige,

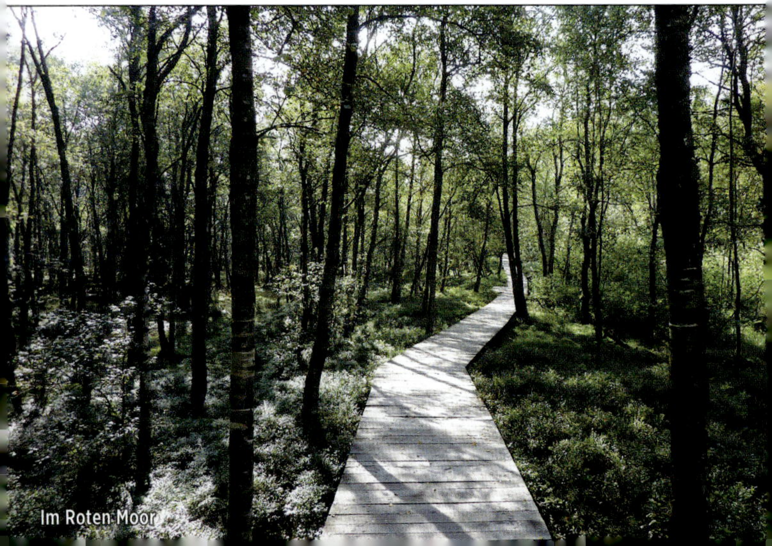

Im Roten Moor

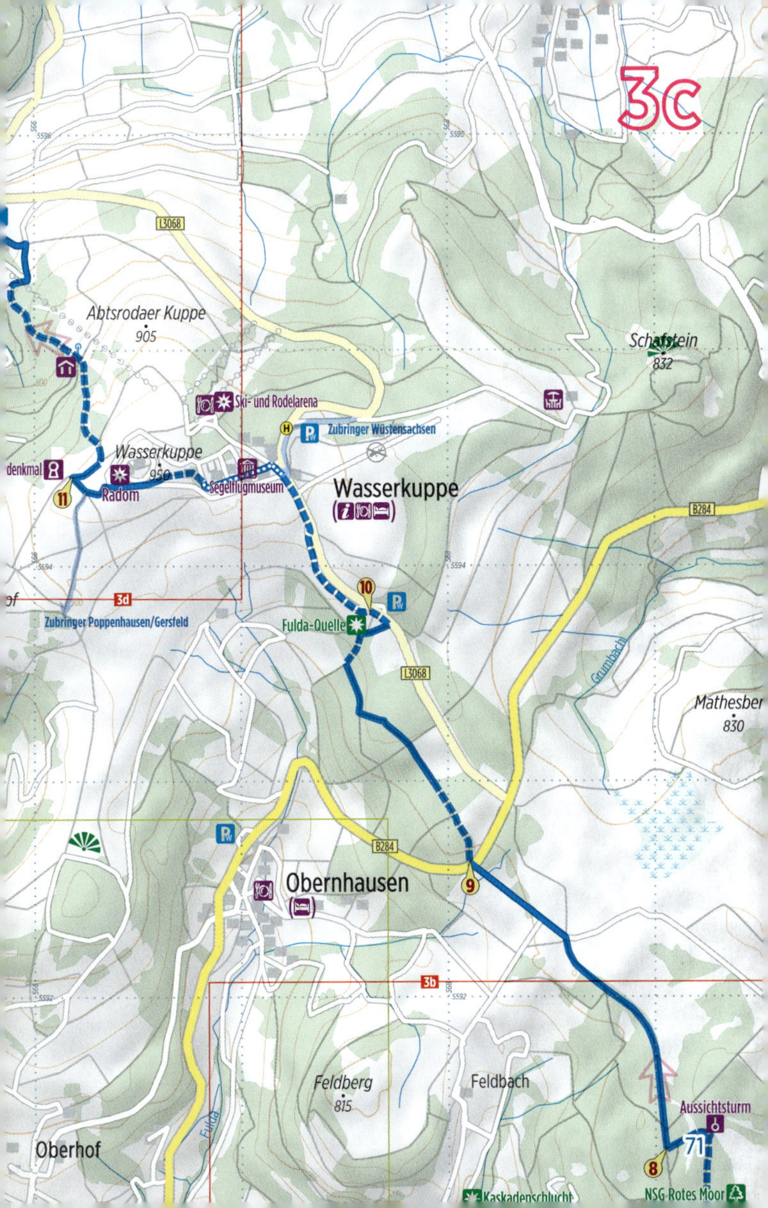

3c
L3068
Abtsrodaer Kuppe
905
Schafstein
832
Ski- und Rodelarena
Zubringer Wüstensachsen
denkmal
Wasserkuppe
950
11
Radom
Segelflugmuseum
Wasserkuppe
B284
3d
Zubringer Poppenhausen/Gersfeld
10
Fulda-Quelle
L3068
Grumbach
Mathesber
830
B284
Obernhausen
9
3b
Feldberg
815
Feldbach
Aussichtsturm
71
8
Oberhof
Fulda
Kaskadenschlucht
NSG Rotes Moor

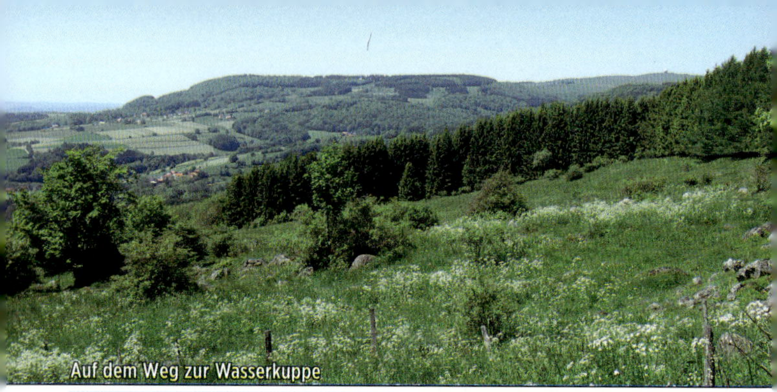

Auf dem Weg zur Wasserkuppe

fast etwas entrückte Welt gründlich und in Ruhe aufnehmen zu können.

Rotes Moor (820 m)

Ein Lehrpfad führt über einen Bohlensteg durch die bedeutsame und naturgeschützte Moorlandschaft. Vom Aussichtsturm hat man einen guten Überblick über das gesamte Gebiet mit seinen Karpatenbirkenwäldern und Grünlandbereichen.

7 9,2 (810) Gehen Sie an der Informationshütte rechts auf den **Moorlehrpfad**, einen Bohlenpfad ⤳ am Aussichtsturm biegt dieser nach links ab, kurz darauf endet der Moorlehrpfad.

8 10,4 (825) Biegen Sie rechts auf den breiten Weg ab, der zwischen Fichten- und Laubwald verläuft ⤳ dann wieder über Bergwiesen.

Botanik am Wegesrand

Auf den Bergwiesen blühen vor dem ersten Schnitt Ende Mai zahlreiche Wildblumen wie gelber Hahnenfuß, rötlicher Schlangenknöterich und der rotviolette Waldstorchschnabel. An den Wegrändern gibt es zu dieser Zeit Trollblumen mit ihren gelben kugeligen Blütenständen, Meisterwurz mit kleinen weißen bis rötlichen Blüten, Bach-Nelkenwurz mit rotbraunen Kelchblättern und auch Breitblättriges Knabenkraut mit dichtem rotem Blütenstand und breiten Blättern.

9 12,1 (805) Nach Querung der **B 284** passieren Sie den Felsen des Naturdenkmals **Fuchsstein** ⤳ nach einem steileren Abstieg vor der Fulda rechts und entlang des Bächleins ⤳ den Wald verlassen und gleich am querenden Forstweg rechts.

10 13,7 (855) Vor der **L 3068** links und dicht entlang der Straße ⤳ bald darauf ist nach links auf einem Pfad ein Abstecher zur Fuldaquelle möglich.

Fuldaquelle

Die gefasste Quelle liegt in einer Baumgruppe. Auf einer Tafel findet sich ein romantisch geprägter Vers.

Vorbei am Rastplatz, dann weiter am linken Rand des langgezogenen Parkplatzes ⤳ danach auf aussichtsreichem Weg wieder direkt unterhalb der Landstraße ⤳ Sie erreichen das Gelände der Wasserkuppe und gehen links am Rhön Info Zentrum vorbei.

Wasserkuppe (Gersfeld (Rhön))

Vorwahl: 06654

Tourist-Information Rhön Kompetenzzentrum Wasserkuppe, Wasserkuppe 1, ✆ 917120, @ kyy835

Deutsches Segelflugmuseum, Wasserkuppe 2, ✆ 7737, ⏲ April-Okt., tägl. 10-17 Uhr, Nov.-März, Sa, So 10-17 Uhr. Anhand von Bildtafeln, Fotos und Ausstellungsstücken wird auf einer Fläche von 4.000 m² die Geschichte des Segelfluges präsentiert. Die Wasserkuppe gilt als die Geburtsstätte des Segel- und Modellflugs, das Segelflugmuseum ist weltweit das größte dieser Art. @ gyk462

Fliegerdenkmal, Wasserkuppe. Der Bronzeadler, der auf einem vulkanischen Basaltschlot thront, erinnert an die gefallenen Piloten des Ersten Weltkriegs. @ yxk365

Radom, Wasserkuppe, ✆ 0661/49988996, ⏲ Aussichtsplattform: Sommer, tägl. ab 8 Uhr, Gebäude: Sa, So/Fei 11-16 Uhr. Die in den 1950er Jahren von den Alliierten errichtete Radarkuppel ist mittlerweile Kulturdenkmal und Wahrzeichen der Rhön. Mit Besucherplattform. @ sda842

Ski- und Rodelarena, Wasserkuppe 60, ✆ 632, ✆ 06651/9800, ⏲ April-Okt., tägl. 10-17 Uhr. Im Freizeitareal gibt es Sommerrodelbahnen, den Rhönbob u. v. m. zu entdecken. @ fws272

Fulda-Quelle. Die Fulda wird von zwei Quellen gebildet, die auf 850 m am Südhang der Wasserkuppe entspringen. Die Flusskilometrierung bezieht sich auf die südöstliche Quelle, die auch gefasst ist.

Berghotel Deutscher Flieger, Wasserkuppe 48, ✆ 381, ⏲ tägl. 9-18 Uhr, @ dsd627

Peterchens Mondfahrt, Wasserkuppe 46, ✆ 381, ⏲ Mo, Do, Fr 17-21 Uhr, Sa, So 12-21 Uhr, @ wqx546

Märchenwiesenhütte, Wasserkuppe 60, ✆ 632, ⏲ tägl. 10-17 Uhr, @ gvv238

Nach dem Ende des Ersten Weltkriegs wurde 1919 im Versailler Vertrag der Motorflug in Deutschland verboten. Dies hatte zur Folge, dass der Segelflug neuen Auftrieb bekam. Zahlreiche Flugbegeisterte versammelten sich wegen der guten thermischen Verhältnisse auf der Wasserkuppe, testeten ihre Segelflugapparate und entwickelten sie weiter. Einige wenige blieben sogar den Winter über auf dem Berg und lebten unter äußerst spartanischen Verhältnissen. Sie gingen als „Rhönindianer" in die Geschichte ein.

AUSSTIEG Falls Sie zur Bushaltestelle wollen, wo der Linienbus nach Fulda abfährt, folgen Sie der Markierung des Zubringers nach Wüstensachsen, queren vor dem Hotel Peterchens Mondfahrt die Straße und gehen auf dem Fußweg abwärts bis zum Parkplatz mit der Haltestelle.

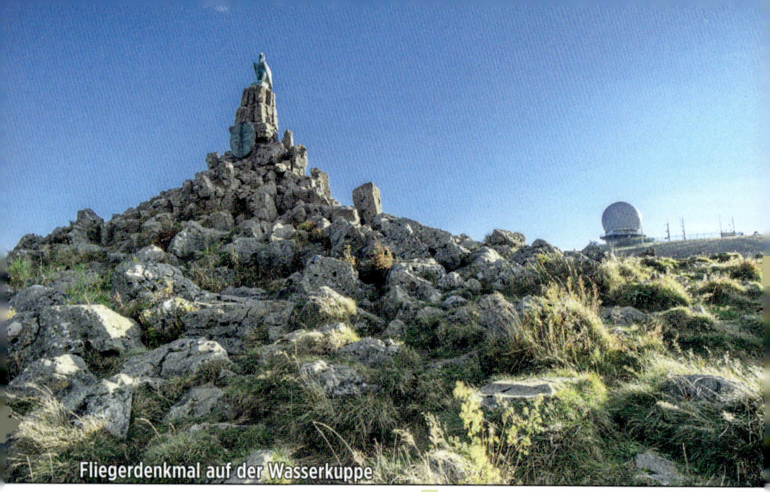

Fliegerdenkmal auf der Wasserkuppe

Direkt nach dem Infozentrum biegen Sie vor dem Segelflugmuseum links ab ⤳ an der Wetterstation dem Rechtsbogen folgen und kurz danach links abzweigen in den ansteigenden Fußweg ⤳ oben am Asphaltsträßchen links halten und zum Gipfel der Wasserkuppe.

AUSSICHT Wer den Aussichtspunkt auf der ehemaligen Radarkuppel Radom besteigen möchte, biegt rechts ab. Die Aussichtsempore ist durch ein Drehkreuz gegen Eintritt immer zugänglich. Bereits unterhalb des Radoms bietet sich eine sehr gute Aussicht, die auf Panoramatafeln kommentiert ist.

Gehen Sie an der Weggabelung, wo von vorne Hochrhöner-Zubringer von Gersfeld und Poppenhausen einmünden, rechts.

11 15,7 (930) Vor dem **Fliegerdenkmal** erneut rechts, danach links auf den Pfad abzweigen ⤳ nach dem Rastplatz steigen Sie durch Wald steil ab Richtung Abtsroda ⤳ hinter dem Brunnen und dem **Rastplatz** mit Unterstellmöglichkeit weiter entlang einer Wiese ⤳ dann wieder durch Wald, noch immer steil hinab ⤳ unter einem **Lift** hindurch, aus dem Wald hinaus und an der Kreuzung wenig später links vor zum Parkplatz an der **L 3307** ⤳ die Straße überqueren und nach rechts entlang des Straßenrandes ⤳ direkt vor der Kurve der L 3068 links zum Ortsrand von Abtsroda.

Abtsroda (Poppenhausen)

Vorwahl: 06658

Berggasthof Zum Hirsch/Hessisch Canada, Wasserkuppenstr. 18, ✆ 9188417, Fr-Di 12-21 Uhr, @ tnp252

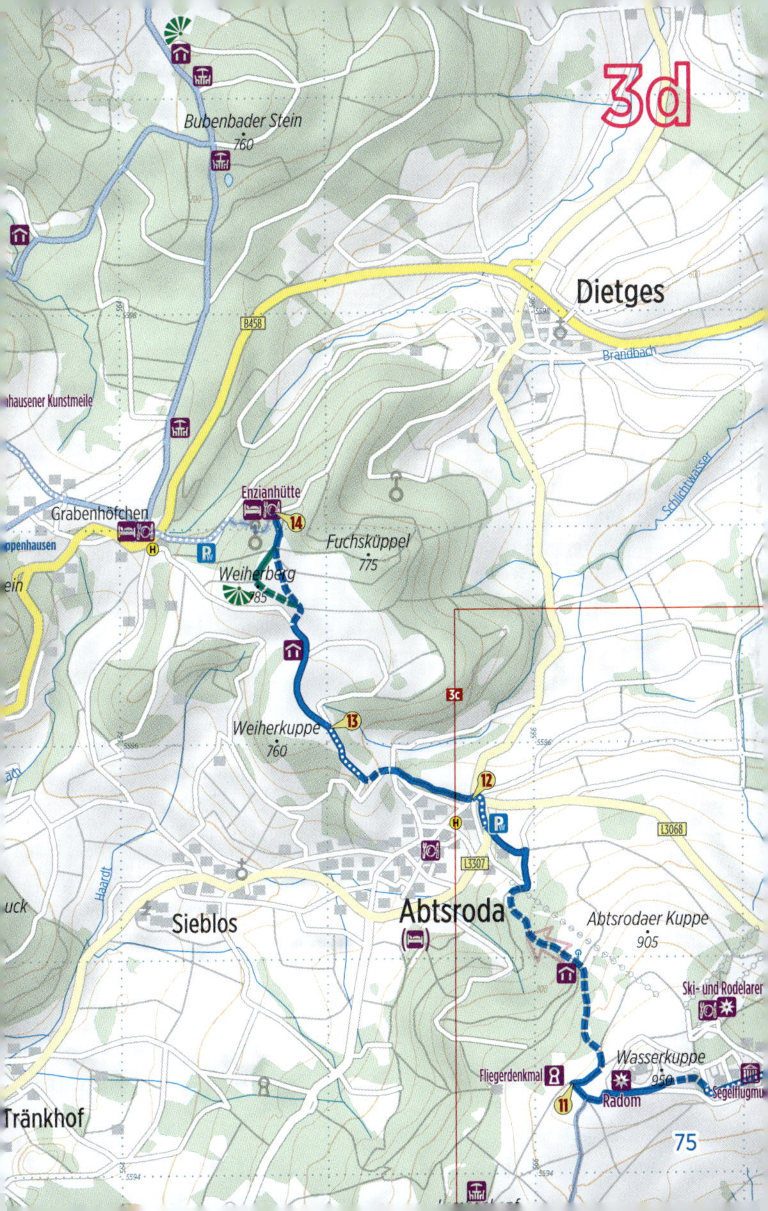

3d
Bubenbader Stein
760
Dietges
B458
Brandbach
Schlichtwasser
Enzianhütte
Grabenhöfchen
Fuchsküppel
775
Weiherberg
785
14
13
12
11
Weiherkuppe
760
3c
L3068
L3307
Abtsroda
Sieblos
Haardt
Abtsrodaer Kuppe
905
Wasserkuppe
950
Fliegerdenkmal
Radom
Tränkhof

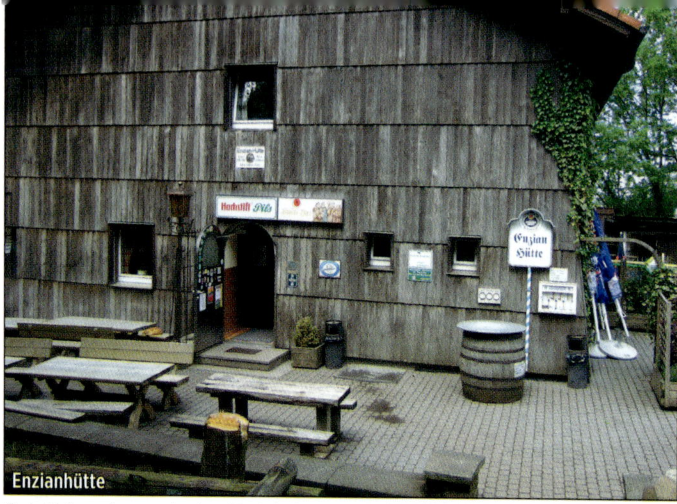

Enzianhütte

Bei Abtsroda wurde im 18. Jahrhundert Porzellanerde abgebaut, die in Fulda verarbeitet wurde. Im Ort befindet sich ein Trachtenhaus.

12 17,6 (695) Noch vor dem ersten Haus gehen Sie rechts auf den Feldweg und wandern oberhalb der Häuser entlang von Sträuchern ⤳ kurz abwärts durch Wald, vorbei an einer Buche mit **Gedenkkreuz** gerade über die Straße ⤳ dahinter bergauf und nach knapp 200 m am Fahrweg rechts.

13 18,4 (720) Halten Sie sich an der folgenden Weggabelung links ⤳ vorbei am **Unterstand**, bald bietet sich gen Westen eine Aussicht nach Fulda und zum Vogelsbergmassiv ⤳ an der Gabelung vor dem Weiherberg halten Sie sich rechts.

TIPP Für eine Pause mit tollem Panorama bietet sich die Bank auf dem Weiherberg an, die über einen nur geringfügig längeren Pfadschlenker gut erreichbar ist.

Botanik am Wegesrand

In dieser Region blühen im Juni die weiße Ährige Teufelskralle und die blaue Kugelige Teufelskralle.

Am Waldrand links in den Wald hinein.

14 19,6 (755) An der Enzianhütte erreichen Sie das heutige Ziel.

Enzianhütte (Hilders)

Enzianhütte, Bornbergstr., 06658/319, Mi-So 11.30-22 Uhr (Küche bis 19.30 Uhr) @ bqs628

TIPP Falls in der Enzianhütte keine Zimmer frei sind, ist es nur eine Viertelstunde bis zum nächsten Quartier in Grabenhöfchen.

Etappe 4 17,8 km

Von der Enzianhütte nach Gotthards (Westroute Kuppenrhön)

Start: Enzianhütte

Ziel: Gotthards, an der Landesstraße

Aufstieg:	296 m	*Hartbelag:*	18 %
Abstieg:	679 m	*Wanderwege:*	73 %
Gehzeit:	4 - 4,5 Std.	*Wanderpfade:*	9 %

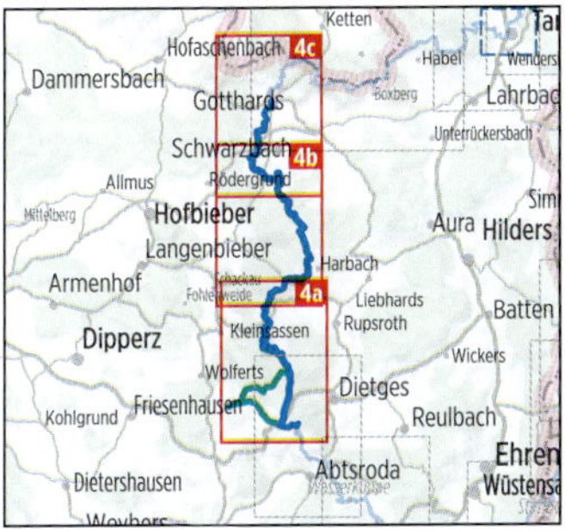

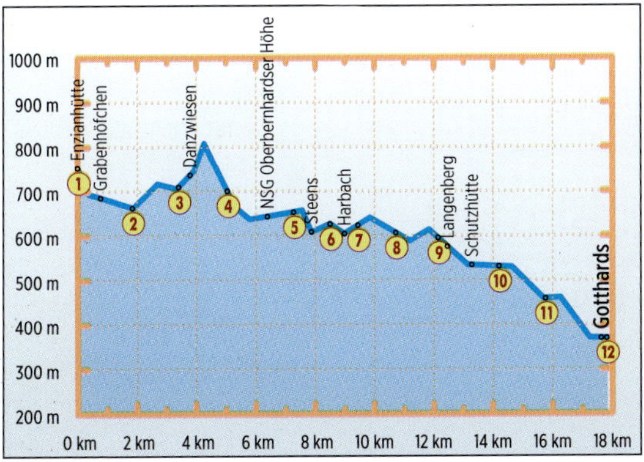

Über die sagenumwobene Milseburg

Vorbei am Bubenbader Stein führt diese Etappe zur aus Phonolith bestehenden Milseburg, die sich von allen Seiten als markanter Berg zeigt. Die teils von Felsblöcken bedeckten Hänge, der steile, fast alpine Anstieg von Osten und der felsige Gipfel sind eindrucksvoll für jeden Wanderer. Oben findet sich neben einer Kreuzigungsgruppe und der Gangolfskapelle auch die Milseburg-Hütte, die das Ausflugsziel perfekt macht. Letztere wird

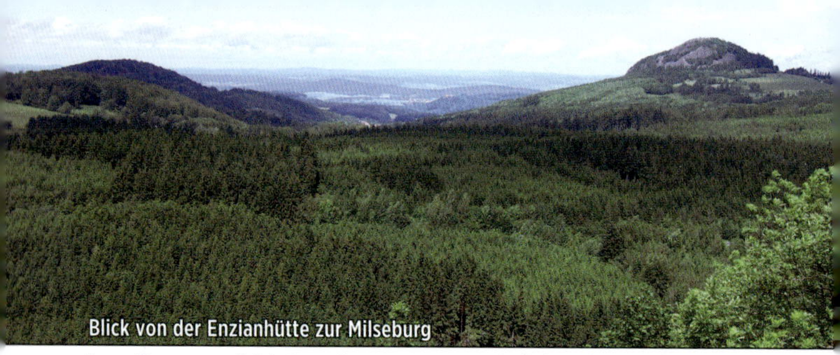

Blick von der Enzianhütte zur Milseburg

derzeit neu errichtet und vermutlich 2024 eingeweiht.

Eine ganze Reihe weiterer Gipfel und Kuppen streifen Sie entlang dieser Etappe, die sich nach und nach hinab ins Tal der Nüst schwingt. Hinter der Milseburg führt die Route vorbei an einem Naturschutzgebiet mit reicher Flora. Im Wechsel von entlegenen Wäldern und aussichtsreichen Bergwiesen erreichen Sie schließlich das Nüsttal und damit Gotthards.

Enzianhütte (Hilders)

1 0,0 (755) Von Abtsroda kommend biegt der Weg vor der Enzianhütte nach links ab und führt teils über Treppen durch Wald steil hinab ↝ an der Straße links weiter und nach einem Kreuz und dem Parkplatz zur B 458.

Grabenhöfchen (Poppenhausen)

Grabenhöfchen, An der 458, Do-Di ab 11 Uhr, @ sdm864

Nach Querung der Bundesstraße vorbei am Hotel Grabenhöfchen zu einer Weggabelung, wo geradeaus ein Zubringer nach Poppenhausen verläuft, Sie zweigen rechts ab auf den breiten Feldweg.

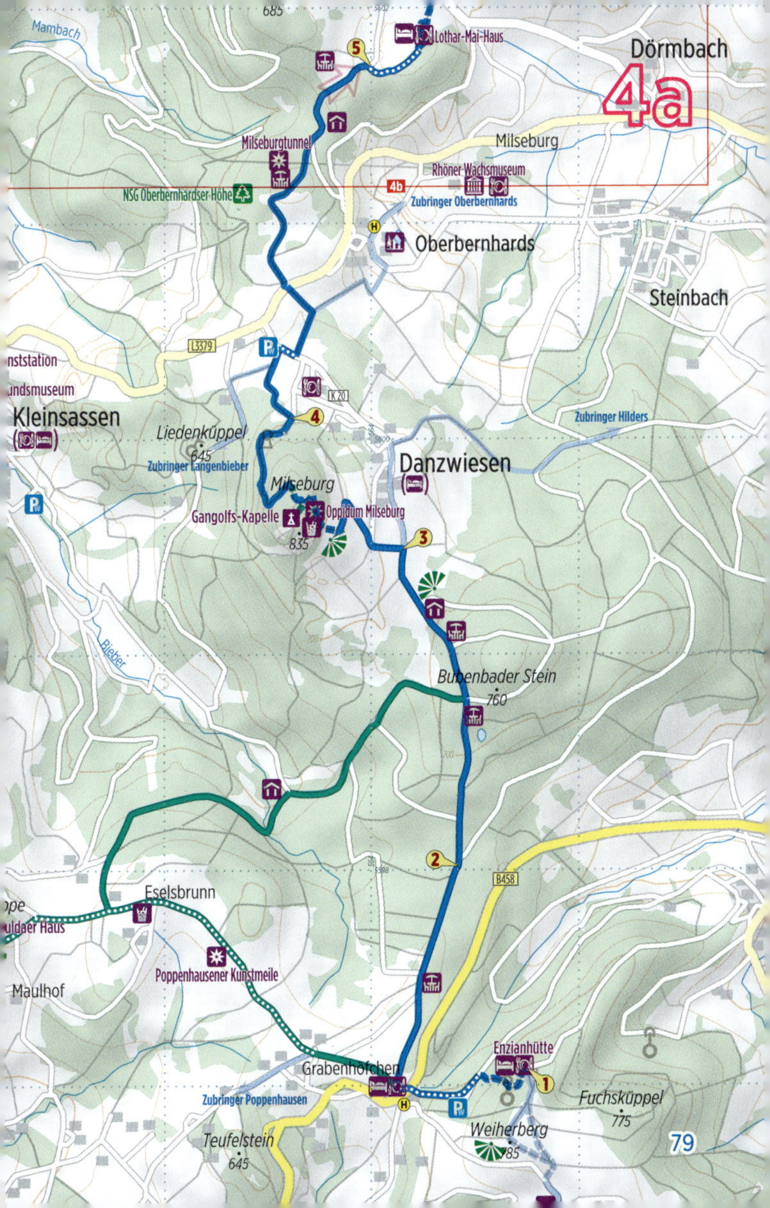

Dörmbach
4a
Lothar-Mai-Haus
5
Milseburg
Milseburgtunnel
Rhöner Wachsmuseum
NSG Oberbernhardser Höhe
4b
Zubringer Oberbernhards
Oberbernhards
Steinbach
L3379
Kleinsassen
K 20
4
Liedenküppel
645
Zubringer Langenbieber
Zubringer Hilders
Danzwiesen
Milseburg
Gangolfs-Kapelle
Oppidum Milseburg
835
3
Bieber
Bubenbader Stein
760
2
B458
Eselsbrunn
Poppenhausener Kunstmeile
Maulhof
Enzianhütte
1
Grabenhöfchen
Zubringer Poppenhausen
Fuchsküppel
775
Weiherberg
785
Teufelstein
645

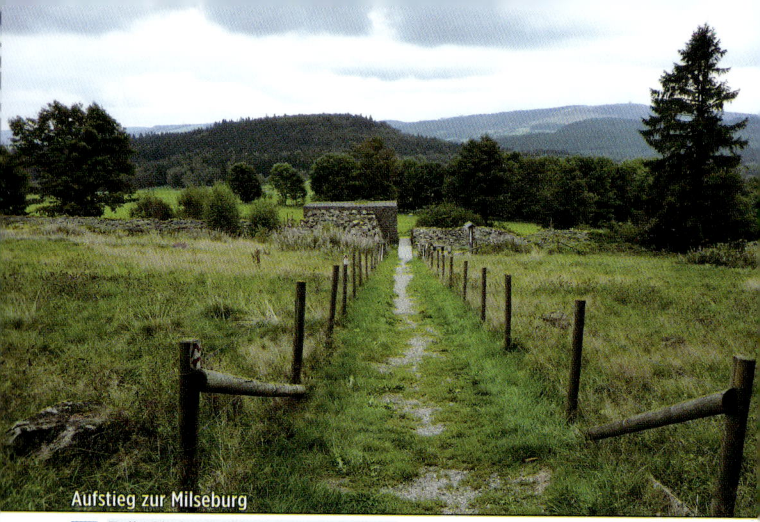

Aufstieg zur Milseburg

VARIANTE Falls Sie im Fuldaer Haus am Fuße der Maulkuppe übernachten oder gemütlich einkehren möchten, können Sie entlang der Poppenhausener Kunstmeile dorthin wandern. Von der Maulkuppe kommend biegen Sie dann vor Eselsbrunn links ab und wandern, zum Teil durch ein Bachtal, Richtung Bubenbader Stein, wo Sie wieder auf die Hauptroute treffen. Die reizvolle Variante ist knapp 3,5 km länger.

Maulkuppe (Poppenhausen)

Poppenhausener Kunstmeile. Verteilt auf 2 km Länge finden sich zwischen Grabenhöfchen und Maulkuppe zahlreiche Skulpturen verschiedenster Künstler von nah und fern.

Fuldaer Haus, Maulkuppe 1, 06658/242, Di-Sa 11-22 Uhr, So 11-17 Uhr, @ cse373

Auf der Hauptroute auf dem breiten Feldweg leicht ansteigend zum Wald ~ in den Wald hinein.

2 1,8 (665) An der Weggabelung nach 600 m gehen Sie links ~ vorbei am sog. **Bubenbad**, einem Waldweiher, um den sich eine Sage rankt ~ hier befindet sich auch ein Rastplatz ~ am folgenden Waldrand vorbei an einer **Schutzhütte** mit schönem Blick auf die Milseburg und ihr Blockmeer.

3 3,4 (710) Ca. 250 m nach Ende des Waldes gehen Sie an der Abzweigung links, geradeaus führt ein Zubringer über Danzwiesen und Rupsroth nach Hilders ~ an der folgenden Wegkreuzung halbrechts ~ etwas später in einer Kehre hinauf zum Waldrand.

Geologie am Wegesrand

Bereits an dieser Stelle fällt das helle, doch massige ungeschichtete Gestein auf. Es handelt sich um vulkanisch entstandenen Phonolith, aus dem die gesamte Milseburg besteht.

Weiter auf einem felsigen Steig ⤳ vorbei an der Mariengrotte zu einer Weggabelung, an der die Route rechts abbiegt.

AUSFLUG Zur Besteigung des Gipfels gehen Sie hier links zur nächsten Weggabelung und dort wahlweise links direkt zum felsigen Gipfel bzw. rechts an der Ganggolfskapelle vorbei ebenfalls zum Gipfel, der unschwer erklommen werden kann. Oben befindet sich eine barocke Kreuzigungsgruppe.

Milseburg (Hofbieber)

Gangolfskapelle, unterhalb des Gipfels. Die Kapelle wurde zu Ehren des heiligen Gangolf errichtet, der einer Sage nach gemeinsam mit dem Teufel den Riesen Mils bezwungen hat. Nach dem Riesen ist die Milseburg benannt.

Oppidum Milseburg. Ein Oppidium bezeichnet eine befestigte Siedlung. Für Laien ist die aus der Eisenzeit stammende Ringwallanlage nur mehr schwer erkennbar. Es gilt als fast sicher, dass die Anlage keltischen Ursprungs ist.

Milseburghütte. Der 2022 abgetragenen Hütte folgt ein Neubau, der voraussichtlich im Jahre 2024 eröffnet wird.

Neben Wasserkuppe und Kreuzberg gehört die Milseburg – auch „Perle der Rhön“ genannt – zu den drei bedeutendsten Bergen der Rhön. Der höchste und südlichste Berg der hessischen Kuppenrhön liegt östlich des Biebertales, aus dem er sich etwa 300 Meter erhebt. Die charakteristische Form hatte mancherlei Namen und Deutungen zur Folge, so wird sie z. B. auch mit dem schlafenden Riesen Mils in Zusammenhang gebracht, wodurch sich ihr Name erklärt.

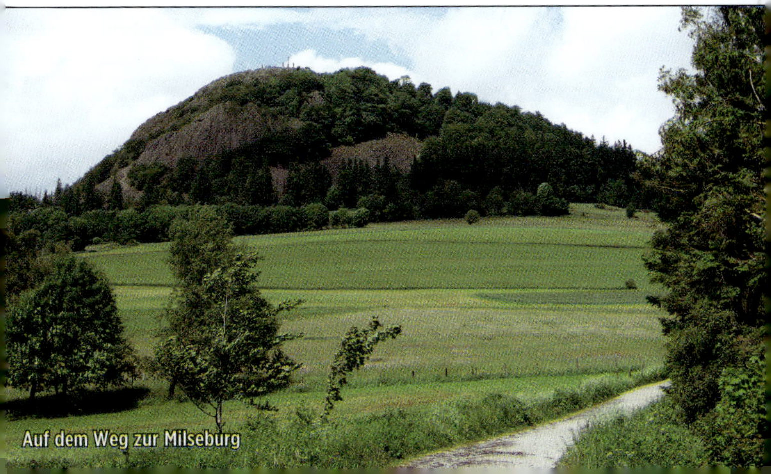

Auf dem Weg zur Milseburg

Die Milseburg

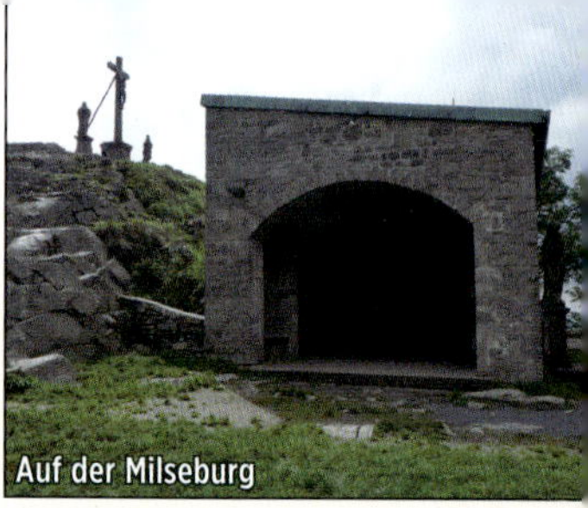
Auf der Milseburg

Die zur Kuppenrhön gehörende Milseburg besteht aus vulkanisch entstandenem Phonolith. Dieser ist an der Oberfläche grau, an frischen Bruchflächen graugrün. Die Phonolithe sind aus einem bereits stärker differenzierten Magma gegen Ende der Zeit des Rhönvulkanismus entstanden. Teilweise ist der anstehende massige Phonolith von Blockhalden verdeckt. In der unmittelbaren Umgebung der Milseburg steht der Buntsandstein an, der um etwa 100 Meter überragt wird.

Bereits vor über 100 Jahren wies der Apotheker Adalbert Geheeb auf die reiche Pflanzenwelt der Milseburg hin. Felsen, Blockhalden und Wald zwischen der warm-trockenen Südseite und der kalten Nordseite bieten auf engem Raum viele verschiedene Biotope. Darunter sind z. B. die von Kaltluft durchzogenen Gesteinszwischenräume der Nordseite für Eiszeitrelikte besonders geeignet. Deshalb wurde die Milseburg bereits 1969 als Naturschutzgebiet ausgewiesen. Heute gehört sie zu den Kernzonen des Biosphärenreservats Rhön.

Zahlreiche Funde weisen zudem darauf hin, dass sich hier bedeutende prähistorische Siedlungen befanden. Neben gesicherten Niederlassungen in der Bronzezeit um 1000 v. Chr. und um 400 v. Chr. zeigen diese Funde weiterhin, dass bereits am Ende der Altsteinzeit Menschen auf der Milseburg lebten. Im Osten und Süden des Berges ist ein Steinwall als Rest einer ehemaligen Befestigungsanlage zu erkennen. Der hier beschriebene Abstieg führt an einer durch Felsen bedingten Engstelle vorbei, die wahrscheinlich einst durch ein Holztor gesichert war.

Höhepunkte für heutige Wanderer sind Gottesdienste unmittelbar unter dem Gipfel, ein Besuch der Milseburghütte und natürlich die großartige Fernsicht auf die umgebende Rhön, bei entsprechendem Wetter bis zum Hessischen Kegelspiel, dem Thüringer Wald und dem Vogelsberg.

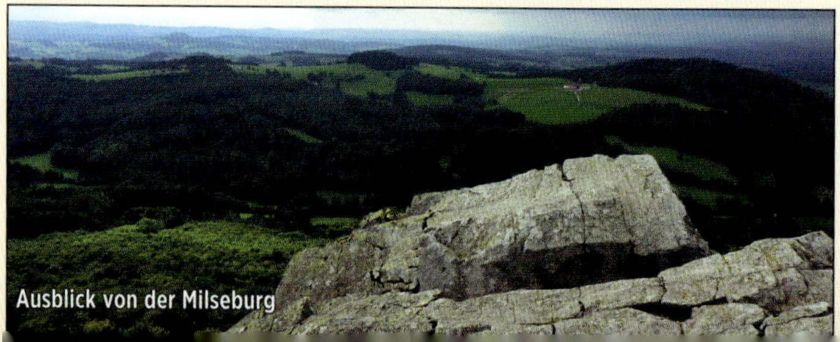
Ausblick von der Milseburg

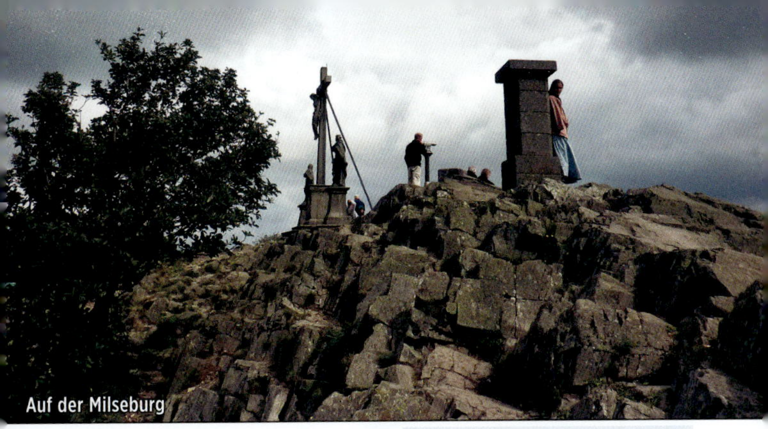
Auf der Milseburg

Der mystische Ort mit keltischen Siedlungsresten zieht viele Besucher an. Auf dem Weg zum Gipfel sieht man an der Süd- und Ostseite die Reste eines eindrucksvollen Ringwalls mit 1,3 Kilometern Länge und bis zu 12 Metern Breite. Ein lohnender archäologischer Wanderpfad führt durch die prähistorische Geschichte der Milseburg. Auf dem Gipfel steht eine Kreuzigungsgruppe aus dem Jahr 1756.

Zurück zur Weggabelung und auf breitem Weg abwärts durch prächtigen Bergwald mit Buchen und Bergahorn ⤳ Sie kommen an Blockhalden, einem Felsen mit Aussicht zu Schloss Bieberstein und mehreren Infotafeln vorbei.

4 5,0 (700) Am Waldrand biegen Sie nach links ab ⤳ Sie passieren einen Abzweig, wo links der Zubringer nach Langenbieber beginnt ⤳ vorbei am Parkplatz zur **K 20** und dort rechts bis zum nächsten Abzweig.

TIPP Auf der K 20 geradeaus gelangen Sie in wenigen Minuten zur Milseburgstube mit ihrem Hüttenflair und schönen Außenanlagen.

Danzwiesen (Hofbieber)

Milseburgstube, Gangolfweg 1, ✆ 06657/608565, Mai-Okt., Mi-So 11-19 Uhr, Nov.-April, Do-So 11-18 Uhr. Mit Biergarten. @ lem753

Am Abzweig links, dann nach gut 200 m erneut links, geradeaus beginnt ein Zubringer nach Oberbernhards ⤳ nach Querung der **L 3379** am Bildstock gelangen Sie zum **NSG Oberbernhardser Höhe**, das sich auf Muschelkalk erstreckt ⤳ danach wieder durch Wald, dabei unbemerkt über den Milseburgtunnel, durch den heute ein Radweg verläuft ⤳ am Rastplatz geradeaus ⤳ am folgenden Waldrand ist bereits das schön gelegene Lothar-Mai-Haus zu sehen.

5 7,3 (655) An der Landstraße biegen Sie rechts ab ⤳ links vorbei am Lothar-Mai-Haus, wo sich auch übernachten lässt.

Lothar-Mai-Haus, Lothar-Mai-Str. 1, ☎ 06657/2309700, Di-So 12-21 Uhr, @ wap638

Weiter auf dem Pfad, kurz darauf rechts und der Linkskurve folgen ~ im folgenden Rechtsbogen geradeaus auf dem Wiesenpfad zur **K 29** und diese schräg rechts überqueren in den Wirtschaftsweg.

TIPP Kurz der K 29 nach links folgend kommen Sie zur Bushaltestelle in Steens, wo Mo-Fr ca. zweistündlich die Buslinie 21 (Hilders-Fulda) nach Eckweisbach, Elters, Langenbieber und in den größeren Ort Hofbieber verkehrt, wo es jeweils Übernachtungsmöglichkeiten gibt.

Schon nach 100 m zweigen Sie rechts ab und wandern über die Wiesen.

6 8,5 (630) Nach einem kurzen Waldstück links, dann den Bögen des Weges bis zu einem Unterstand folgen ~ an der Kreuzung beim Unterstand links ~ vor dem Wald rechts folgen.

7 9,4 (625) An der folgenden Wegekreuzung links, kurz darauf in den Wald hinein und sanft hinauf ~ am Asphaltsträßchen biegen Sie rechts ab.

8 10,7 (610) In dessen Rechtskurve links auf den Forstweg ~ links öffnet sich eine Wiese, knapp 200 m darauf biegen Sie nach links ab und folgen immer dem Wiesensaum ~ nach dem sanften Rechtsbogen sind Schwarzbach und das Hessische Kegelspiel zu sehen.

9 12,1 (595) Vorbei an einem Wasserspeicher, danach rechts und nach Langenberg.

Langenberg (Hofbieber)

Zur goldenen Rose, Langenberg 6

Biegen Sie nach der Kirche rechts ab, dann an der Hauptstraße wieder links ~ am Ortsende rechts und leicht hinab ~ an der folgenden Wegkreuzung links abwärts und in den Wald ~ links abbiegen

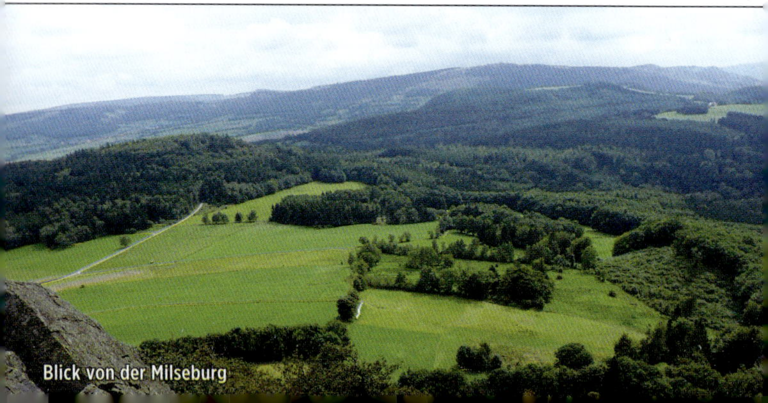

Blick von der Milseburg

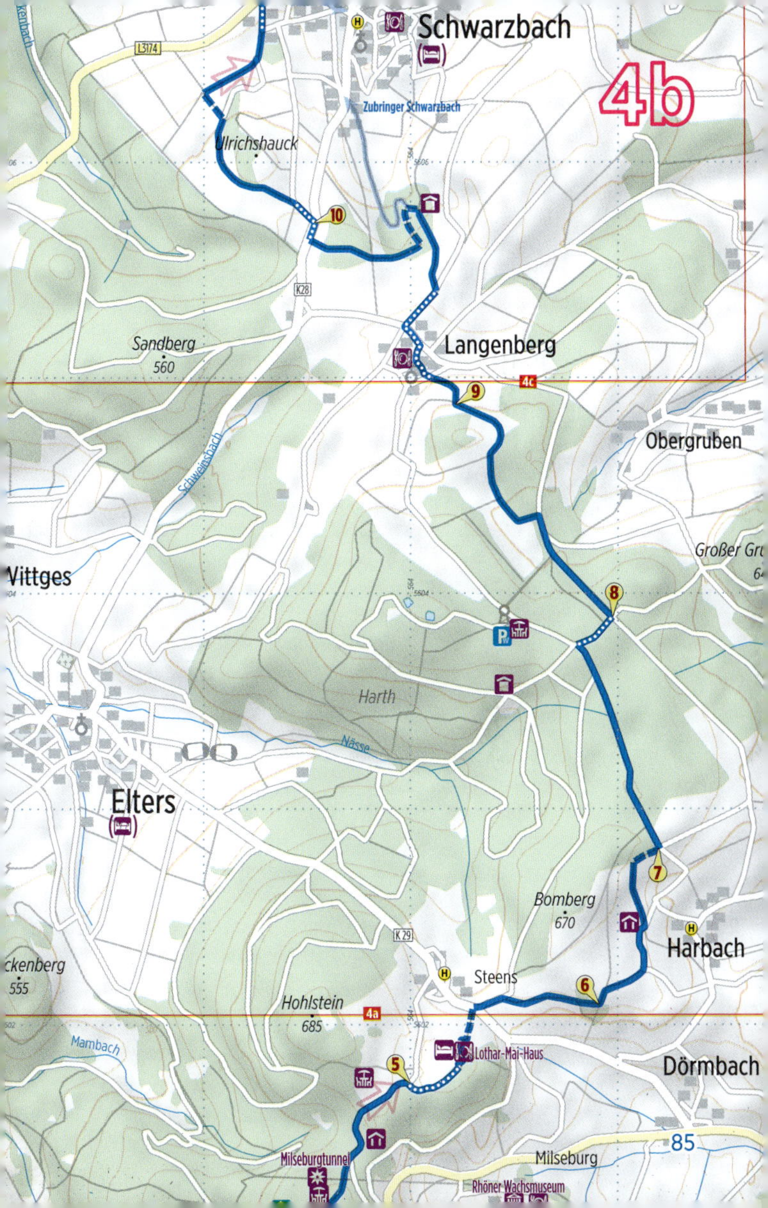

4b
Schwarzbach
L3174
Zubringer Schwarzbach
Ulrichshauck
10
K28
Sandberg
560
Langenberg
4c
9
Obergruben
Schweinsbach
Großer Gr
Vittges
8
Harth
Nässe
Elters
7
Bomberg
670
Harbach
K29
Steens
6
ckenberg
555
Hohlstein
685
4a
Mambach
Lothar-Mai-Haus
5
Dörmbach
Milseburgtunnel
Milseburg
85
Rhöner Wachsmuseum

Richtung Schwarzbach, dann kurz darauf am **Kreuz** wieder links, geradeaus beginnt hier ein Zubringer nach Schwarzbach.

Direkt nach Schwarzbach

Der Zubringer folgt dem Bachlauf des **Schwarzbaches** und führt in gleicher Richtung weiter zur Ortsmitte ⤳ die Bushaltestelle befindet sich an der Abbiegung der Tanner Straße nach links.

Auf der Hauptroute wandern Sie an einer Schlucht entlang, gehen nach rechts und queren diese ⤳ in einer Waldlücke wird Schwarzbach mit seiner markanten Kirche sichtbar ⤳ nach kurzer Waldpassage an der **K 28** kurz rechts.

10 14,2 (535) Kurz darauf biegen Sie links ab ⤳ Sie wandern um den **Ulrichshauck** herum und können bei guter Sicht im Nordwesten Hünfeld und dahinter das Hessische Bergland sehen ⤳ am Ende des weiten Rechtsbogens links und kurz darauf wieder rechts ⤳ weiter auf einem Asphaltsträßchen, dann am Ortsrand von Schwarzbach vor der L 3174 dem Rechtsbogen folgen und kurz darauf scharf links zur Unterführung.

AUSSTIEG Rechts führt der Zubringer auf der Tanner Straße hinab in die Ortsmitte von Schwarzbach, wo sich Übernachtungsbetriebe finden.

Schwarzbach (Nüsttal)

Schwarzer Adler, Weinstr. 4, ✆ 06684/243, Di-So 11-22 Uhr, @ udq555

11 15,8 (460) Auf dem Hochrhöner unterqueren Sie die L 3174 ⤳ gleich dahinter nach rechts und links zum Feldweg, der entlang des Sportplatzes verläuft ⤳ nach dem **Stöckküppel** biegen Sie zunächst rechts, dann links ab und erreichen bald den Talgrund bei Gotthards ⤳ auf der Rollgasse zur Kirche, dort links auf die **Schwarzbacher Straße** ⤳ durch die Ortschaft und nach Querung der Nüst zur **L 3176**.

12 17,8 (370) In Gotthards sind Sie am Etappenziel angekommen.

Gotthards (Nüsttal)

Vorwahl: 06684

Backhausfest, Am Dorfplatz. Mit Live-Musik und Rhöner Speisen findet alljährlich Ende Juli rund um das Backhaus das weithin geschätzte Fest statt. @ ctq686

Sehenswerter Dorfplatz

Freibad, Kettener Str., ✆ 0171/8334889

Rhönhof, Kettener Str. 2, ✆ 917444, Mi-So 11-14 Uhr und 17-22 Uhr, @ mbb876

Das im Nüsttal liegende Gotthards ist staatlich anerkannter Erholungsort mit einem beheizten Freibad, einem renovierten Backhaus und dem sehenswerten Dorfplatz. Das Nüsttal zeigt sich als abwechslungsreiche Landschaft mit Kuppen vulkanischen Ursprungs, zahlreichen Obstbäumen und botanisch vielfältigen Trockenrasen.

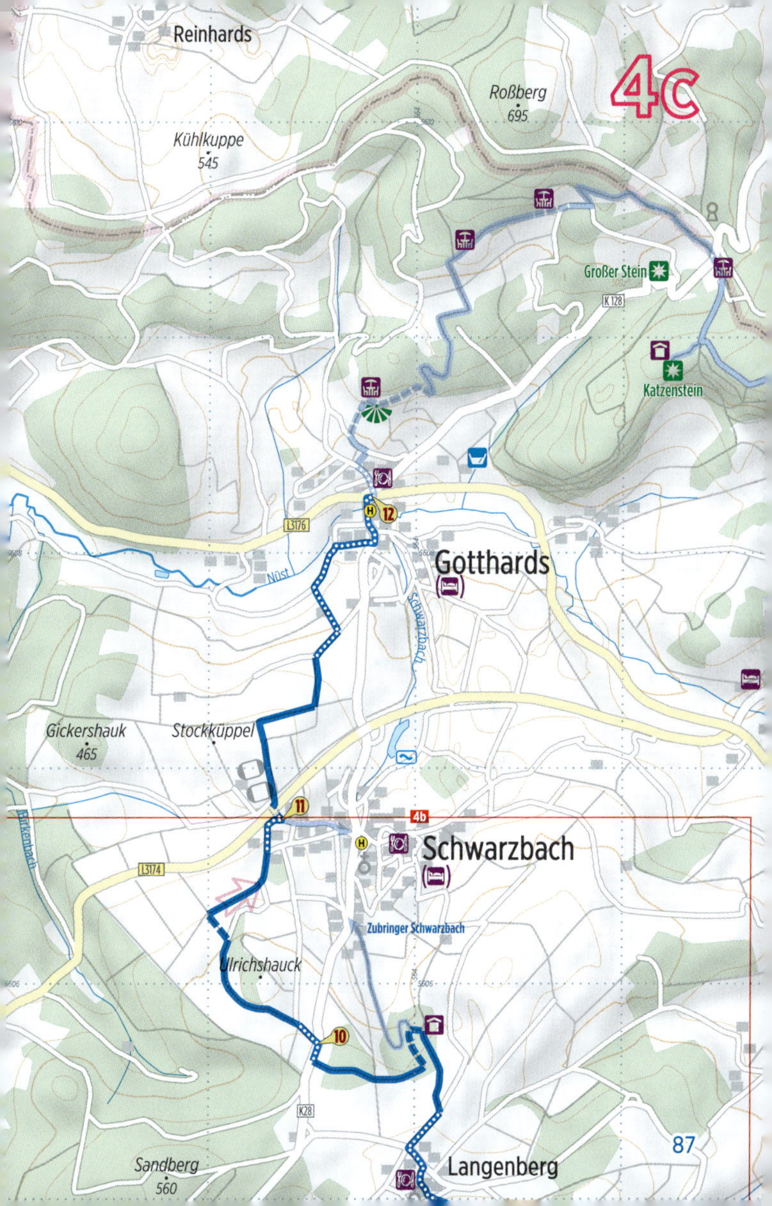
4c
Reinhards
Roßberg
695
Kühlkuppe
545
Großer Stein
K 128
Katzenstein
12
L3176
Nüst
Gotthards
Schwarzbach
Gickershauk
465
Stockküppel
11
4b
Schwarzbach
L3174
Birkenbach
Zubringer Schwarzbach
Ulrichshauck
10
K28
Sandberg
560
Langenberg

Etappe 5 — 14,9 km

Von Gotthards nach Tann (Westroute Kuppenrhön)

Start: Gotthards, an der Landesstraße
Ziel: Tann (Rhön), Marktplatz

Aufstieg:	543 m	*Hartbelag:*	21 %
Abstieg:	523 m	*Wanderwege:*	71 %
Gehzeit:	3,5 - 4 Std.	*Wanderpfade:*	8 %

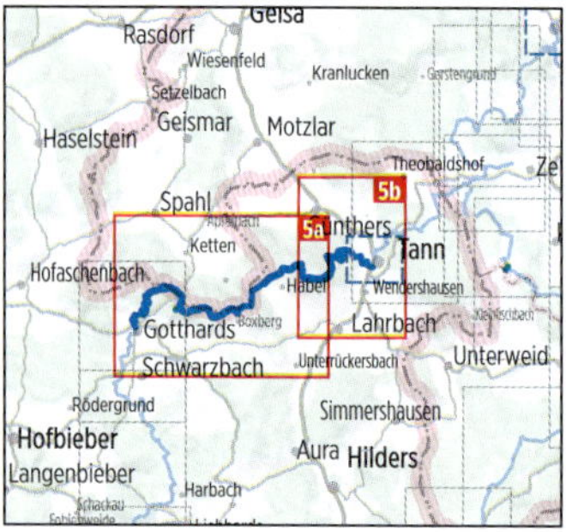

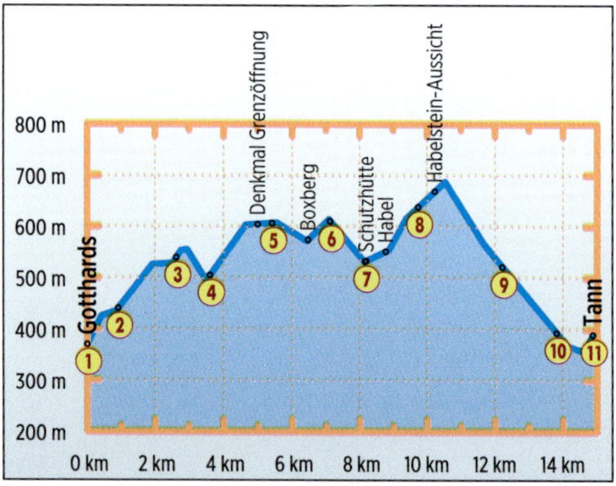

Über Basaltkuppen in einen der beliebtesten Urlaubsorte Hessens

Die Wanderetappe beginnt in der parkähnlichen Landschaft des Nüsttales. Bald werden die ersten Höhen erreicht und überschritten. Mehrfach wechseln kleine Wälder mit Wiesen, wobei besonders die Randbereiche eine reichhaltige Flora aufweisen. So blüht hier beispielsweise das auf der Roten Liste stehende Große Windröschen mit seinen leuchtend weißen Blüten und weist auf Kalk hin.

Zudem bieten sich Ausblicke auf die vorhergehende Etappe des Hochrhöners. Eine Infotafel und ein Gedenkstein erinnern an die ehemalige

innerdeutsche Grenze und deren Aufhebung 1989. Die Überschreitung des Habelberges erfordert noch einmal etwas Kraft, ehe man im Ulstertal den schön gelegenen und vielfach gerühmten Urlaubsort Tann mit seinen zahlreichen Sehenswürdigkeiten erreicht.

Gotthards (Nüsttal)

1 0,0 (370) Gehen Sie nach Querung der L 3176 vor dem Gasthof Rhönhof links in die **Bergstraße** ~ kurz darauf rechts auf einem Feldweg, dann auf dem Pfad hinauf in Richtung Wald ~ vom Waldrand haben Sie Aussicht über das Nüsttal zurück zu Milseburg und Wasserkuppe ~ am Waldrand rechts und vor dem Wald entlang.

Botanik am Wegesrand

Rechts am Waldrand gibt es Standorte von Kreuzblume, Weißem Waldvögelein, Hufeisenklee und Küchenschelle.

2 0,9 (440) Nach 350 m scharf links in den Wald und steil bergauf, dabei zwei Kehren folgen ~ dann rechts entlang des Waldrandes und bald links über eine Lichtung ~ vor dem Wald wieder rechts und nun länger entlang des Waldrandes ~ kurz über die Wiesen und weiter auf dem Fahrweg.

3 2,6 (540) Sie folgen einer Links-Rechts-Kombination, danach verläuft der Hochrhöner im Wechsel von Wiese und Wald ~ hinab zu einem Sattel, über den die K 128 von Gotthards nach Ketten führt.

Grenzlinien

Sie bewegen sich nun an der Grenze (sog. Kettener Schlagbaum) zwischen Thüringen (Wartburgkreis) und Hessen (Landkreis Fulda). Auch die innerdeutsche Grenze verlief hier. Deren Linie folgt heute das sogenannte Grüne Band mit geschützten Lebensräumen zum Erhalt bedrohter Tiere und Pflanzen.

4 3,6 (505) Sie überqueren die Landstraße, kurz darauf vorbei an einem Rastplatz am Waldrand ~ weiter in Richtung Katzenstein auf breitem Wanderweg in den Wald hinein.

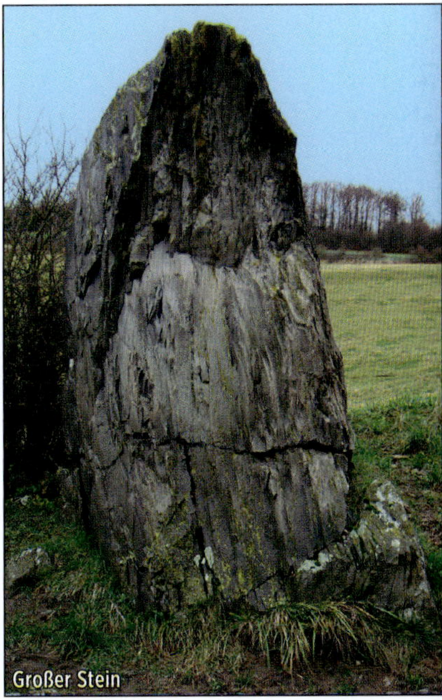

Großer Stein

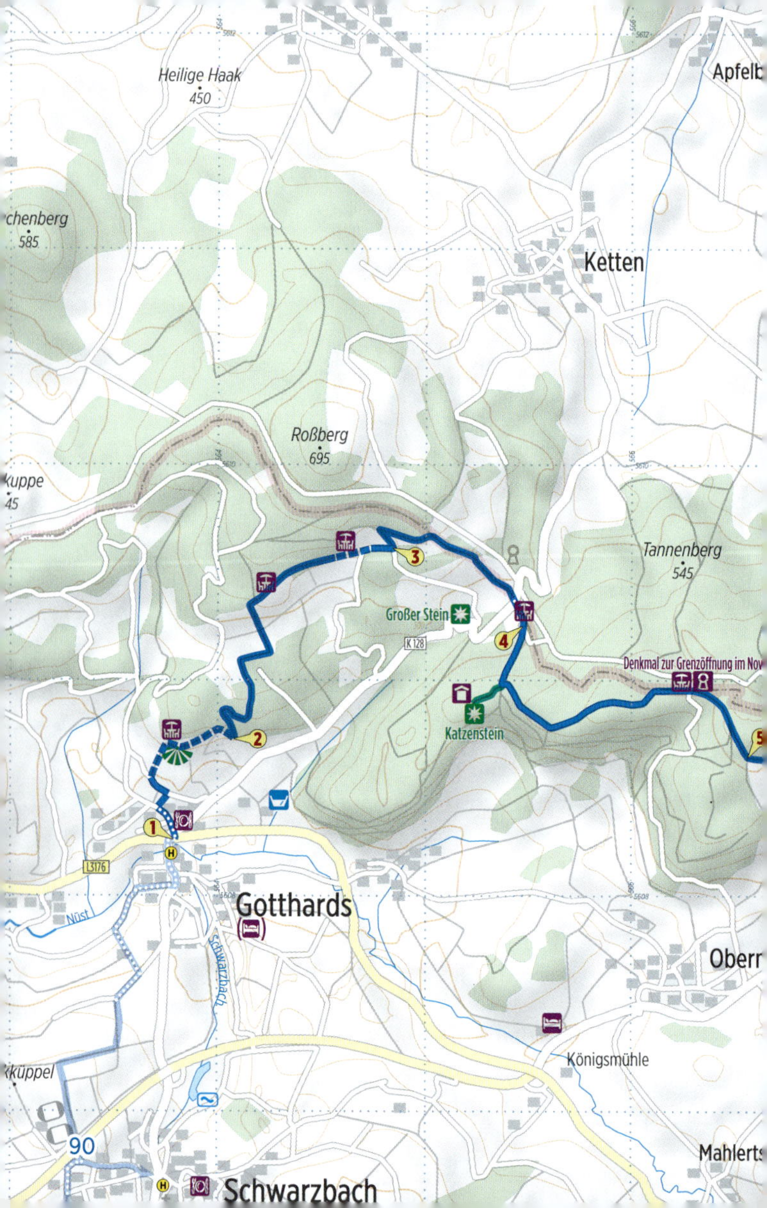

Heilige Haak
450
Apfelb
chenberg
585
Ketten
Roßberg
695
Kuppe
45
Tannenberg
545
3
Großer Stein
K 128
4
Denkmal zur Grenzöffnung im Nov
Katzenstein
2
5
1
L3176
Gotthards
Nüst
Schwarzbach
Oberr
Königsmühle
Küppel
90
Mahlerts
Schwarzbach

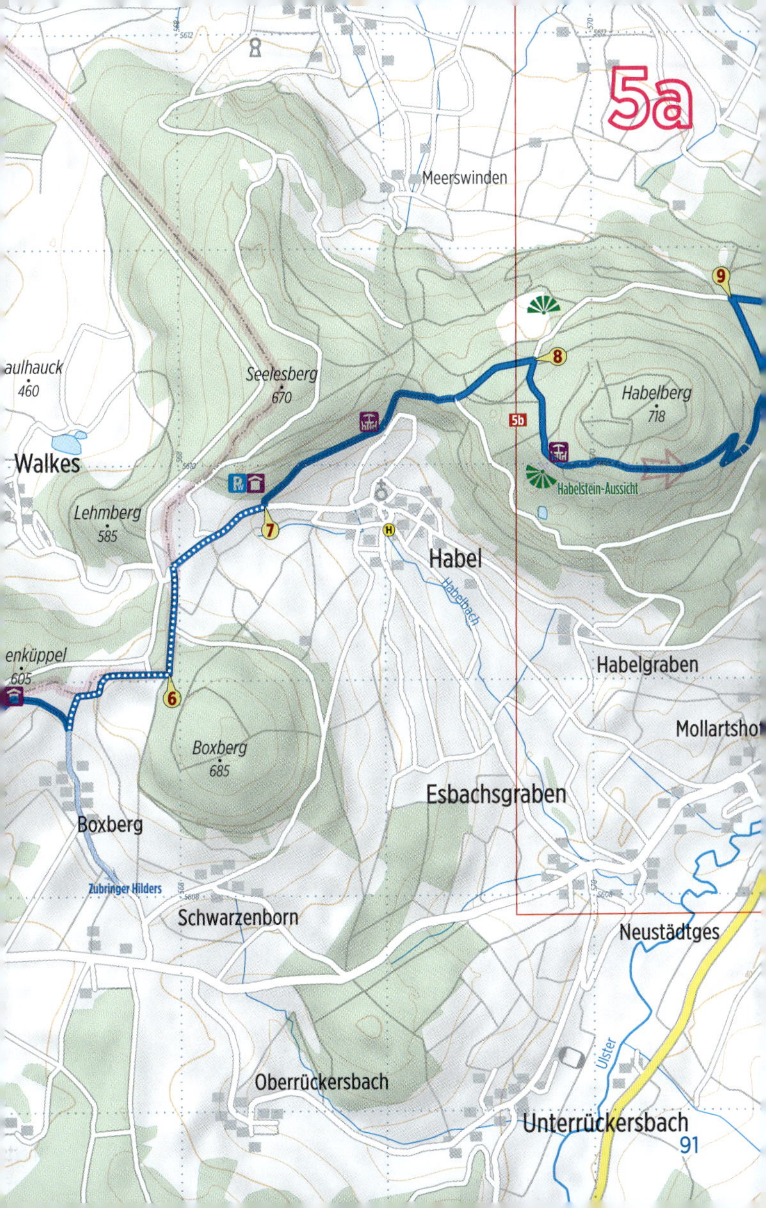
5a
Meerswinden
Seelesberg
670
aulhauck
460
Walkes
Lehmberg
585
Habelberg
718
Habelstein-Aussicht
5b
Habel
Habelbach
Habelgraben
Mollartshof
enküppel
605
Boxberg
685
Boxberg
Esbachsgraben
Zubringer Hilders
Schwarzenborn
Neustädtges
Oberrückersbach
Ulster
Unterrückersbach

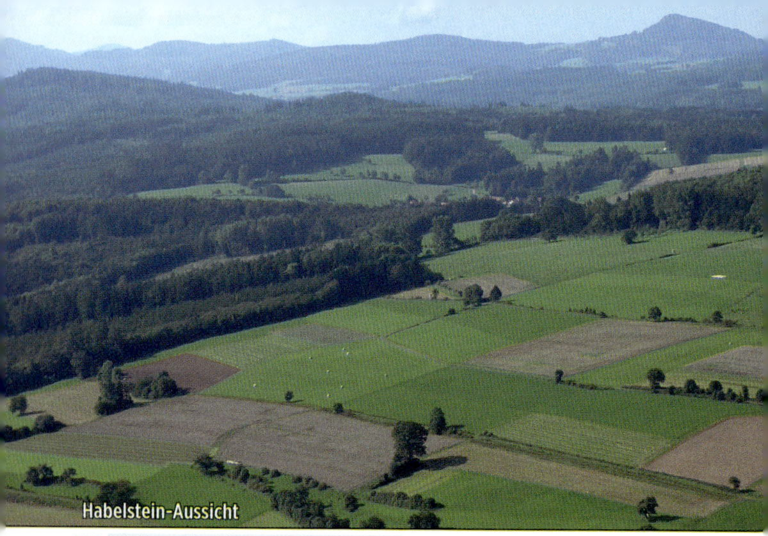
Habelstein-Aussicht

AUSFLUG Wollen Sie einen Abstecher zur Hütte auf dem bewaldeten Katzenstein machen, gehen Sie am folgenden Linksabzweig zunächst weiter geradeaus und folgen dann dem Wegweiser zum Katzenstein nach rechts.

✲ **Katzenstein**, Felsengruppe aus Basalt

Auf der Hauptroute gehen Sie am Abzweig links und wandern auf einem Höhenrücken vorbei am Naturschutzgebiet mit Vorkommen von Knabenkräutern ⤳ an der Wegkreuzung am sog. Ahornplatz mit dem Denkmal und einem Rastplatz vorbei.

✲ **Denkmal** zur Erinnerung an die Grenzöffnung im November 1989

5 5,4 (610) An der folgenden Gabelung halten Sie sich links ⤳ nach dem Verlassen des Waldes links am Waldrand entlang, mit Blick auf Boxberg und im Süden bis zu Milseburg und Wasserkuppe ⤳ am Wegrand blühen im Mai auch an dieser Stelle Knabenkräuter ⤳ am Sträßchen, das rechts nach Boxberg führt, biegen Sie links ab in Richtung Habel und folgen zunächst den Kurven der Straße.

6 7,1 (610) Gehen Sie oben am Wald nach links und abwärts ⤳ aus dem Wald hinaus ⤳ nach 300 m am ruhigen Sträßchen rechts und auf das Dorf Habel zu.

7 8,2 (535) Bei der Zufahrt zum kleinen Parkplatz biegen Sie mit Blick auf den romantisch gelegenen Ort links ab und folgen dem Waldrand, im Mai blüht hier das

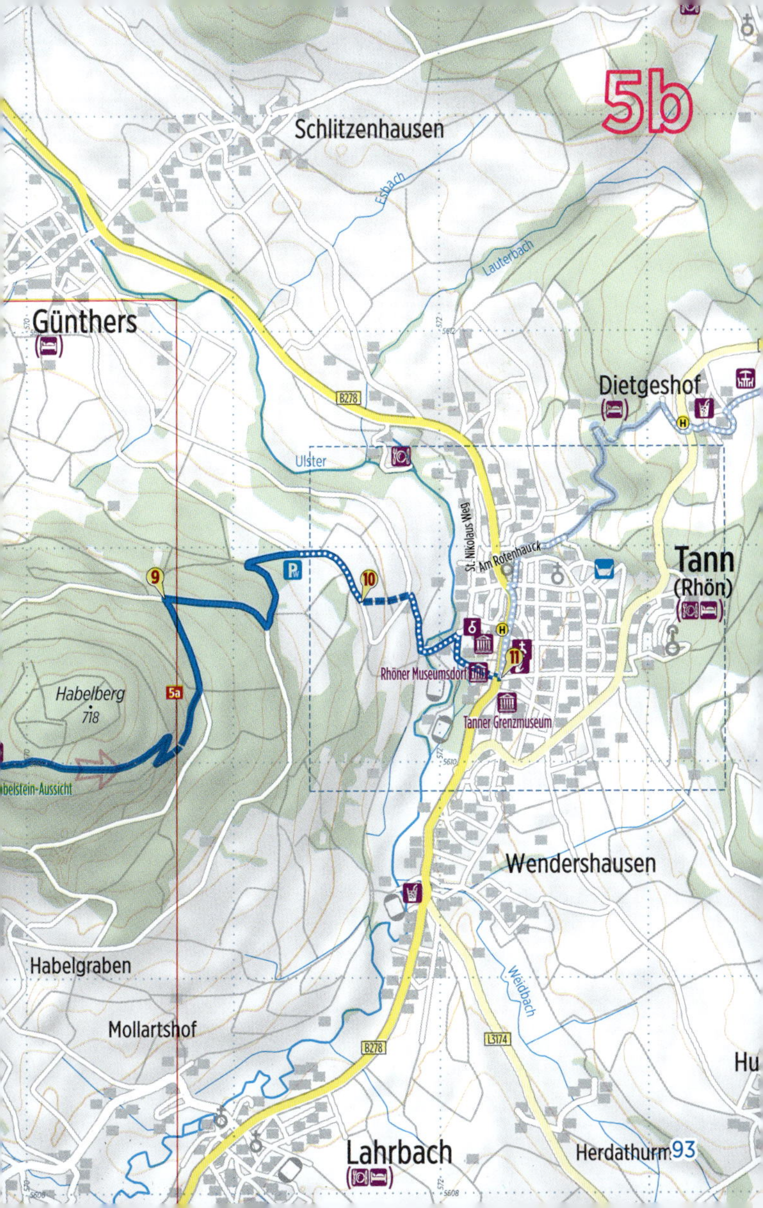
5b
Schlitzenhausen
Esbach
Lauterbach
Günthers
B278
Dietgeshof
Ulster
St.-Nikolaus-Weg
Am Rotenhauck
Tann
(Rhön)
9
10
11
Habelberg
718
5a
belstein-Aussicht
Rhöner Museumsdorf
Tanner Grenzmuseum
Wendershausen
Habelgraben
Mollartshof
Weidbach
L3174
Hu
Lahrbach
Herdathurm

Große Windröschen ⤳ weiter am Saum des Waldes entlang ⤳ in den Wald hinein und nun ansteigend ⤳ an der Gabelung halten Sie sich links.

8 9,7 (640) Beim Flurgebiet Heufeld an der T-Kreuzung gehen Sie rechts und wandern nun im weiten Linksbogen um den Habelberg herum ⤳ vor Erreichen des höchsten Punktes gelangen Sie zu einer **Schutzhütte** und einer Weggabelung, von der nach rechts ein Pfad zur Felsengruppe des Habelsteins mit einer herrlich gelegenen Aussichtsbank führt.

Habelberg (718 m)

Habelstein-Aussicht

Von der Bank an der Habelstein-Aussicht, einem steil abbrechenden Basaltfelsen, genießen Sie einen sagenhaften Ausblick in die Kuppenrhön und das Ulstertal, im Detail über das Dorf Habel, auf die Milseburg und die Wasserkuppe. Das Basaltgestein ist säulig ausgebildet, unterhalb befindet sich ein Bergsturzgebiet.

An der Westseite des Habelbergs säumt ein 300 Meter langer Wall den Berg, vermutlich eine unvollendete keltische Ringwallanalage. Auch ein Schwert aus der Latènezeit wurde hier gefunden, sodass man auf eine keltische Besiedlung schließen kann.

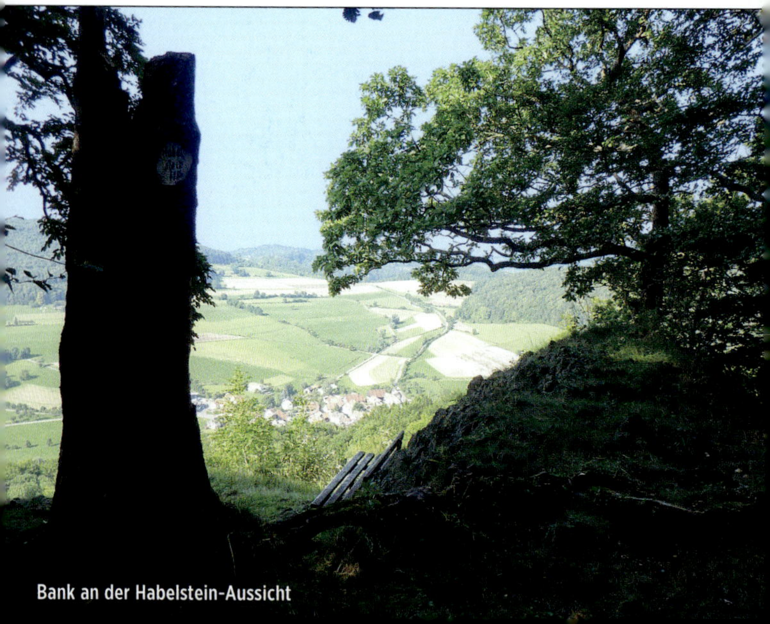

Bank an der Habelstein-Aussicht

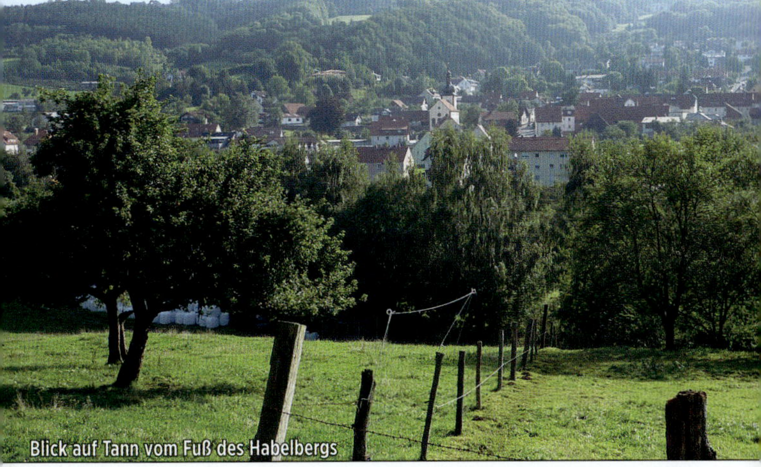
Blick auf Tann vom Fuß des Habelbergs

Nach 1 km folgen Sie zwei engen Kehren und wandern weiter abwärts.

9 12,2 (525) Am Nordosthang des Berges biegt der Weg nach rechts ab ⇝ am Ende des sanften Rechtsbogens links abbiegen, dann auf einer langgezogenen Serpentine weiter hinab, wobei sich Ausblicke ins Ulstertal ergeben ⇝ hinaus aus dem Wald ⇝ der Weg verläuft wiederum in einem weiten Rechtsbogen.

10 13,8 (395) Nach dessen Ende verlassen Sie das Sträßchen nach links auf den Pfad entlang eines kleinen Baches ⇝ unten dann rechts und auf der Straße weiter ins Tal ⇝ am Ende hinter dem Rastplatz zur Brücke über die Ulster ⇝ nach einer weiteren Bach-Brücke rechts an der Schloss- und Stadtmauer entlang ⇝ auf einer Treppe hinauf zur Straße.

11 14,9 (390) Am Tor aus dem 16. Jahrhundert, das in die Stadt zum **Marktplatz** führt, haben Sie das Etappenziel Tann erreicht.

Tann

Tann

Vorwahl: 06682

Tourist-Information Tann, Marktpl., im Rathaus, ✆ 96110, @ byw218

Freilichtmuseum „Rhöner Museumsdorf“, Schlossstr., ✆ 961127 Das Museumsdorf besteht aus einem Dreiseit- und einem Zweiseithof sowie einem Backhaus. Die Wohnhäuser der Höfe sind mit typischen alten Rhöner Möbeln eingerichtet, ferner befinden sich zahlreiche Gebrauchsgegenstände des täglichen Lebens in den einzelnen Wohnräumen und Stallungen. @ ypf524

Naturmuseum Rhön, Schlossstr., ✆ 8977 Das Naturmuseum befindet sich unweit des Museumsdorfes und informiert über die Tier- und Pflanzenwelt in der Rhön. @ xps841

Tanner Grenzmuseum, Am Kalkofen 6, Rhönhalle, ✆ 961111, April-Okt., Fr 10.30 Uhr Führung (1. Std.) und nach Vereinbarung. Das Museum erzählt die Geschichte der Teilung Deutschlands mit Hilfe von Zeitungsberichten, Fotos und vielen weiteren Utensilien. Nähere Auskünfte erhalten Sie bei der Tourist-Information. @ mmk818

Evang. Stadtkirche, Kirchpl. Die Kirche wurde von 1881 bis 1889 im neugotischen Stil erbaut.

Schloss der Freiherren von und zu der Tann, Schlossstr. Die Anlage besteht aus dem Roten Schloss (1558), dem Blauen Schloss (1574) und dem Gelben Schloss (1714). Sehenswert ist auch der Schlossbrunnen, ein Barockbau mit dem Wappentier – der springenden Forelle – als Wasserspeier aus dem Jahre 1686.

Elf-Apostel-Haus, Marktpl. Das Haus am Marktplatz gilt als das älteste der

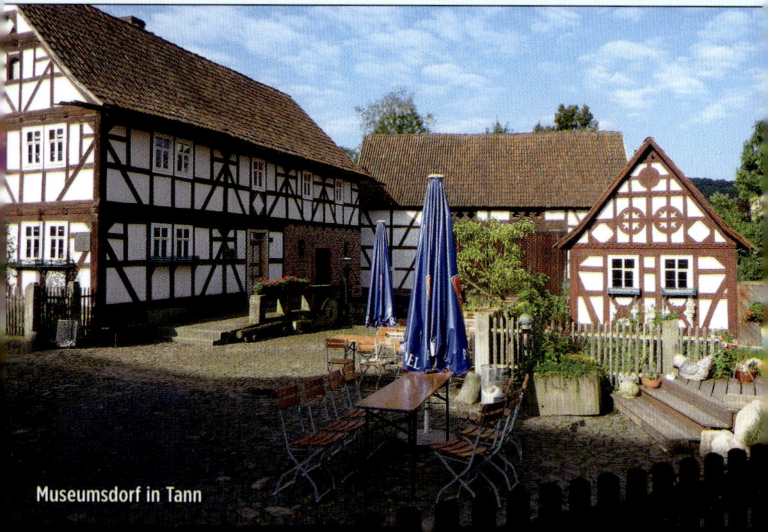

Museumsdorf in Tann

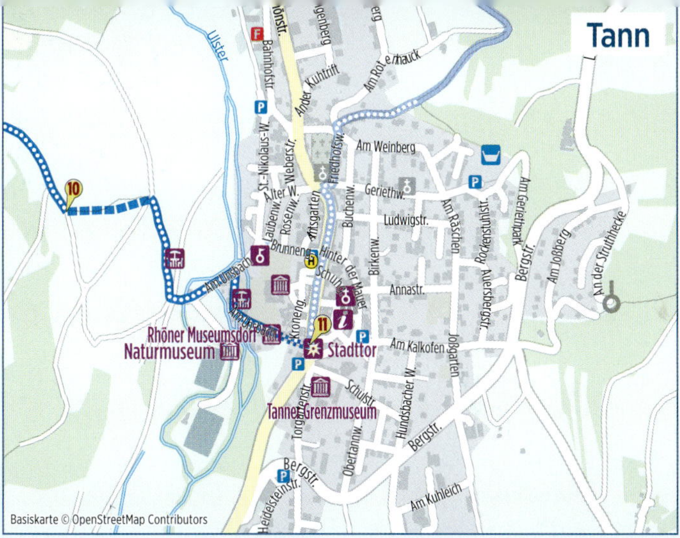

Stadt, es wurde um 1500 errichtet. Der Fachwerkbau im Stil der Renaissance verfügt über 11 Holzreliefs über dem Erdgeschoss, welche die Apostel zeigen.

- **Sagenkeller**, Schlossstr. 3, im Cafe Fabula, ✆ 917142 Ⓒ Verschiedene Sagen werden in den Kellerräumen der ehemaligen Schlossbrauerei in Form von Kunstwerken aus Holzspänen und Sägemehl nachgestellt. Nähere Angaben bei der Tourist-Information. @ nar352
- **Stadttor**. Das Tor wurde 1557-1563 von Eberhard von der Tann im Zuge der Stadtbefestigung errichtet.
- **Geriethbad**, Am Geriethpark 3, ✆ 917452, @ ehu547

Tann ist ein anerkannter Luftkurort, liegt im Ulstertal in der hessischen Rhön und wurde 1179 erstmals als Stadt erwähnt. Irische Mönche sollen der Siedlung ihren Namen gegeben haben, ebenso wie dem Fluss Ulster, der nach ihrer Heimatprovinz in Nordirland benannt worden sein soll. Die erste Burganlage wurde zwischen dem 11. und 12. Jahrhundert erbaut, die Stadt im 16. Jahrhundert befestigt. 1879 zerstörte ein Brand große Teile der mittelalterlichen Bebauung. Mit dem Wegfall der deutsch-deutschen Grenze, die über 40 Jahre lang das Stadtgebiet halbinselförmig einschnürte, liegt Tann wieder mitten in Deutschland. Es gibt einige Sehenswürdigkeiten zu entdecken, so zum Beispiel das sanierte Stadttor aus dem Jahre 1557, den Stadtbrunnen und die Schlossanlagen der Freiherren von und zu der Tann.

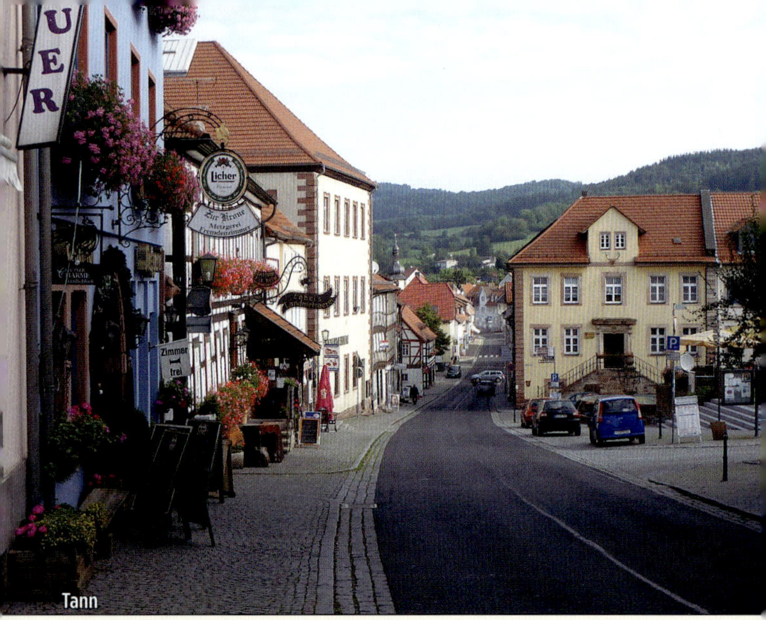

Tann

Wissenswertes über Tann

Tann (Rhön) war der Sitz des bereits im 12. Jahrhundert genannten gleichnamigen Geschlechtes. 1197 erhielt der Ort die Stadtrechte, die Originalurkunde dazu ist im Hessischen Staatsarchiv in Marburg zu sehen.

Bereits im Jahr 968 wird erstmals ein Ernst von Tann erwähnt, der an einem Reitturnier in Meersburg am Bodensee teilnehmen wollte, aber auf Grund fehlender Ahnenprobe abgelehnt wurde. 1534 wurde die Reformation eingeführt, 1541 erhielt Tann das Marktrecht. Der Stadtbrunnen am Marktplatz wurde 1710 erbaut, das Denkmal erinnert an einen bayerischen General aus dem Ortsgeschlecht. Das Elf-Apostelhaus am Marktplatz 4 ist das älteste Bürgerhaus, das unweit gelegene Ochsenbäckerhaus Marktstraße 9 stammt von 1592. Die Stadtkirche wurde nach einem Brand 1889 im neugotischen Stil nachgebaut. Aus gleich drei Schlössern besteht die Schlossanlage des Ortes. In der Friedhofskirche aus dem Jahre finden sich wertvolle Grabmäler. Außerdem gibt es hin zum Ulstertal ein Naturmuseum sowie das Rhöner Museumsdorf.

Tann ist einer der beliebtesten Urlaubsorte in ganz Hessen, was mehrere groß angelegte Umfragen der vergangenen Jahre bekräftigten.

Etappe 6 — 17,2 km

Von Tann zum Abzweig Dermbach (Westroute Kuppenrhön)

Start:	Tann (Rhön), Marktplatz		
Ziel:	Abzweig Dermbach		
Aufstieg:	498 m	*Hartbelag:*	26 %
Abstieg:	458 m	*Wanderwege:*	59 %
Gehzeit:	4 - 4,5 Std.	*Wanderpfade:*	15 %

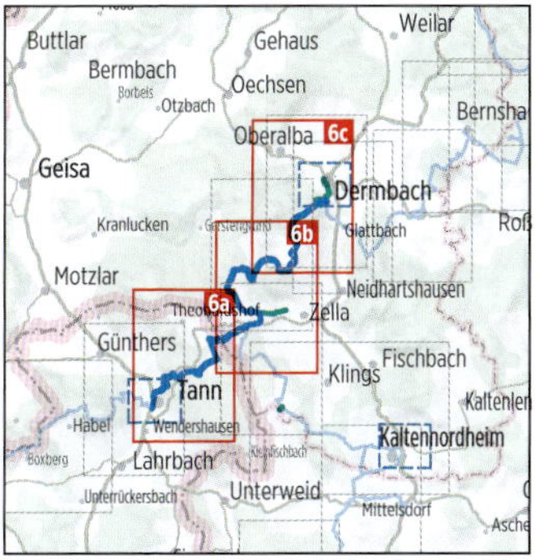

Aus dem Vulkangebirge in das Schichtstufenland

Hinter Tann verläuft die Route zeitweilig auf einem Plattenweg, der an die ehemalige innerdeutsche Grenze erinnert. Fast etwas symbolisch treffen sich bald darauf West- und Ostroute des Hochrhöners und führen als eine Route nach Bad Salzungen. In Andenhausen beginnt der steile Aufstieg zum Katzenstein, wo sich

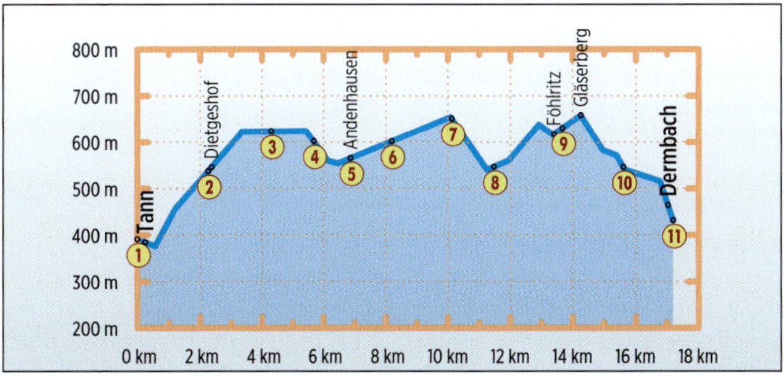

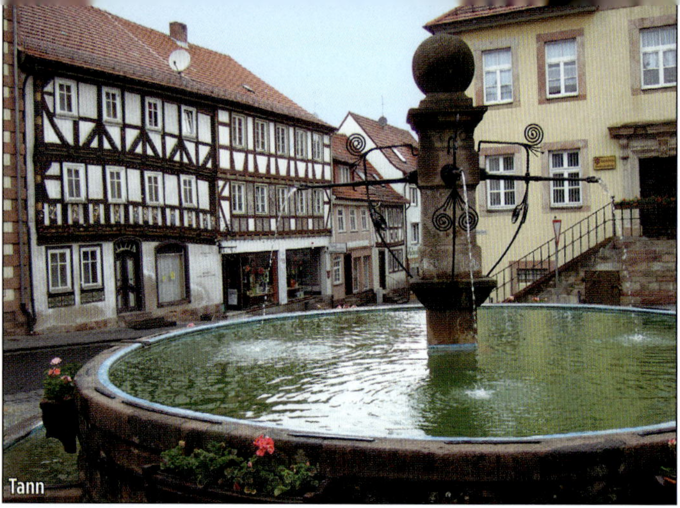

ein prächtiger Ausblick bietet. Auf schmalem Pfad wandern Sie länger über Wiesen – naturnäher lässt sich ein Wanderweg kaum anlegen. Mit dem Gläserberg bei Föhlritz wird einer der schönsten Aussichtspunkte der Rhön erreicht. Bald darauf lässt Dermbach in seinem Zentrum mit Dorflinde, Sitzgruppe aus Stein und romantischem Vers vergangene Zeiten wieder lebendig werden.

Tipp: Von Tann besteht eine Busverbindung nach Fulda (Linie 20).

Tann

1 0,0 (390) Ausgehend vom Stadttor gehen Sie vorbei am **Marktplatz**, dann weiter geradeaus entlang der Hauptstraße ⤳ vor dem Friedhof rechts auf den **Geriethweg** und gleich wieder links in den **Friedhofsweg** ⤳ nach gut 150 m rechts abbiegen und aufsteigend ⤳ vorbei an einem jüdischen Friedhof und der prächtigen Winterlinde ⤳ auf dem geschotterten Fahrweg mit einigen Kehren bergauf, im Rückblick mit Aussicht auf den markanten Habelberg über Tann ⤳ Sie erreichen Dietgeshof.

2 2,2 (535) Über die L 3175 und in einer Rechts-Links-Kombination vorbei an einer originellen Apfelweinstube.

Dietgeshof (Tann)

Apfelweinstube, Dietgeshof 1, ✆ 06682/315, ✆ 0176/22010618. In herrlicher Lage können Sie verschiedene Brotzeiten mit Apfelwein genießen. @ vmh372

Vom Ortsrand gehen Sie weiter aufwärts in einer Allee ⤳ der Hochrhöner führt an Feldern und Wiesen vorbei.

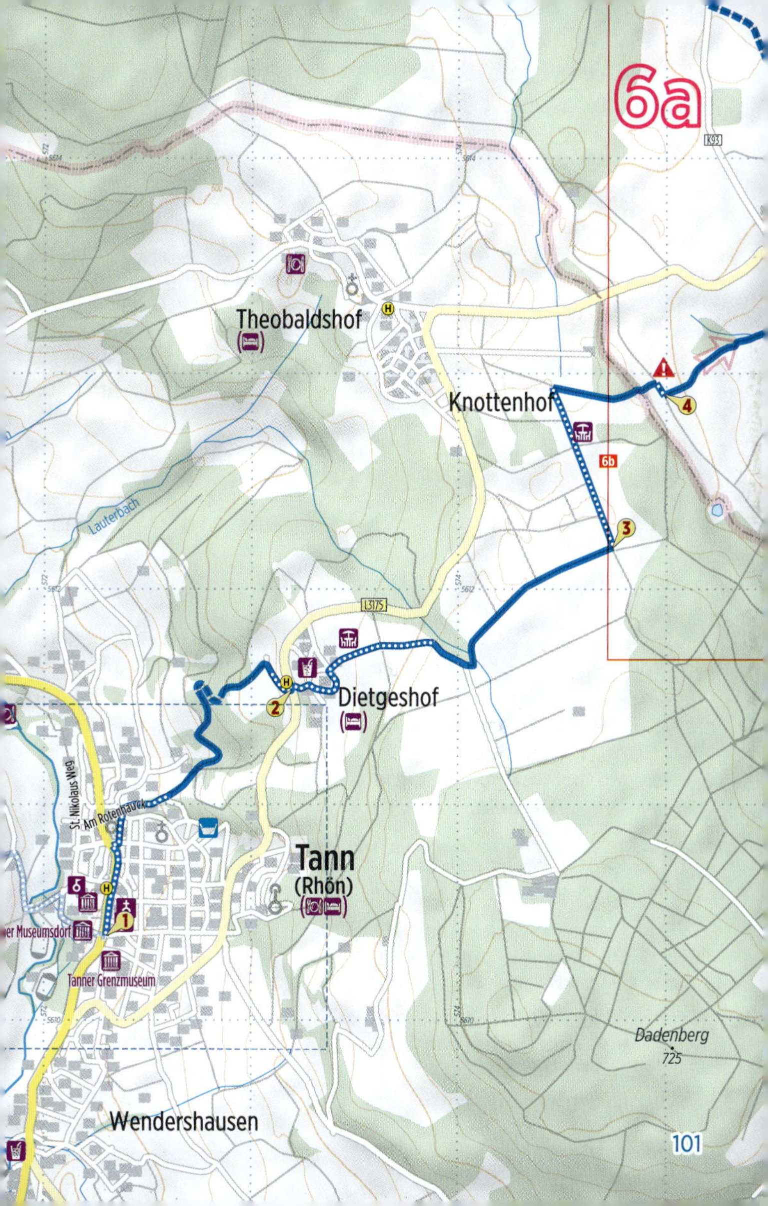

6a
K93
Theobaldshof
Knottenhof
6b
Lauterbach
L3175
Dietgeshof
St. Nikolaus Weg
Am Rotenhauck
Tann
(Rhön)
er Museumsdorf
Tanner Grenzmuseum
Dadenberg
725
Wendershausen

Botanik am Wegesrand

An den Wegrändern sind Schlangenknöterich, Taubnesseln in verschiedenen Farben, Knöllchen-Steinbrech, Pestwurz, Trollblumen und Wald-Storchschnabel zu finden.

Sie queren den **Lauterbach** ⇝ weiter auf dem geschotterten Weg.

3 4,3 (625) An der Wegkreuzung biegen Sie links ab auf den befestigten Fahrweg und genießen einen Ausblick zu den kuppenförmigen Bergen des Hessischen Kegelspieles ⇝ an der T-Kreuzung scharf rechts in den Feldweg, der ab einer Feldscheune dem Waldrand folgt ⇝ nach dem Passieren der ehemaligen deutsch-deutschen Grenze biegt die Route nach rechts ab und verläuft entlang der Grenze zwischen Thüringen und Hessen, der alte Postenweg der Grenzer besteht aus gelochten Betonplatten ⇝ ⚠ Vorsicht auf dem Plattenweg, man kann der Vertiefungen wegen leicht umknicken.

4 5,7 (600) Nach 50 m verlassen Sie den Plattenweg gleich wieder nach links und wandern durch eine abwechslungsreiche Landschaft mit Wiesen, Hecken, Bäumen und kleinen Gehölzen, dabei mit Ausblick ins Feldatal zur Kirche der Probstei Zella ⇝ ein Sträßchen queren und weiter auf dem Wirtschaftsweg nach Andenhausen ⇝ auf der Straße **Berggarten** hinein ins Dorf ⇝ von rechts stößt die Straße Kirchberg hinzu.

GABELUNG ⚠ An dieser Stelle treffen die beiden Hochrhöner-Varianten Kuppenrhön und Lange Rhön aufeinander und verlaufen ab hier wieder eintrassig als Hochrhöner bis Bad Salzungen.

TIPP In Andenhausen besteht die Möglichkeit, die Wanderung zu beenden, indem Sie mit dem Bus (Linie 133, in den Randzeiten Rufbuslinie 132, tel. Anmeldung unter ✆ 0180/7979899 bis eine Stunde vor Abfahrt) über Dermbach nach Bad Salzungen (Linie 130) fahren, wo Anschluss ans Bahnnetz besteht.

Andenhausen

Kirche. Der Turm der Kirche aus dem Jahre 1757 ist schieferverkleidet.

5 6,9 (565) Bald weiter auf der Straße **Oberer Berggarten** durch das Dorf ⇝ an der **L 1222** nur wenige Meter nach rechts, dann links abzweigen in den Pfad und hinauf zur Straße, die zum Hotel Katzenstein führt ⇝ vorbei an Tierskulpturen, dann am derzeit nicht bewirtschafteten Hotel.

TIPP Etwas abseits des Hochrhöners oberhalb der Hotelanlage ist der Katzenstein zu sehen. Der felsige Gipfel ist leider nicht offiziell zugänglich.

Katzenstein, Fels aus Basaltsäulen.

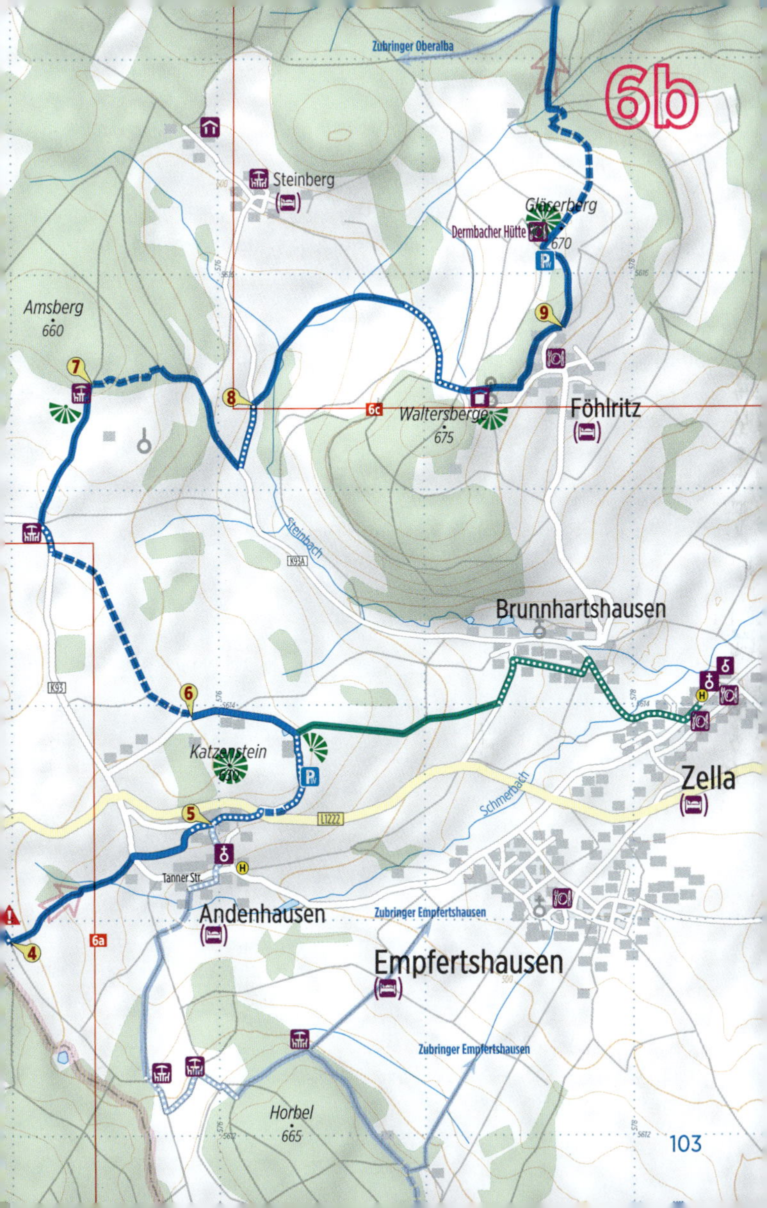
6b
Zubringer Oberalba
Steinberg
Gläserberg
Dermbacher Hütte
670
Amsberg
660
Waltersberge
675
Föhlritz
6c
Steinbach
K93A
Brunnhartshausen
K93
Katzenstein
L1222
Zella
Schmerbach
Tanner Str.
Andenhausen
Zubringer Empfertshausen
Empfertshausen
6a
Zubringer Empfertshausen
Horbel
665

AUSSTIEG Vom Parkplatz des ehemaligen Hotels kommen Sie in 2,5 km nach Zella, wo es Busanbindung und eine Übernachtungsmöglichkeit gibt. Folgen Sie zunächst dem Wegweiser Brunnhartshausen/Zella, gehen an der ersten Weggabelung geradeaus und an der zweiten links nach Brunnhartshausen, dann rechts nach Zella und im Ort links auf die Goethestraße.

Zella

Maria Himmelfahrt, Goethestr. Barocke Saalkirche aus dem 18. Jh.

Probstei Zella, Goethestr. Die Propstei ging einst aus einer Benediktinerinnen-Abtei hervor. Das Schloss steht über dem nahen Talgrund der Felda. Benachbart liegt ein Klostergarten.

Gasthaus Schäfer, Goethestr. 12, ✆ 036964/93115, @ aya813

Klosterschenke, Goethestr. 3, ✆ 036964/93209

Auf der Hauptroute folgen Sie nach dem einstigen Hotelparkplatz weiter dem ausgedehnten Linksbogen der Straße ~ vorbei an einem ehemaligen Kasernengelände.

6 8,2 (600) Gut 100 m später zweigt der Hochrhöner halbrechts ab ~ Sie wandern nun ein längeres Stück auf dem Wiesenweg über eine Weide, markiert durch Pfosten ~ an der **K 93** kurz rechts, dann in der Linkskurve beim Kreuz und dem Rastplatz rechts abbiegen auf den Feldweg ~ hinauf zum Waldrand, wo sich ebenfalls ein Rastplatz befindet.

7 10,1 (650) Hinein in den Wald und kurz darauf rechts, der Pfad verläuft unweit des Waldrandes abwärts ~ am breiten Weg rechts, wenig

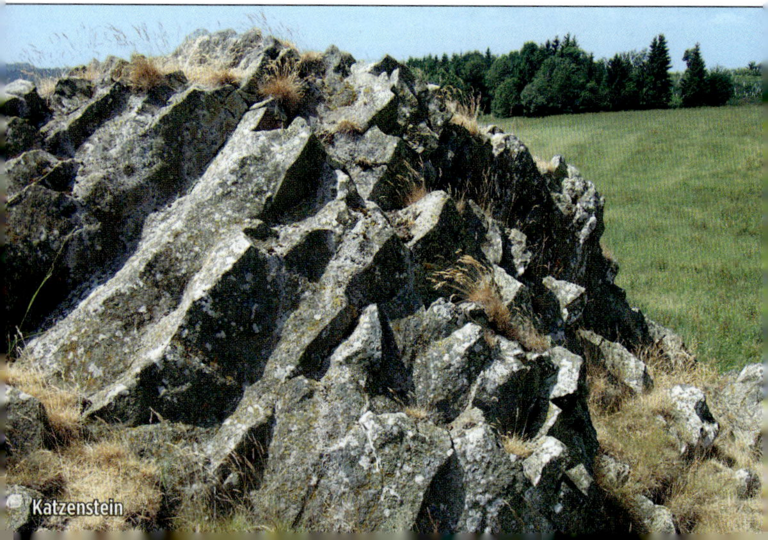

Katzenstein

später ist bereits der Gläserberg zu sehen ⁓ der Weg endet an der **K 93A**, wo Sie links abbiegen.

8 11,5 (545) Nach gut 300 m rechts und zunächst entlang naturnaher Bachläufe ⁓ folgen Sie auch auf dem Asphaltsträßchen dem weiten Rechtsbogen bis zum Sattel zwischen Waltersberg und Gläserberg ⁓ kurz vor dem Wald der Linkskurve folgen, dann geradeaus vorbei oberhalb der **Aussichtshütte** ⁓ weiter am Hang entlang oberhalb von Föhlritz.

Föhlritz (Dermbach)

Vorwahl: 036964

Zum Hobbywirt, Föhlritz 23, ✆ 93143, So 12-18 Uhr

9 13,7 (630) Nach den letzten Häusern führt schließlich ein Weg nach links auf den Höhenrücken ⁓ am kleinen Parkplatz rechts weiter zum Gipfel des Gläserberges mit der Dermbacher Hütte und einer großartigen Aussicht.

Gläserberg (Dermbach)

Dermbacher Hütte, auf dem Gläserberg, ✆ 036964/93784, So 10-17 Uhr. Die gemütliche Hütte, die vom Rhönklub betrieben wird, ist mit ihrer berauschenden Aussicht einer der schönsten Plätze der ganzen Rhön. @ cfv757

In der Aussicht vom 670 m hohen Gläserberg sind besonders markant das Werratal, der Pleß mit seinem Turm und der Kamm des Thüringer Waldes mit dessen höchsten Erhebungen.

Auf einem Pfad steigen Sie über Wiesen hinab zum Waldrand ⁓ im Wald in Kehren abwärts zu einem breiten Weg, wo Sie links gehen und kurz darauf ein Bachtal queren.

Geologie am Wegesrand

An diesem Ort entdeckte der Geologe Bücking 1915 in einem Wasseranriss im Muschelkalk Basalteinschlüsse der Gläserbergintrusion. Da Basaltschmelzen Temperaturen von über 1.000 Grad aufweisen, wurde durch Hitze und hohen Druck aus Muschelkalk Marmor.

Aus dem Wald hinaus, von links mündet ein Zubringer von Oberalba ein.

10 15,6 (545) Der Hochrhöner führt rechts weiter durch Wiesen, auf denen sich im Mai ein bunter Blütenteppich ausbreitet ⁓ Sie passieren die Abbiegung zu den Dermbacher Klippen.

VARIANTE Um sich die eindrucksvollen Dermbacher Klippen anzuschauen, biegen Sie an dieser Stelle links ab und halten sich oben im Wald rechts.

Dermbacher Klippen. Von der Abtragung freigelegte Muschelkalkfelsen mit deutlicher Schichtung.

Nach dem **Karl-Friedrich-Stein** halten Sie sich vor dem **Pavillon Dermbacher Stadtblick** links und gehen abwärts über Wiesen ⁓ kurz darauf rechts weiter hinab ⁓ ab der kleinen

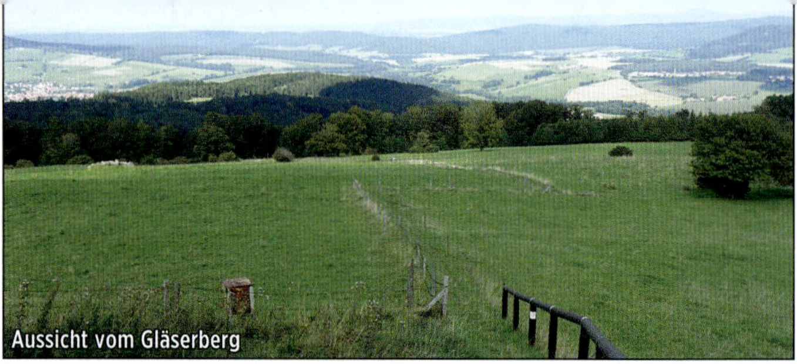
Aussicht vom Gläserberg

Kapelle weiter auf dem Fahrweg bis zur Dreierkreuzung.

11 17,2 (430) An der Dreierkreuzung endet diese Etappe, der Hochrhöner verläuft hier rechts weiter in Richtung Glattbach und Bernshausen, ins nahe Dermbach führt ein Zuweg.

AUSSTIEG Bis ins beschauliche Zentrum des Etappenortes Dermbach sind es von hier aus ca. 15 Min.

Zubringer nach Dermbach 1 km

Folgen Sie an der Dreierkreuzung links der grünen Markierung des Zubringers und gehen bei erster Gelegenheit rechts ⤳ an der asphaltierten **Rödestraße** biegen Sie links ab.

TIPP Zum Hotel Rhönpaulus gehen Sie von der Rödestraße rechts auf der Waldstraße und an der B 285 links.

Immer geradeaus in Richtung Ortsmitte ⤳ vor der Kirche geradeaus auf die **Schlossbergstraße**, wo Sie den historischen Ortskern mit der Tourist-Information erreichen.

Dermbach

Vorwahl: 036964

Tourismusbüro im Museum, Kirchberg 5, ✆ 8763, @ jrq752

Museum der Thüringischen Rhön, Kirchberg 5, ✆ 8863 Ⓒ Die Attraktion des Museums ist ein Eichenkasten, der als Gefängnis für den legendären Räuber „Rhönpaulus" diente. @ ink466

Evang. Kirche. Neben der kath. Kirche und dem Schloss ist die Kirche aus dem Jahre 1707 Teil des Dermbacher Barockensembles.

St. Peter und Paul. Die kath. Kirche aus dem Jahre 1736 wurde in jüngerer Zeit umfassend restauriert.

Dermbacher Schloss. Die Anlage aus dem Jahre 1707 entstand mit der Übernahme des Amtes durch Fulda und dem Wunsch des damaligen Fürstabtes, Dermbach eine ansprechende Residenz als Sitz für die Amtsverwaltung zu geben.

Zum Rhönpaulus, Bahnhofstr. 21, ✆ 82234, ⏲ Fr-Mi 11-22 Uhr, @ gyc136

Zur Klause, Bahnhofstr. 5, ✆ 82379, ⏲ Do-Di 11-14 Uhr und 17-22 Uhr, @ rty651

Dermbach liegt im Feldatal im Biosphärenreservat Rhön und wurde

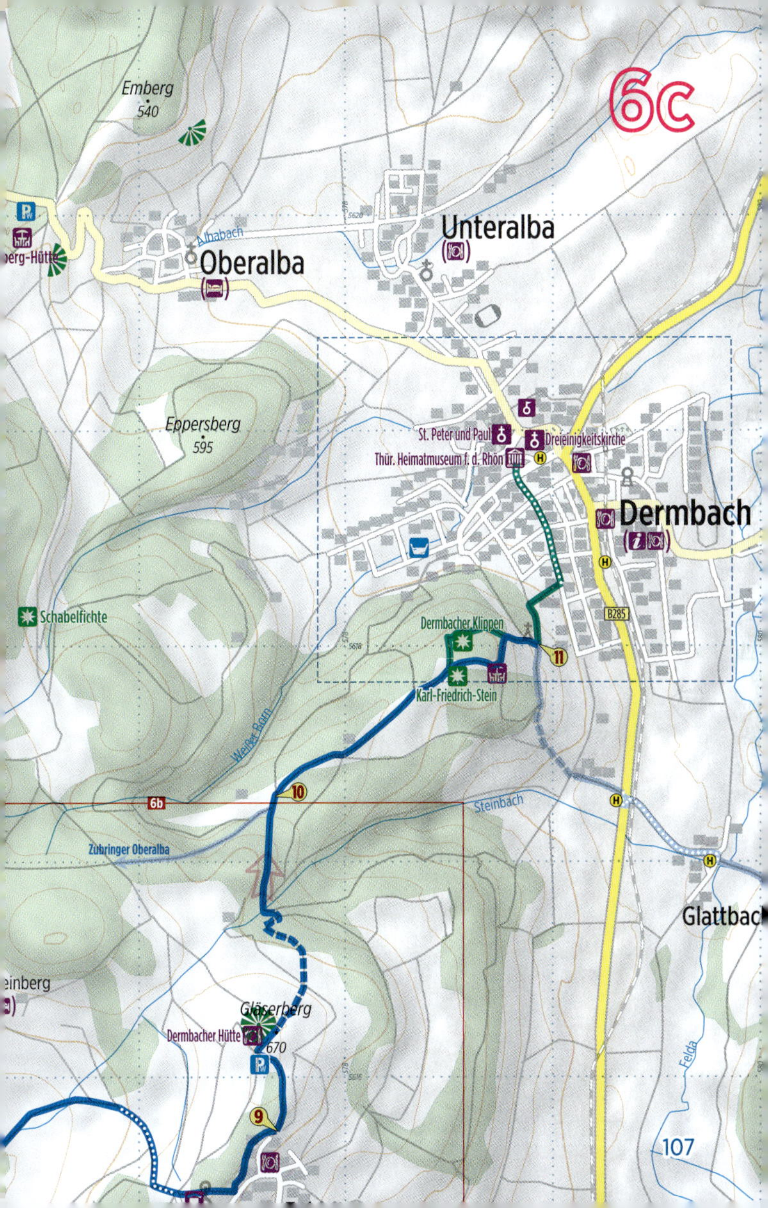
6c
Emberg
540
Unteralba
Oberalba
Albabach
Eppersberg
595
St. Peter und Paul
Dreieinigkeitskirche
Thür. Heimatmuseum f. d. Rhön
Dermbach
Schabelfichte
Dermbacher Klippen
Karl-Friedrich-Stein
B285
11
10
6b
Steinbach
Zubringer Oberalba
Glattbach
Gläserberg
Dermbacher Hütte
670
9
Felda

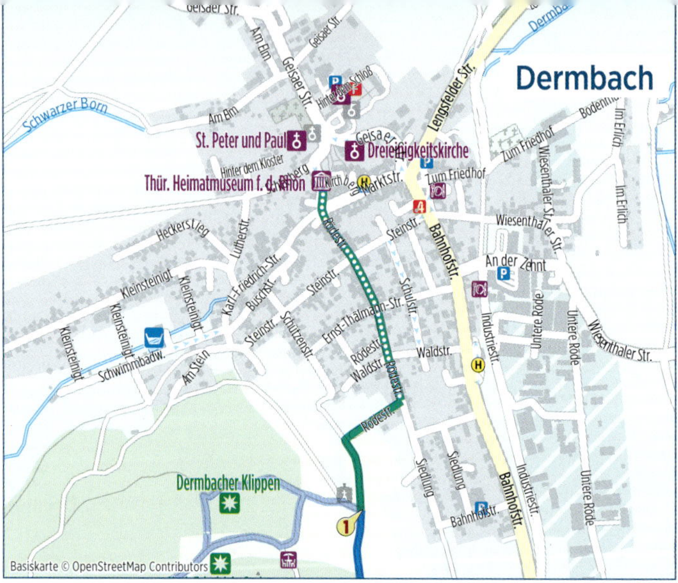

1186 erstmals urkundlich erwähnt. Das Städtchen bietet einen schönen alten Ortskern mit Fachwerkhäusern, zwei Kirchen, einem Schloss und dem Museum. Die katholische Kirche gilt als eine der schönsten Spätbarockkirchen im Osten Deutschlands. Im Inneren sind der Hochaltar, die Kanzel, das Gestühl und eine Wappentafel sehenswert. Die evangelische Kirche hat neben ihrem mittelalterlichen Turm ebenfalls ein barockes Schiff. Ebenso wie die Kirche stammt das Schloss der Fürstäbte von Fulda aus dem Jahr 1707. Das neben der evangelischen Kirche befindliche Museum zeigt die Kultur- und Sozialgeschichte der Rhön. Unter einer Linde befinden sich ein Tisch mit Bank aus Stein, ferner eine Tafel mit einer zum Nachdenken anregenden Inschrift.

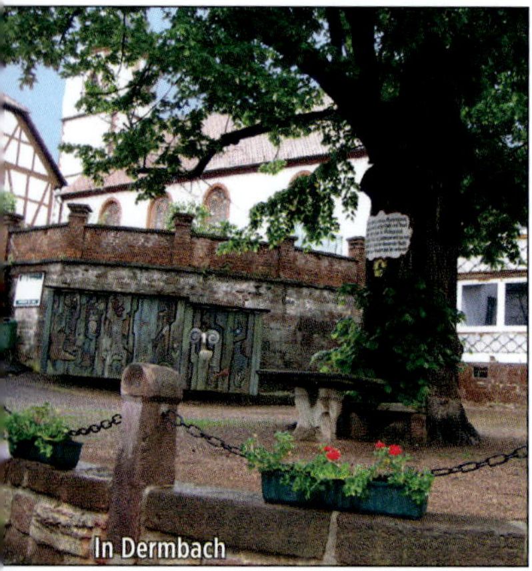
In Dermbach

TIPP Die Fortsetzung von Dermbach weiter nach Bad Salzungen (Etappe 10) finden Sie ab S. 150.

Etappe 7 21,2 km

Von Oberweißenbrunn nach Birx (Ostroute Lange Rhön)

Start: Oberweißenbrunn, Kirche
Ziel: Abzweig Birx
Aufstieg: 544 m
Abstieg: 379 m
Gehzeit: 5 - 6 Std.
Hartbelag: 6 %
Wanderwege: 64 %
Wanderpfade: 30 %

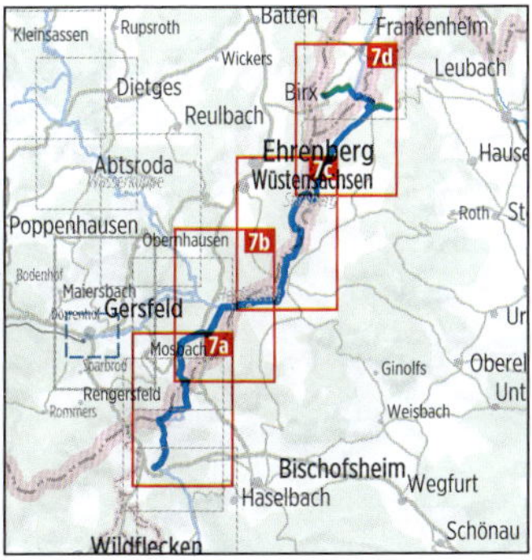

„O, schaurig ist's übers Moor zu gehen ..."

So schrieb Annette von Droste-Hülshoff in ihrem Gedicht „Der Knabe im Moor". Das kann auch in den Mooren der Rhön zutreffen, wenn graue Nebel die Sicht verschleiern oder Regen und Graupel vom kalten Wind getrieben werden und die Wanderer nicht eben streicheln. An vielen anderen Tagen leuchten die zahlreichen

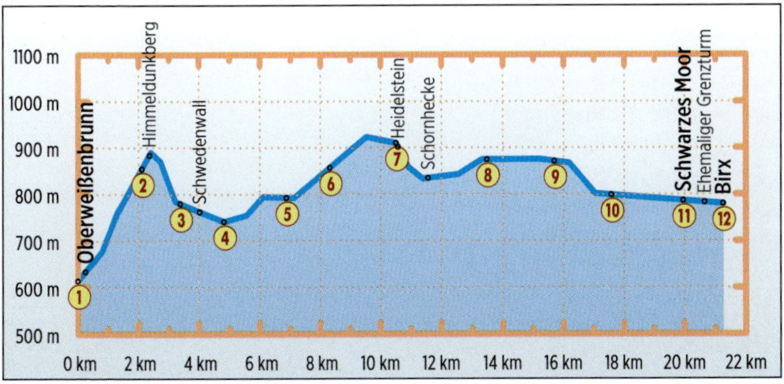

Birken im Grün und die Wollgräser wiegen sich im leichten Wind. Eines ist sicher – eine Wanderung über die Hochflächen der Rhön mit ihren Mooren ist immer ein großes Naturerlebnis.

Zusätzlich bietet diese Etappe herrliche Ausblicke, z. B. vom Himmeldunkberg oder hinter der Hochrhöner-Gabelung während des Aufstiegs zum Heidelstein, dann auf dem anschließenden Weg zum Schwarzen Moor und nicht zuletzt vom Grabenberg an der einstigen innerdeutschen Grenze.

Tipp: Wollen Sie erst an der Hochrhöner-Gabelung beim Roten Moor in eine der Routen des Hochrhöners einsteigen, gibt es einen 7,5 km langen Zubringer vom Bhf. Gersfeld, der ab S. 62 beschrieben wird.

Oberweißenbrunn (Bischofsheim a. d. Rhön)

Vorwahl: 09772

- **Kirche St. Antonius.** Die jüngere Kirche (1962) mit barocker Ausstattung aus dem 18. Jh. ist eine gelungene Synthese von alt und neu. @ fot875
- **Mühlengrund**, Mühlengrund 3+5, ✆ 445, Do-Mo 8-14 Uhr, ab 17 Uhr, @ yfs866

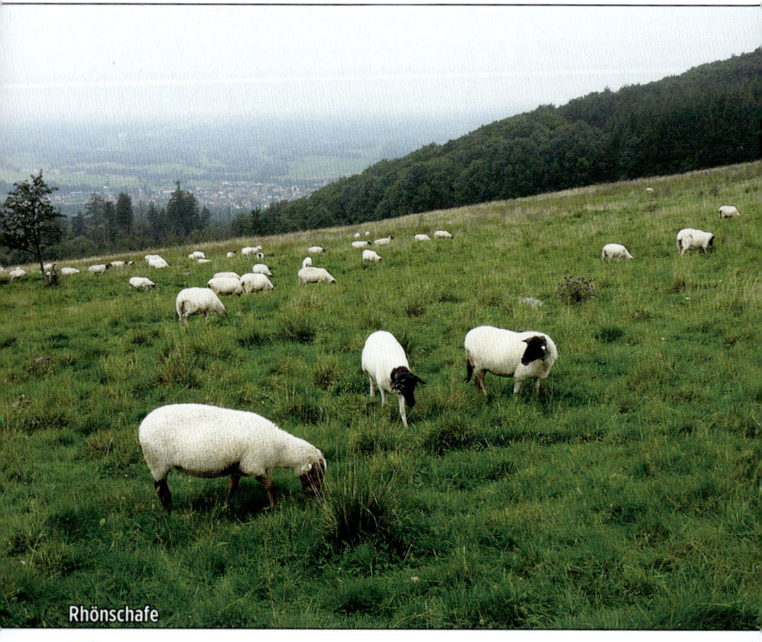

Rhönschafe

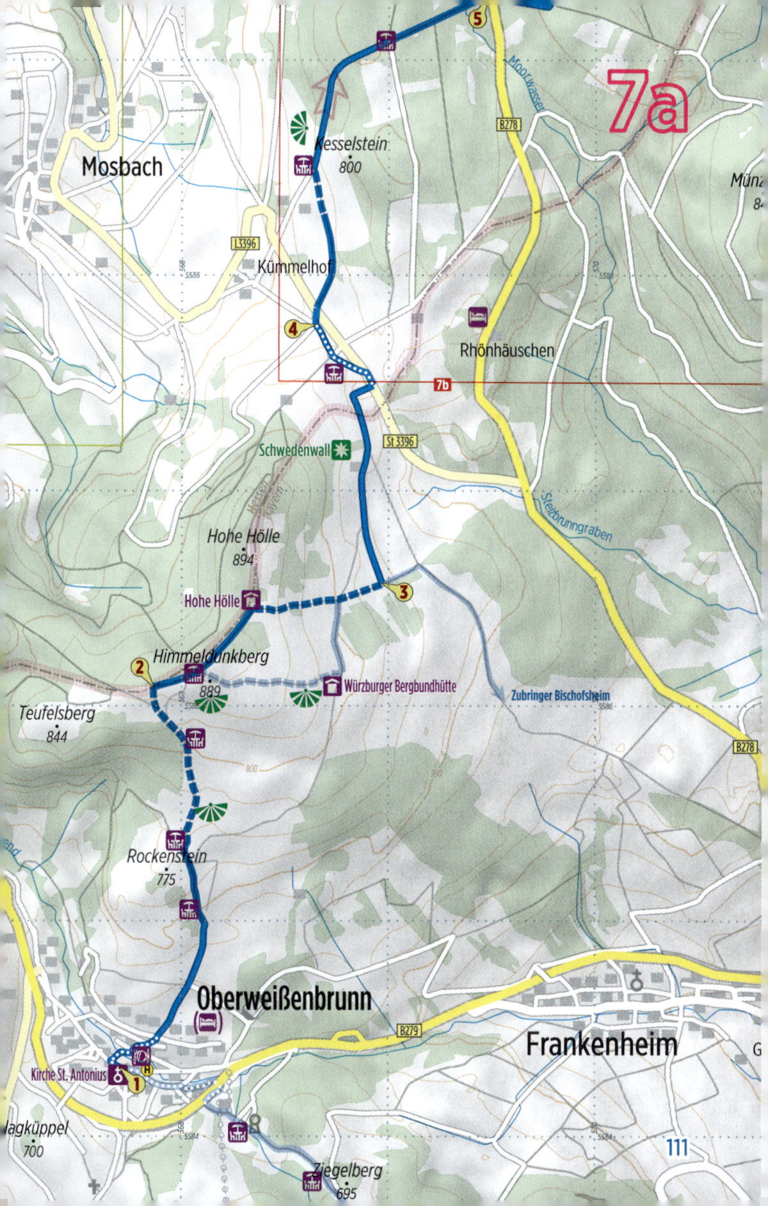
7a
Mosbach
Kesselstein
800
L3396
Kümmelhof
B278
Moorwasser
Rhönhäuschen
7b
St 3396
Schwedenwall
Hessen
Bayern
Hohe Hölle
894
Hohe Hölle
Himmeldunkberg
889
Würzburger Bergbundhütte
Zubringer Bischofsheim
Teufelsberg
844
Rockenstein
775
Oberweißenbrunn
B279
Frankenheim
Kirche St. Antonius
Ziegelberg
695
1
2
3
4
5

Der Ort liegt nahe der Wasserscheide zwischen der zur Weser fließenden Fulda und den zum Main orientierten Flüssen Brend und Sinn. Die umgebenden Gipfel bestehen aus Basalten. Die beiden Hagküppel unmittelbar südwestlich des Ortes werden auch als „Rhönbusen" bezeichnet.

1 0,0 (615) Von der Bushaltestelle unterhalb der Kirche gehen Sie kurz entlang der **Geigensteinstraße** in Richtung Ortsmitte, dann rechts in die **Mühlackerstraße** ⁓ bald links halten in den **Rockensteinweg** und aus dem Ort ⁓ hier beginnt der Aufstieg zum Himmeldunkberg ⁓ der Weg verläuft zunächst zwischen Sträuchern, dann über Wiesen mit prächtigem Rückblick zum Kreuzberg und Arnsberg ⁓ am Rockensteingipfel rechts vorbei.

2 2,1 (855) Oben vor dem Waldrand gehen Sie rechts ⁓ auf dem Gipfel des Himmeldunkberges befindet sich ein Rastplatz, von dem die Aussicht noch besser ist.

Himmeldunkberg

AUSSICHT

Ein schmaler, etwa in Südost-Richtung führender Pfad abseits der Route erweitert die Aussicht nochmals. Man blickt hier u. a. über das tief liegende Bischofsheim und das Grabfeld bis zu den Hassbergen. Auf der Würzburger Bergbundhütte (DAV) ist nach Voranmeldung Schlafsackübernachtung möglich.

Weiter durch Fichtenwald vorbei an Grenzsteinen von 1872.

Grenzlinien

Das Königreich Bayern (KB) grenzte hier an das Königreich Preußen (KP). Heute verläuft an dieser Stelle die Grenze zwischen den Bundesländern Bayern und Hessen.

Zweigen Sie an der Weggabelung bei der **Hütte Hohe Hölle** rechts ab und steigen über prächtige Bergwiesen ab, dabei mit Sicht auf die Gleichberge und dahinter den Kamm des Thüringer Waldes.

Kulturlandschaft Rhön

Die herrlichen Fernsichten der Rhön führten zu dem sehr begründeten Begriff „Land der offenen Fernen". Hierbei ist nicht zu vergessen, dass die Bergwiesen durch die Beweidung mit Schafen und vor allem durch die jährlichen Schnitte waldfrei gehalten worden sind. Nur durch die Tätigkeit des Menschen kann die Rhön in ihrer heutigen Schönheit erhalten bleiben.

3 3,4 (780) Nach dem Abstieg links auf den Pfad, geradeaus führt ein Zubringer nach Bischofsheim ⁓ über den Schwedenwall.

Schwedenwall

Bereits im Mittelalter bestand hier eine Grenzbefestigung. Sie wurde von den Schweden während des Dreißigjährigen Krieges übernommen und ausgebaut, um die Pass-Straße über die

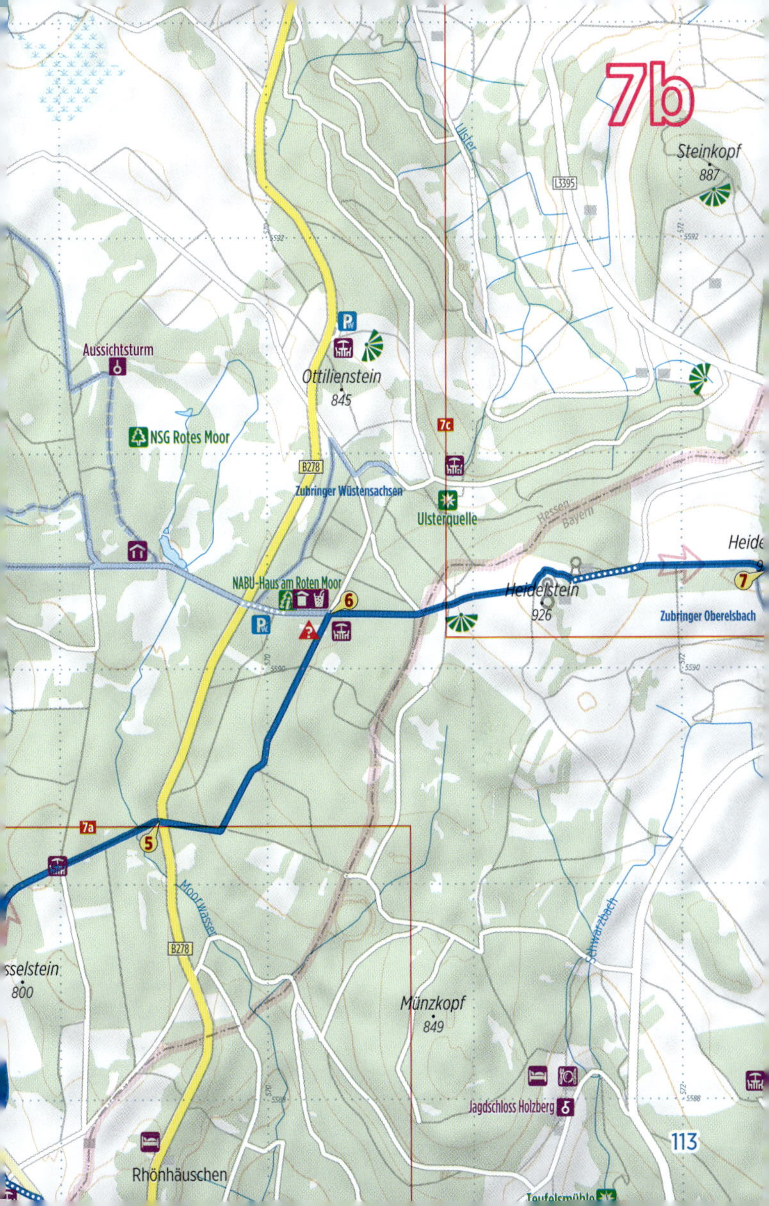

7b
Steinkopf
887
L3395
Ulster
Aussichtsturm
Ottilienstein
845
NSG Rotes Moor
B278
7c
Zubringer Wüstensachsen
Ulsterquelle
Hessen
Bayern
Heide
NABU-Haus am Roten Moor
6
Heidelstein
926
7
Zubringer Oberelsbach
7a
5
Moorwasser
B278
Schwarzbach
sselstein
800
Münzkopf
849
Jagdschloss Holzberg
Rhönhäuschen

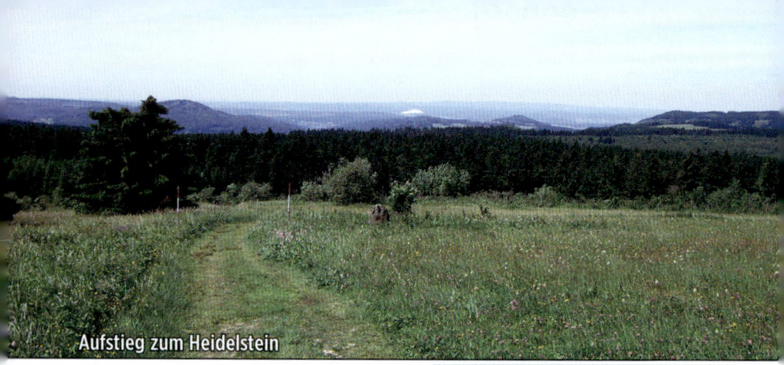

Aufstieg zum Heidelstein

Rhön zwischen Gersfeld und Bischofsheim zu sichern.

Hier und über den Berg Hohe Hölle verläuft auch die Wasserscheide zwischen Fulda und Main.

Rechts vor zur Straße **L 3396** und dieser nach links wenige Meter folgen, dann links am **Parkplatz** entlang.

4 4,8 (740) An der Kreuzung rechts und die L 3396 überqueren ⇝ wieder über Bergwiesen, am Hang des Kesselsteins entlang mit Ausblicken zu den Nallenbergen und nach Gersfeld ⇝ dann im weiten Rechtsbogen auf der Forststraße durch den Wald.

5 6,9 (795) Über die **B 278** und wenig später links in den ansteigenden Weg ⇝ bis zur Kreuzung an der **Schutzhütte**.

6 8,3 (860) An der Kreuzung trennen sich die beiden Routen des Höchrhöners in die Westroute Kuppenrhön und die Ostroute Lange Rhön.

Hochrhöner-Gabelung

PLANUNG An dieser Stelle folgen Sie der östlichen Route „Lange Rhön", die rechts hinauf zum Heidelstein führt. Nach links zweigt die Westroute „Kuppenrhön" ab, die zugehörige Beschreibung finden Sie bei Bedarf ab S. 62.

Gehen Sie an der Kreuzung östlich vom **Haus am Roten Moor**, wo sich **Rastplatz** und Schutzhütte befinden, rechts auf dem breiten Forstweg in Richtung Heidelstein ⇝ nach einer Wegkreuzung auf grasigem Weg weiter aufwärts, nach Verlassen des Waldes ist bereits der Sendeturm auf dem Heidelstein zu sehen ⇝ durch prächtige Bergwiesen mit sehr guter Aussicht von Nordwest bis Süd.

Gipfel im Umkreis

Von hier aus sehen Sie die Wasserkuppe mit dem Radom, links davon in der Ferne der Vogelsberg, näher den Nallenberg bei Gersfeld, ferner den Himmeldunkberg, den Kreuzberg und bei guter Sicht links

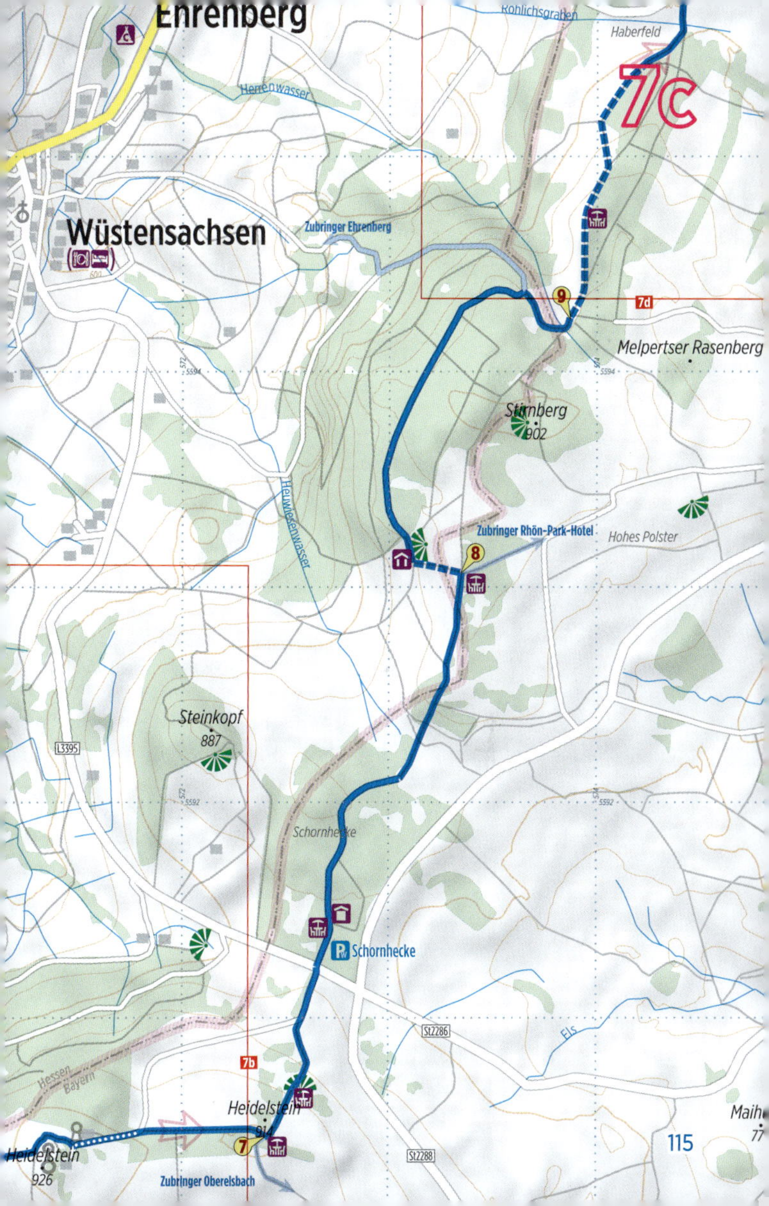
Ehrenberg
Röhlichsgraben
Haberfeld
7c
Herrenwasser
Wüstensachsen
Zubringer Ehrenberg
9
7d
Melpertser Rasenberg
Stirnberg
902
Heuwiesenwasser
Zubringer Rhön-Park-Hotel
Hohes Polster
8
Steinkopf
887
L3395
Schornhecke
Schornhecke
St2286
Els
Hessen
Bayern
7b
Heidelstein
914
7
Heidelstein
926
Zubringer Oberelsbach
St2288

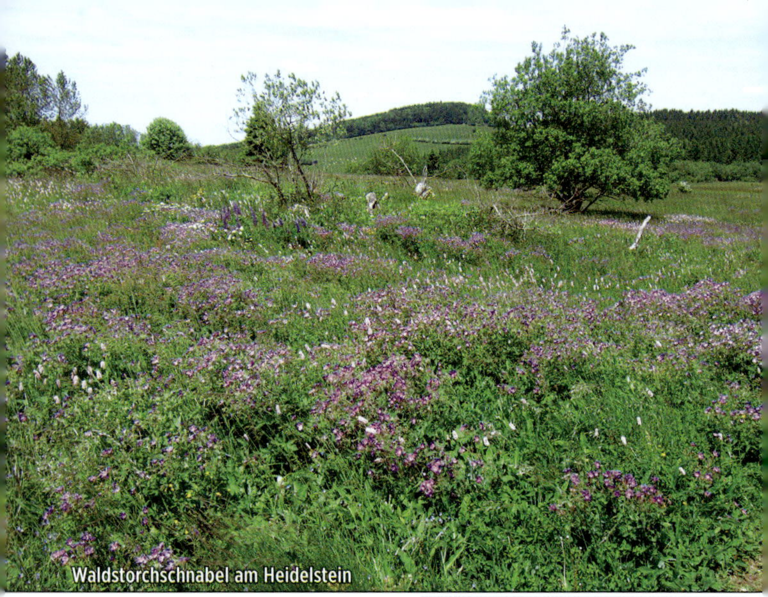

Waldstorchschnabel am Heidelstein

davon in Südsüdost-Richtung den ca. 80 Kilometer entfernten Steigerwald.

Am westlichen Gipfel mit der Sendeanlage führt der Weg links um diese herum ⤳ Sie passieren eine **Skulptur** und gehen auf befestigter Zufahrt zu einer Weggabelung abwärts ⤳ nach Aussicht zum Hessischen Kegelspiel und dem Thüringer Wald verlassen Sie die links abbiegende Straße und gehen geradeaus auf dem Wanderweg weiter ⤳ vorbei an einem weiteren Sendeturm.

Botanik am Wegesrand

Im Juni treffen Sie hier auf die Bergflockenblume mit ihren großen blauen Randblüten.

Heidelstein (913 m)

Der östliche Gipfelbereich des Heidelsteins wird auch als Schwabenhimmel bezeichnet.

7 10,5 (910) An der Felsklippe linkshaltend vorbei an der **Totengedenkstätte** des Rhönklubs, nach rechts zweigt ein Zubringer nach Oberelsbach ab ⤳ weiter Richtung Schwarzes Moor wandern Sie über herrliche Bergwiesen abwärts, zum Teil recht steil.

Botanik am Wegesrand

Über Waldstorchschnabel und Schlangenknöterich wachsen auch einzelne Vogelbeerbäume, Weißdornsträucher und Fichten, sodass man an die Waldgrenze höherer Gebirge erinnert wird. In der Tat ist die gedrungene Form der Bäume und Sträucher auch auf den Verbiss der weidenden Tiere zurückzuführen.

Anschließend wird in einer Senke die **St 2286** gequert und Sie erreichen hinter dem Parkplatz mit Schutzhütte das Waldgebiet Schornhecke ⁓ an dessen Ende wandern Sie durch mooriges Gebiet ⁓ nach kurzer Waldpassage am Waldrand entlang, es bieten sich sehr schöne Blicke zu Milseburg, Wasserkuppe und dem nahe gelegenen Steinkopf mit seinem Blockmeer.

8 13,5 (875) An einer Wegkreuzung mündet von rechts ein Zubringer vom Rhön-Park-Hotel ein, gehen Sie an dieser Stelle links über die Wiesen ⁓ nach 250 m halbrechts weiter, vorbei an einem **Unterstand** und über einen Bach ⁓ nach dem Ausblick auf das unterhalb der Wasserkuppe liegende Wüstensachsen wandern Sie durch Fichtenwald ⁓ an der Weggabelung rechts halten ⁓ nach gut 300 m führt links ein Zubringer nach Ehrenberg und Wüstensachsen, Sie gehen hier geradeaus.

9 15,7 (870) Folgen Sie am **Melpertser Rasenberg** dem Wegweiser Schwarzes Moor nach links ⁓ am folgenden Abzweig weiter geradeaus, der Weg folgt dem Waldrand, von dem sich Blicke ins Ulstertal und seine Ortschaften bieten ⁓ im Nordwesten ist das Hessische Kegelspiel zu sehen ⁓ der Abstieg übers Haberfeld führt zur **St 2287**.

10 17,6 (800) Überqueren Sie die Straße und wandern nach rechts weiter auf dem straßennahen Pfad ⁓ von links mündet ein Zubringer von Seiferts ein ⁓ geradeaus weiter ⁓ nach 1,3 km erreichen Sie das Schwarze Moor, wo auch ein Zubringer von Fladungen einmündet.

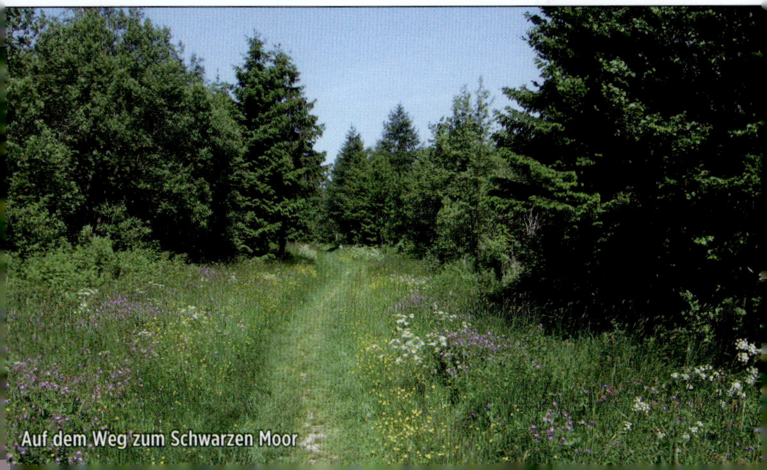
Auf dem Weg zum Schwarzen Moor

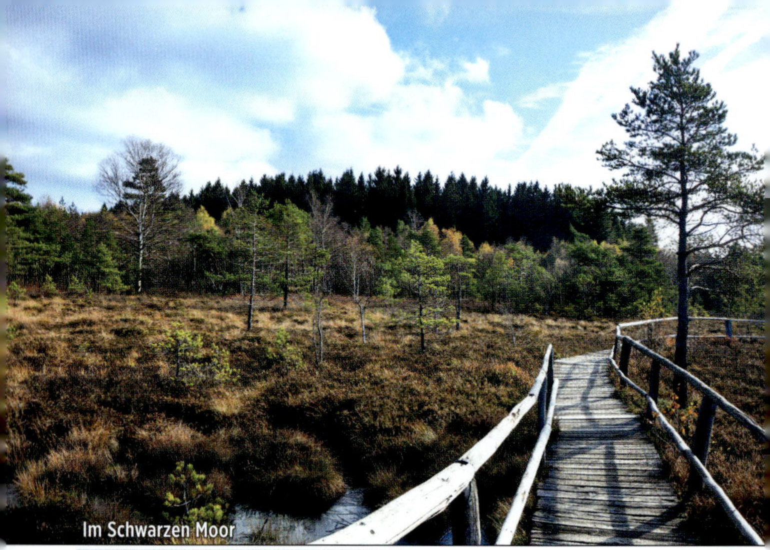
Im Schwarzen Moor

Schwarzes Moor (Gersfeld (Rhön))

Vorwahl: 09778

- **Informationsstelle am Schwarzen Moor**, Schwarzes Moor 1, ✆ 09774/910231 Rast- und Informationsanlage über das größte bayerische Naturschutzgebiet außerhalb der Alpen: die Kulturlandschaft „Lange Rhön“ und das Geotop „Schwarzes Moor“ mit Lehrpfad und Aussichtsturm. @ sgy265
- **Moorlehrpfad**, auf dem Bohlensteg. 23 Informationstafeln auf dem 2,7 km langen Wanderweg erklären Wissenswertes über diese reizvolle, farbenprächtige Landschaft. Vom Aussichtsturm blickt man nicht nur über das Moor, sondern auch weit in die Ferne. @ xna271
- **Bistro Schwarzes Moor**, Schwarzes Moor 1, ✆ 7488922, in der Saison tägl. 11-17 Uhr

Das 67 Hektar große Schwarze Moor ist das größte Hochmoor der Rhön. In der Kernzone des Biosphärenreservates Rhön lassen sich seltene und wichtige Moorpflanzen entdecken, etwa Sonnentau, Fettkraut, Moorbeere oder Wollgras.

Auf dem Grabenberg, ganz in der Nähe des Schwarzen Moores, stehen ein ehemaliger Grenzturm sowie Überreste der ehemaligen Grenzbefestigung. Eine Tafel informiert über die ehemalige deutsche Grenze.

Beim Informationszentrum am Schwarzen Moor, einem der absoluten Höhepunkte der Rhön, folgen Sie dem Hochrhöner zunächst auf befestigtem Weg nach links.

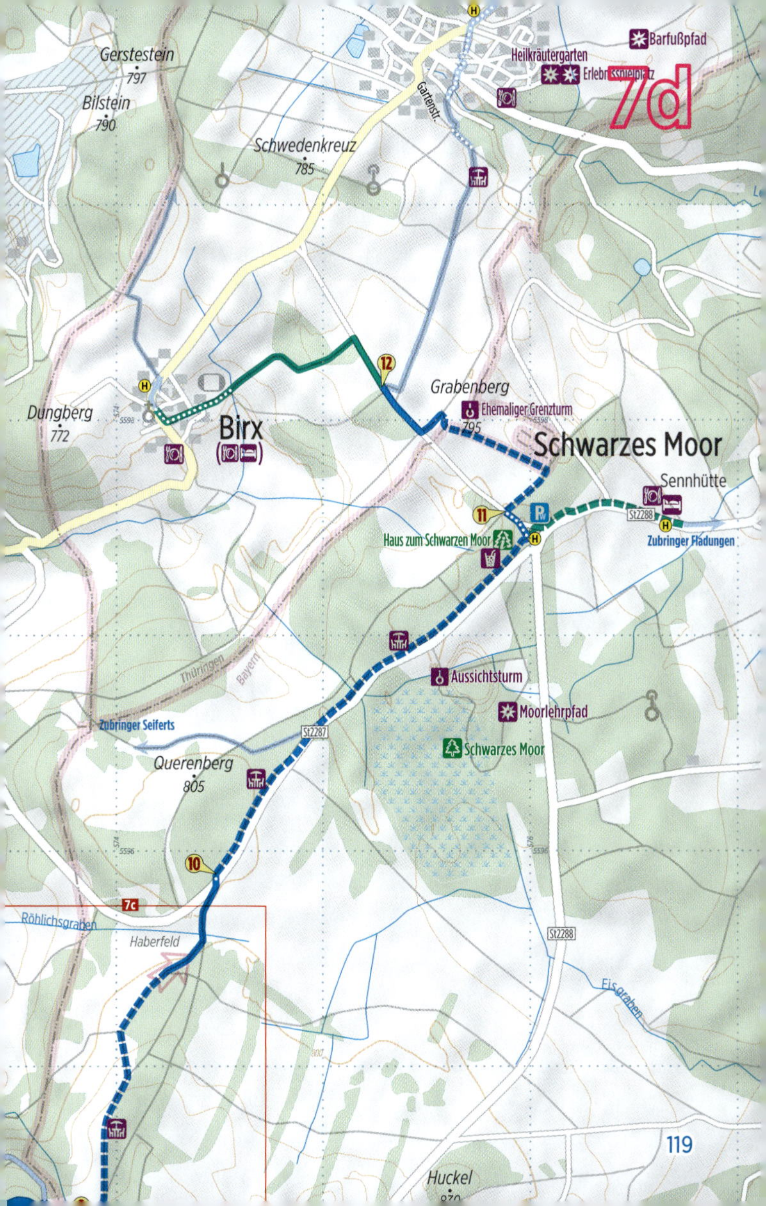

Gerstestein
797
Bilstein
790
Barfußpfad
Heilkräutergarten
Erlebnisspielplatz
7d
Gartenstr.
Schwedenkreuz
785
12
Grabenberg
Ehemaliger Grenzturm
795
Dungberg
772
Birx
Schwarzes Moor
Sennhütte
11
St2288
Haus zum Schwarzen Moor
Zubringer Fladungen
Aussichtsturm
Moorlehrpfad
Thüringen
Bayern
Zubringer Seiferts
St2287
Schwarzes Moor
Querenberg
805
10
7c
Röhlichsgraben
Haberfeld
St2288
Eisgraben
Huckel

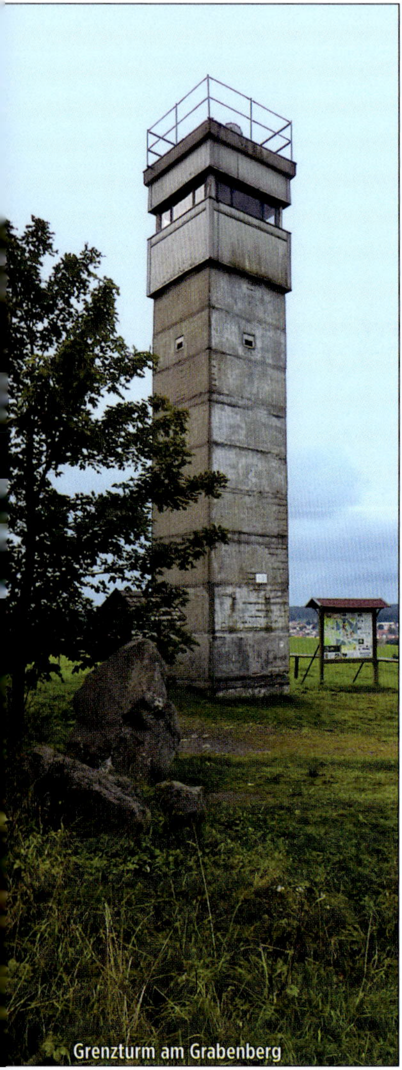
Grenzturm am Grabenberg

AUSFLUG Nach rechts der Hochrhönstraße in Richtung Fladungen folgend sind es nur wenige Minuten zur Sennhütte, wo sich einkehren und übernachten lässt.

Berggasthof Sennhütte, Sennhütte 1, Hochrhönstraße beim Schwarzen Moor, Fladungen, ✆ 09778/91010, Di, Sa, So 12-17 Uhr und 18-22 Uhr, Mi, Fr ab 15 Uhr, @ xkl771

11 20,0(785) Nach dem Ende des Parkplatzes biegen Sie rechts ab und folgen dem Pfad über die Wiesen ~ abschnittsweise führt der Weg über Bohlen ~ an der T-Kreuzung gehen Sie links.

TIPP Rechts der T-Kreuzung können Sie den Aussichtspunkt Grabenberg besteigen und zu einer Infotafel über die ehemalige innerdeutsche Grenze gehen.

Grabenberg (795 m)

Auf dem Grabenberg stehen neben einem ehemaligen Grenzturm auch Überreste der ehemaligen Grenzbefestigung.

Weiter auf dem Plattenweg abwärts, dann rechts und an einem Wäldchen vorbei.

Botanik am Wegesrand

Entlang des Plattenweges wachsen zahlreiche etwa Anfang Juli blühende Türkenbundlilien. Die wunderschöne, geschützte Pflanze mit ihren nach außen gerollten Blütenhüllblättern hat eine eurosibirische Verbreitung und ist die einzige in Deutschland wild vorkommende Lilie. Etwa zur selben Zeit blüht hier die Pfirsichblättrige Glockenblume mit ihren großen blauen Blüten.

12 21,2 (780) Am Ende des Wäldchens biegt rechts der Hochrhöner nach Frankenheim ab, hier endet zugleich die Etappe.

ZUWEG Vom Abzweig ist es noch ein reichlicher Kilometer bis nach Birx, wo sich einkehren und übernachten lässt.

Zugang nach Birx 1,3 km

Gehen Sie beim Abzweig nach Frankenheim weiter geradeaus auf dem Fahrweg ~ wenig später links und hinab durch ein Wäldchen ~ dahinter wandern Sie durch Wiesen mit Lesesteinen ~ nach dem Weiher in den Ort hinein und bis zur Kreuzung mit der **Hauptstraße**.

Birx

Vorwahl: 036946

- **Flechsenberger Hof**, Seifertser Str. 18, ✆ 32110, Do-Di ab 11 Uhr, @ saw167
- **Rhönstübchen**, Seifertser Str. 3, ✆ 31300, ✆ 31112, ✆ 0174/5217091, Di-Fr ab 17 Uhr, Sa, So ab 11.30 Uhr, @ wls312

TIPP Weitere Quartiere gibt es im 3 km entfernten Nachbardorf Seiferts, das entlang der ruhigen Landstraße zu erreichen ist. Auf der zweiten Hälfte, kurz nach dem Abbiegen auf die L 3476, lässt sich linksseitig ein hübscher Pfad entlang eines Baches nutzen.

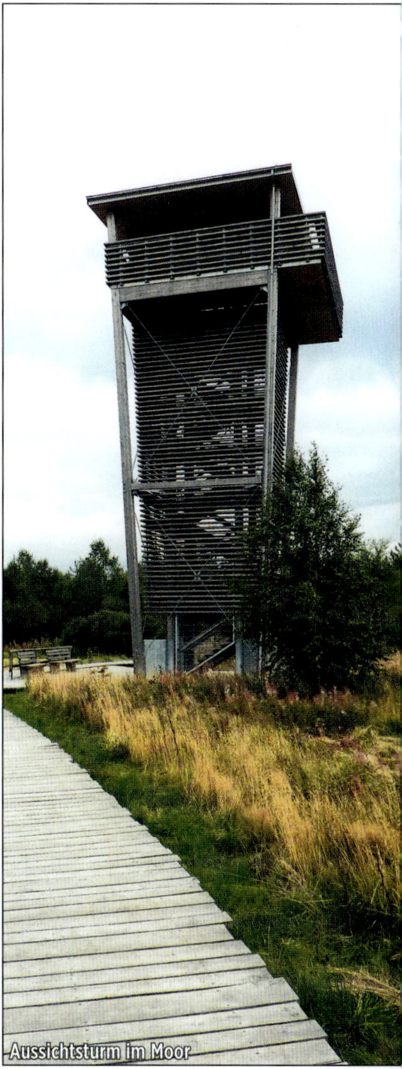
Aussichtsturm im Moor

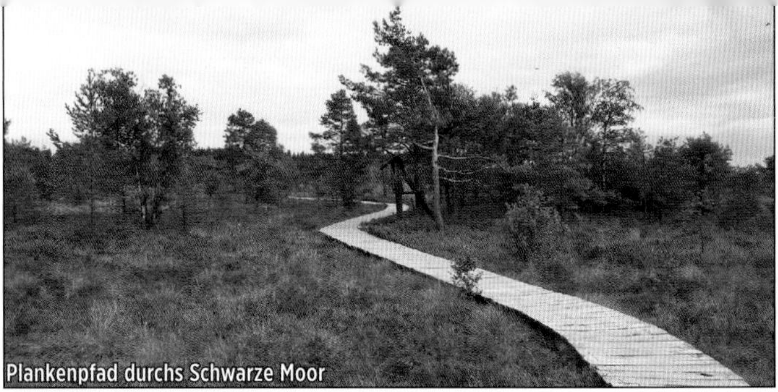

Plankenpfad durchs Schwarze Moor

Moore der Rhön: Das Schwarze Moor

Das Schwarze Moor erstreckt sich über 67 Hektar in der Bayerischen Rhön, nahe an der Grenze zu Hessen und Thüringen. Es ist das größte Moor der Rhön und eines der bedeutendsten in Mitteleuropa. Deshalb gehört es zur Kernzone des Biosphärenreservats der Rhön und zu den 100 schönsten Geotopen Bayerns. Das Schwarze Moor erfüllt in etwa 780 Meter Höhe eine Hangmulde unterhalb des Querenberges. Die Entwässerung erfolgt nach Süden über die zum Main orientierte Streu und nach Norden über die Ulster in Richtung Werra. Dadurch befindet sich im Moor die Wasserscheide zwischen dem Rhein und der Weser, die jedoch beide zur Nordsee fließen. Das Schwarze Moor weist besonders viele Vertiefungen auf. Die länglichen Flarken bilden sich, wie die Risse im Gletschereis, durch Bewegungen des Moores. Die auch als Mooraugen bezeichneten rundlichen Kolke haben eine Fläche bis 500 Quadratmeter und eine Tiefe bis 2,5 Meter. Entstehung, Gliederung und Pflanzenbestand des Schwarzen Moores entsprechen etwa dem des kleineren Roten Moores. Aus der reichhaltigen Tierwelt sind Raritäten aus den Gruppe der Schmetterlinge und Libellen, sowie die Birkhühner besonders zu erwähnen. Diese sind außerhalb der Alpen vom Aussterben bedroht und deshalb hier unter besonderen Schutz gestellt worden. Für den interessierten Wanderer ist das Schwarze Moor durch einen 2,2 Kilometer langen Bohlensteg mit zahlreichen Informationstafeln und einem Aussichtsturm vorbildlich erschlossen. Der Name „Schwarzes Moor" geht auf Untersuchungen eines Naturforschers zu Beginn des 19. Jahrhunderts zurück. Dieser beobachtete, dass das auch im Roten Moor vorkommende rote Torfmoos im Schwarzen Moor wegen der hier größeren Feuchtigkeit schneller verdirbt und dabei schwarz wird.

Neben Kreuzberg und Wasserkuppe ist das Schwarze Moor das beliebteste Ausflugsziel der Rhön.

Etappe 8 14,7 km

Von Birx nach Kaltennordheim (Ostroute Lange Rhön)

Start:	Abzweig Birx		
Ziel:	Abzweig Kaltennordheim		
Aufstieg:	134 m	*Hartbelag:*	10 %
Abstieg:	403 m	*Wanderwege:*	48 %
Gehzeit:	3,5 - 4 Std.	*Wanderpfade:*	42 %

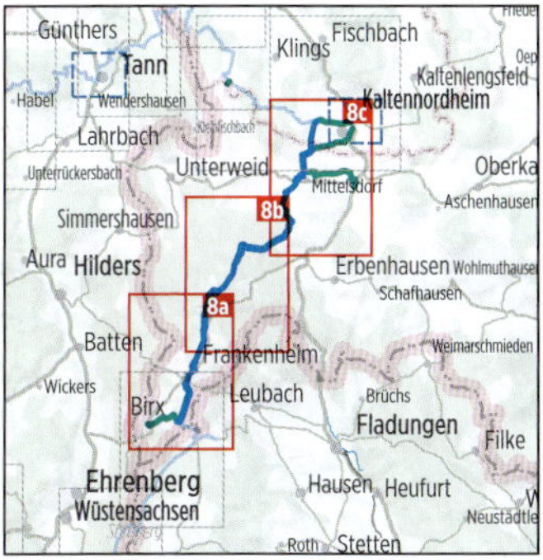

Am Nordostrand der Rhön

Auf dieser Etappe führt die Route über ausgedehnte Bergwiesen, die teilweise von Felsbrocken verschiedener Größe bedeckt sind – Zeugnissen aus dem Eiszeitalter, als die Rhön zwar nicht vergletschert war, jedoch im Bereich des Tundrenklimas lag. Doch man wandert auch durch Waldgebiete und an Waldrändern entlang. Im Lahrbachtal vor Kaltenwestheim geht es auf schmalen Pfaden mitten durch blühende Wiesen. Schöner kann man einen Wanderweg kaum anlegen. Höhepunkt der Tour ist der 813 Meter hohe Ellenbogen mit seinem markanten Aussichtsturm.

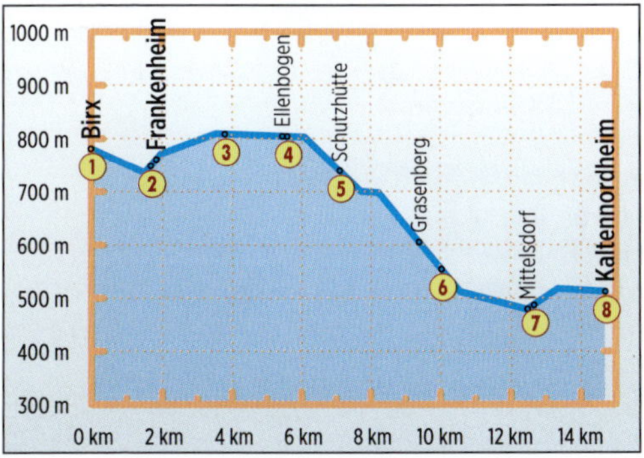

Von oben gibt es eine großartige Aussicht auf die umgebenden Berge und in die Ferne, so zum Inselsberg im Thüringer Wald und bei entsprechendem Wetter bis zum Großen Meißner. Auch die verspielte Anlage des nahen Thüringer Rhönhauses werden die Wanderer zu schätzen wissen.

Birx

Zugang zum Hochrhöner 1,3 km

Von der **Hauptstraße** unweit der Kirche gehen Sie auf dem **Hutweg** in Richtung Grabenberg ⇝ vorbei an einem Weiher, dann an Lesesteinen entlang zum Wäldchen hinauf ⇝ am Wald der Rechts-Links-Kombination folgen ⇝ am breiten Weg gehen Sie rechts ⇝ beim Hochrhöner-Abzweig am Grabenberg gehen Sie links Richtung Frankenheim.

1 0,0 (780) Vom Schwarzen Moor kommend biegen Sie rechts Richtung Frankenheim ab ⇝ nach zwei Kehren auf dem Pfad entlang einer Baumreihe abwärts neben steinigen Wiesen, mit Aussicht auf den Thüringer Wald ⇝ links ab, kurz auf dem Plattenweg und nach dem Wäldchen rechts ⇝ am Ortsbeginn von Frankenheim die Straße Untere Ecke und den Leubach überqueren, dann etwas hinauf.

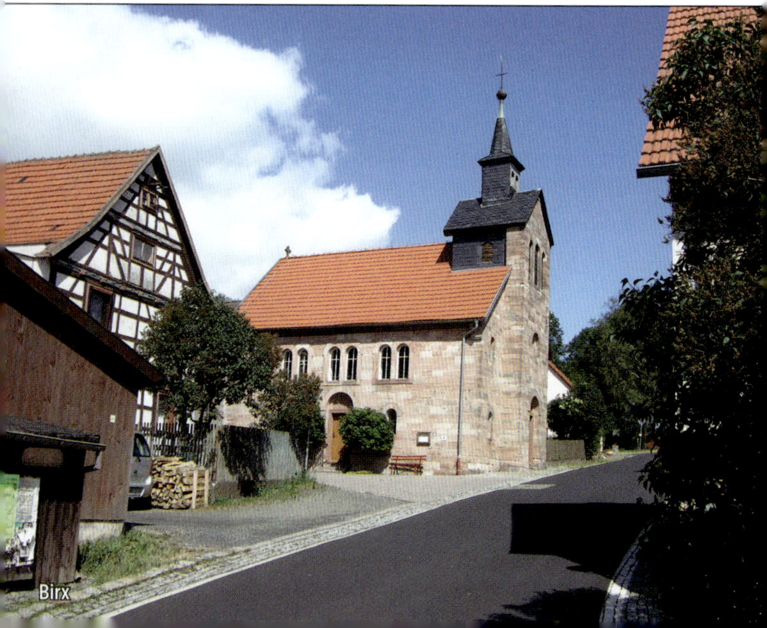

Birx

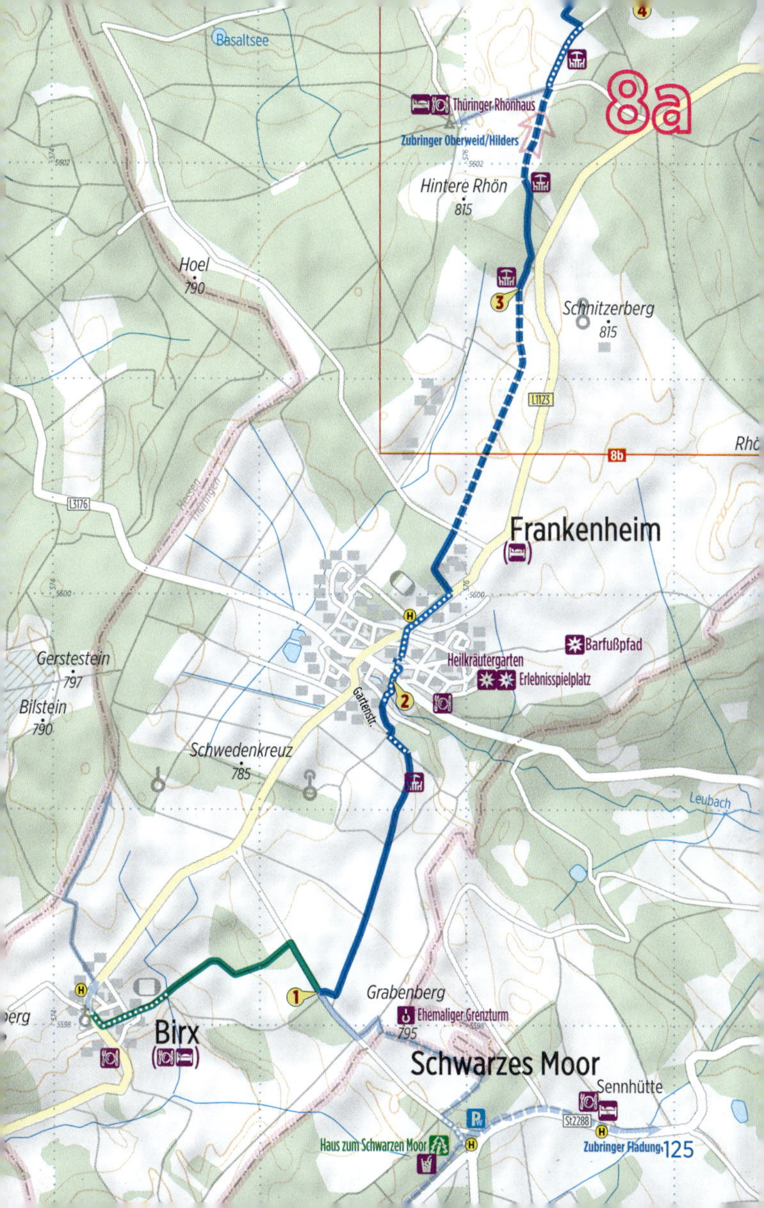

8a
Basaltsee
Thüringer Rhönhaus
Zubringer Oberweid/Hilders
Hintere Rhön
815
Hoel
790
Schnitzerberg
815
L1123
8b
L3176
Frankenheim
Barfußpfad
Heilkräutergarten
Erlebnisspielplatz
Gartenstr.
Gerstestein
797
Bilstein
790
Schwedenkreuz
785
Leubach
Grabenberg
Ehemaliger Grenzturm
795
Birx
Schwarzes Moor
Sennhütte
St2288
Haus zum Schwarzen Moor
Zubringer Fladungen

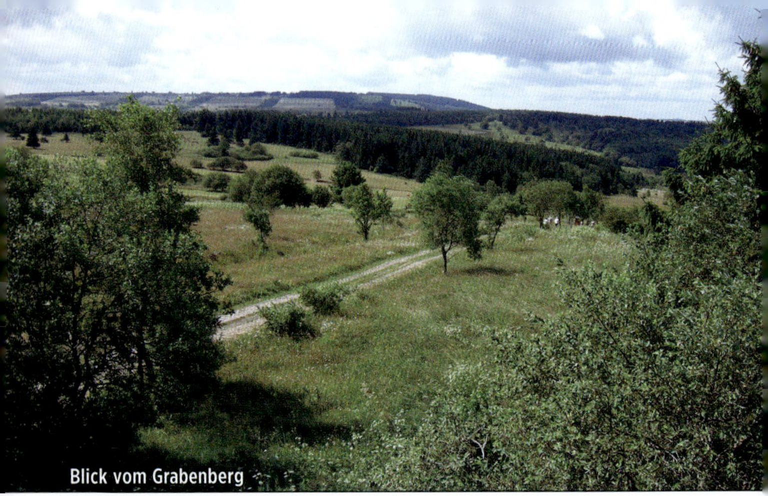

Blick vom Grabenberg

Frankenheim

Vorwahl: 036946

- **Gemeinde Frankenheim**, Am Friedhof 5, ✆ 31610, @ wyp284
- **Barfuß-Panorama-Weg**, Angerweg. Auf 3 km lässt sich die Rhön ohne Strümpfe und Schuhe erleben, u. a. auf körnigem Sand, weichem Moos oder kitzelndem Rindenmulch, auch auf regionalen Materialien wie Basaltgestein oder Holz. Start ist am Heilkräutergarten, am Verlauf liegen der ehemalige Kolonnenweg der Grenzer sowie die Schwedenschanze mit dem Aussichtspunkt Heimatblick. Informationen bei der Gemeinde Frankenheim.
- **Erlebnisspielplatz Hählwald**, neben dem Heilkräutergarten. Mit großer Kletterspinne und vielen Informationen zu Fauna, Flora und Geologie der Rhön.
- **Heilkräutergarten**, Angerweg, ⏲ Mai-Okt. ganztägig. Hier lassen sich heimische Pflanzen und Heilkräuter sowie deren Wirkung erkunden. Infos bei der Gemeinde Frankenheim. Gleich daneben gibt es ein kleines Heckenlabyrinth.
- **Schweinebucht**, Angerweg 20, ✆ 32036, ⏲ tägl. 11-20 Uhr, @ ytq176

Das „gesunde Dorf" Frankenheim liegt in Thüringen, nahe der Grenzen zu Bayern und Hessen in einer Höhe zwischen 750 und 780 Meter, womit es sich um das höchstgelegene Dorf der Rhön handelt. Auf Grund seiner Lage war es im Mittelalter Streitobjekt zwischen den in der Rhön begüterten Herrschaften, den Bistümern Fulda und Würzburg sowie den Herrn von der Tann und den Grafen von Henneberg. Auf Grund der ungünstigen Bedingungen für die Landwirtschaft war hier die handwerkliche Produktion verschiedener Gegenstände stark ausgeprägt. Die Kirche wurde im 19. Jahrhundert erbaut.

Frankenheim

2 1,7 (750) Wenig später über die L 1125 und neben der Kirche weiter hinauf auf **Treppen** ~ an der **L 1123** rechts, dann 250 m nach der Hochrhönhalle links ab und dem Waldrand folgen ~ nach Querung einer Straße verläuft der Weg über ein Weidegebiet ~ etwa 300 m rechts des Weges befindet sich der Schnitzersberg mit seinem Sendeturm, mit 815 m höchster Berg der Thüringer Rhön.

Zur Rhöner Vogelwelt

In diesem Gebiet kann man häufig den Rotmilan mit seinem tief gegabelten, rotbraunen Schwanz im Flug beobachten.

3 3,8 (810) Sie erreichen den Waldrand mit einem überdachten Rastplatz ~ nach einer Waldpassage wieder am Waldrand entlang, dabei mit Aussicht nach Nordwesten zum dicht bewaldeten Auersberg ~ über die Straße und vorbei am überdachten Rastplatz.

AUSFLUG Am Rastplatz führt ein Zubringer nach links zum märchenhaft anmutenden Thüringer Rhönhaus und weiter nach Oberweid, Hilders oder Simmershausen.

Thüringer Rhönhaus (Frankenheim)

Christophorus-Kapelle, Rhönhausstr. 2009 errichteten die Wirtsleute vom Rhönhaus die kleine Kapelle, die das märchenhafte Ensemble rund um das Rhönhaus gut ergänzt.

Thüringer Rhönhaus, Rhönhausstr. 1, ✆ 036946/32060, Mai-Okt., tägl. 11-18 Uhr, Nov.-April seltener. Rustikaler Berg-Gasthof mit Biergarten und sehr schönen Außenanlagen, darunter Fischteiche, Tiergehege und kleine Parks mit Wasserläufen und hiesigen Gesteinen. @ hvx771

Geradeaus weiter, dann links um ein Waldgebiet und zur Wegkreuzung am Ellenbogen, dessen aussichtsreiche Kuppe sich wenige Meter neben dem Hochrhöner befindet, dort befindet sich ein markanter Aussichtsturm mit Rastplatz.

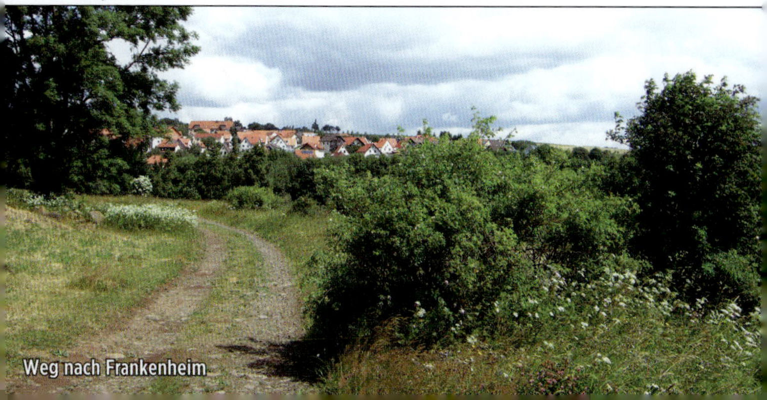

Weg nach Frankenheim

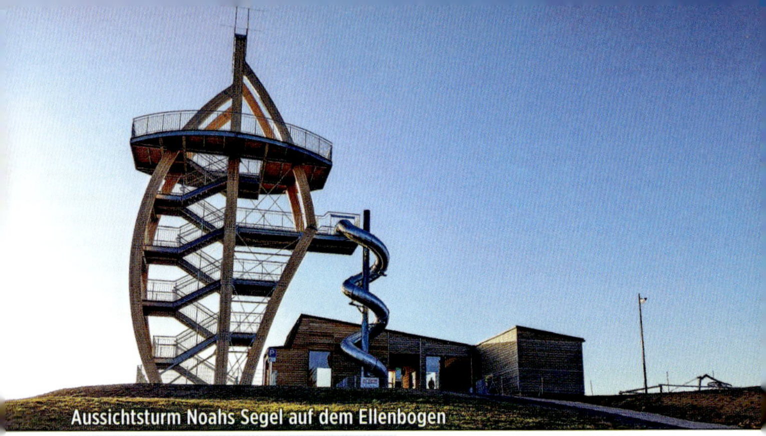

Aussichtsturm Noahs Segel auf dem Ellenbogen

Ellenbogen (Erbenhausen)

Noahs Segel. Seit 2017 steht auf dem Ellenbogen ein Aussichtsturm der Sonderklasse. Vom 23 m hohen Gebilde bietet sich ein Panoramablick über die Rhön von Thüringen bis nach Bayern und Hessen. Eine Besonderheit ist, dass der Abstieg in wenigen Sekunden über die 12 m hohe Röhrenrutsche erledigt werden kann. Am Fuß des Turmes gibt es neben modernen Ausstellungs- und Rasträumen auch Liegebänke für Sternengucker und eine Sommer-Rodelbahn, ferner einen Spielplatz. @ buw877

Von Südwest bis Westnordwest sieht man Wasserkuppe, Milseburg und den dicht bewaldeten Auersberg, im Norden in der Ferne den Baier und näher den Gläser-Berg. Im Nordosten erblickt man den Turm auf dem Pleß und dahinter den Kamm des Thüringer Waldes mit dem Inselsberg.

Auf der Höhe des Aussichtsturms gehen Sie rechts zum Berghotel Eisenacher Haus.

TIPP Bei Erscheinen des Buches war das Eisenacher Haus ohne Bewirtschaftung, ein neuer Pächter wird gesucht. Informieren Sie sich ggf. aktuell.

4 5,6 (805) Am Eisenacher Haus links und an diesem vorbei ⤳ wieder in den Wald hinein ⤳ bald steiler hinab.

Botanik am Wegesrand

In diesem Waldgebiet können im Juni der hochgiftige, gelbe Wolfseisenhut und die Türkenbundlilie vorkommen.

5 7,1 (740) Unten am Fahrweg links und vorbei am Rastplatz mit Aussicht nach Osten ⤳ wieder in den Wald hinein, dann an der Weggabelung weiter geradeaus ⤳ bald darauf dem weiten Rechtsbogen folgen ⤳ durch streckenweise sehr lockeren Wald und entlang einer großen Wiesenlichtung.

Botanik am Wegesrand

An den Wegrändern blüht Echter Baldrian mit seinen schirmförmigen rosa

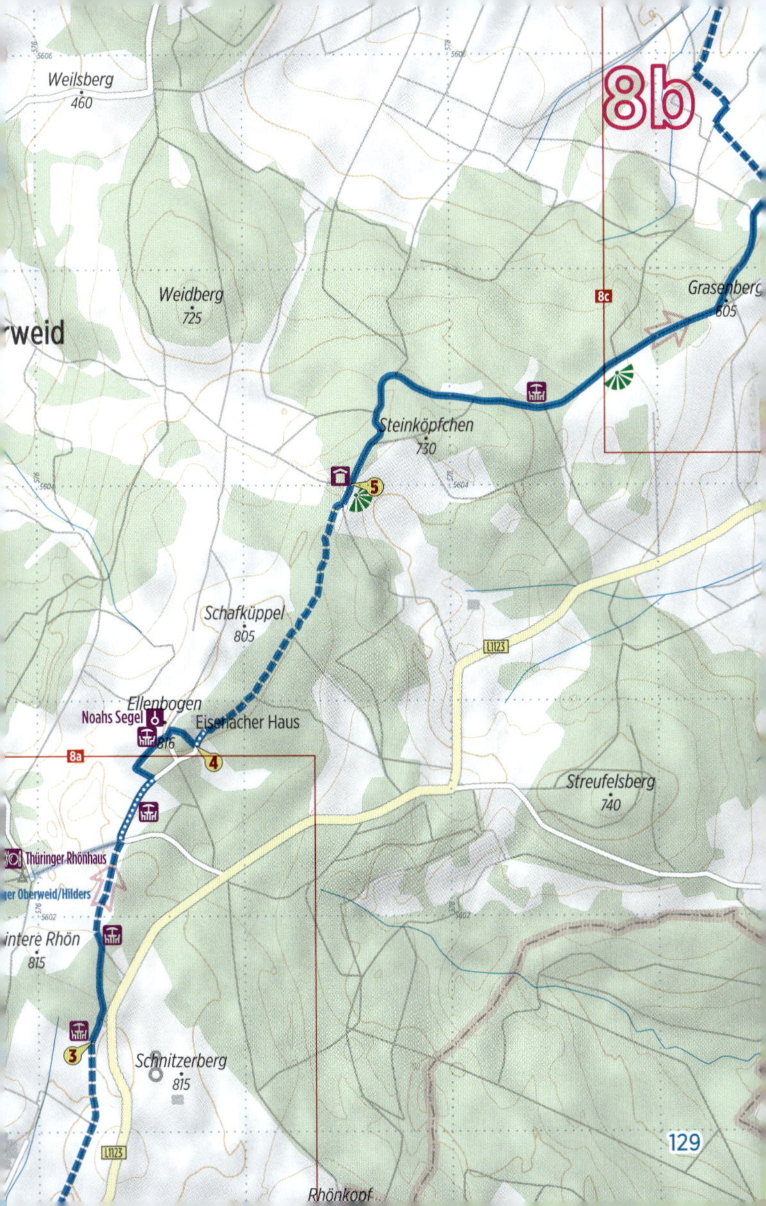
8b
Weilsberg
460
Weidberg
725
rweid
Grasenberg
605
8c
Steinköpfchen
730
5
Schafküppel
805
L1123
Ellenbogen
Noahs Segel
816
Eisenacher Haus
4
8a
Streufelsberg
740
Thüringer Rhönhaus
er Oberweid/Hilders
intere Rhön
815
3
Schnitzerberg
815
L1123
Rhönkopf

Blütenständen, Weißes Mädesüß mit seinen stark geteilten Blättern und die zartviolette Waldwicke.

Nach einem **Rastplatz** am aussichtsreichen Waldrand bald wieder durch ein Waldstück, an einem Aufschluss wird sichtbar, dass hier der Muschelkalk beginnt ⤳ bei erster Gelegenheit links abzweigen ⤳ nach ein paar Minuten erreichen Sie eine Wacholderheide.

Botanik am Wegesrand

Man findet hier im Juli die Zypressenwolfsmilch (gelb), das Sonnenröschen (gelb), die Pfirsichblättrige Glockenblume (blau), den Hauhechel (rosa), die Große Brunelle (blau) und den Klappertopf (gelb).

6 10,0 (555) Im Bereich der Wacholderheide biegt der Hochrhöner nach links ab und verlässt für diese Etappe endgültig den Wald ⤳ es folgt ein Abstieg über Wiesen und vorbei an Getreidefeldern ⤳ am Wirtschaftsweg rechts und bald wieder links ⤳ weiter hinab ins Tal des **Lahrbaches** ⤳ am Bach entlang, dann auf dem Fahrweg an die linke Bachseite wechseln ⤳ die Straße von Mittelsdorf nach Kaltenwestheim queren ⤳ nach einer Rechts-Links-Kombination biegen Sie beim Abzweig des Zubringer nach Kaltenwestheim rechts ab ⤳ kurz darauf im Ort scharf links in die Straße **Linsenhof** und über einen Bach.

7 12,7 (485) Hinter den letzten Häusern erreichen Sie am Rastplatz einen Abzweig.

AUSSTIEG: Rechts können Sie auf einem Zubringer in 2,5 km nach Kaltensundheim gelangen.

Zuweg Kaltensundheim 2,5 km

Gehen Sie am Rastplatz rechts ⤳ nach 400 m rechts ⤳ über den Bach Lotte und dann links ⤳ über zwei Wegkreuzungen ⤳ im weiten Rechtsbogen um das **Gewerbegebiet** herum ⤳ noch vor den ersten Häusern links ⤳ über die Felda, dahinter rechts halten ⤳ an der Straße **Pförtchen/B 285** rechts bis zur mächtigen Kirchenburg und etwas weiter zum Gasthaus.

Kaltensundheim

Vorwahl: 036946

Dorfmuseum im alten Backhaus, Backg. 6 Ⓒ Im malerischen Fachwerkbau von 1704 findet sich eine Ausstellung zur Ortsgeschichte, dem ländlichen Brauchtum und der DDR-Geschichte.

Gotische Wehrkirche, Knottenberg. Die Kirche aus dem Jahre 1604 steht auf der höchsten Stelle des Ortes auf den Resten einer einstigen Burg.

Zur guten Quelle, Hauptstr. 7-9, ✆ 3850, 🕓 Di-Do 17-22 Uhr, Mi, Do auch 11-14 Uhr, Fr-So 11-22 Uhr, @ spq626

Eddis Eiscafé, Hinterm Kirchhof 11, ✆ 20712, 🕓 Sa-Mo 14-21 Uhr, @ dfx534

Auf der Hauptroute setzt sich der Hochrhöner auf dem Weg links des Rastplatzes fort, der Weg verläuft

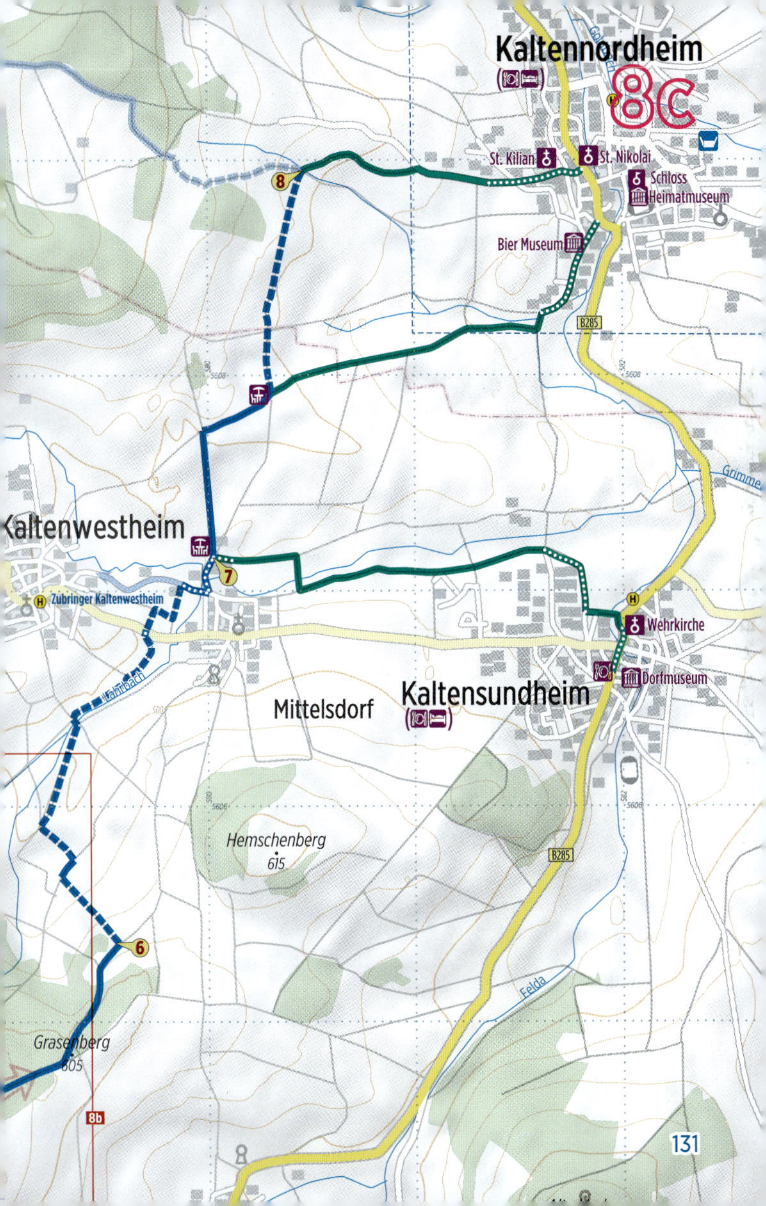
Kaltennordheim
8c
St. Kilian
St. Nikolai
Schloss
Heimatmuseum
Bier Museum
B285
Grimme
Kaltenwestheim
Zubringer Kaltenwestheim
Lahrbach
Wehrkirche
Dorfmuseum
Kaltensundheim
Mittelsdorf
Hemschenberg
615
Felda
Grasenberg
605
8b
6
7
8

im sanften Anstieg ⤳ an der Wegekreuzung gehen Sie rechts ⤳ nach 400 m am **Rastplatz** mit Panoramatafel links abbiegen.

ZUWEG Bereits hier können Sie geradeaus nach Kaltennordheim wandern und kommen so direkt am Bier-Museum vorbei.

Botanik am Wegesrand

Die Wegränder leuchten im Sommer in allen Farben, weißgelb die Geruchlose Kamille, dunkelblau Kornblumen und Vogelwicke, hellblau die Wegwarte und rot der Mohn. In den Sinn kommen einem Theodor Fontanes Verse „An einem Sommermorgen, da nimm den Wanderstab, es fallen deine Sorgen wie Nebel von dir ab ...“

Geologie am Wegesrand

Die Lesesteine weisen darauf hin, dass man sich nicht mehr im Bereich der vulkanischen Gesteine befindet.

Auf der Hauptroute führt der Weg über Felder mit Blick auf den Umpfen mit seinem Sendeturm im Nordosten, rechts liegt Kaltennordheim im Feldatal ⤳ durch eine Senke ⤳ Sie wandern entlang eines Heckenstreifens.

8 14,7 (510) An der Wegkreuzung haben Sie das Etappenziel erreicht.

ZUWEG Von hier führt rechts ein Hochrhöner-Zubringer nach Kaltennordheim, wo es Übernachtungsmöglichkeiten gibt.

Nach Kaltennordheim 1,4 km

Folgen Sie dem geschwungenen Wegverlauf ⤳ am Ende rechts auf den breiteren Weg und bis zum Ortsbeginn ⤳ weiter auf der Straße **Kirchtor** ins Ortszentrum und bis zur Kirche.

Kaltennordheim

Vorwahl: 036966

Bier Museum, Fulder Str. 6, ✆ 83490 Historische Brauereitechnik, die

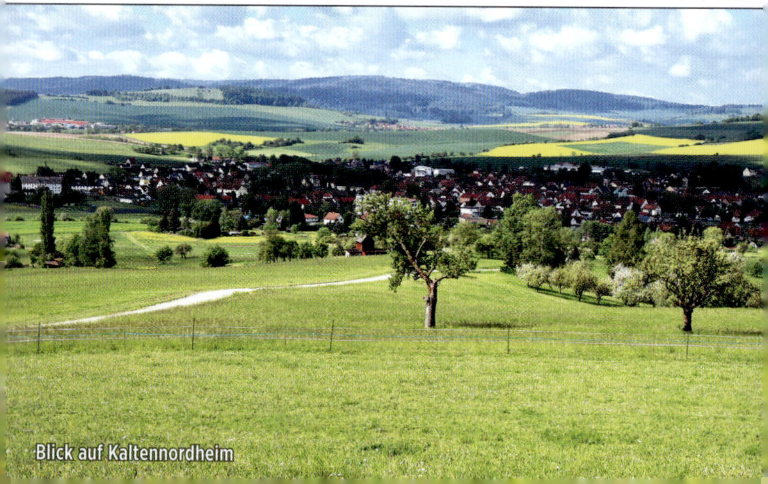
Blick auf Kaltennordheim

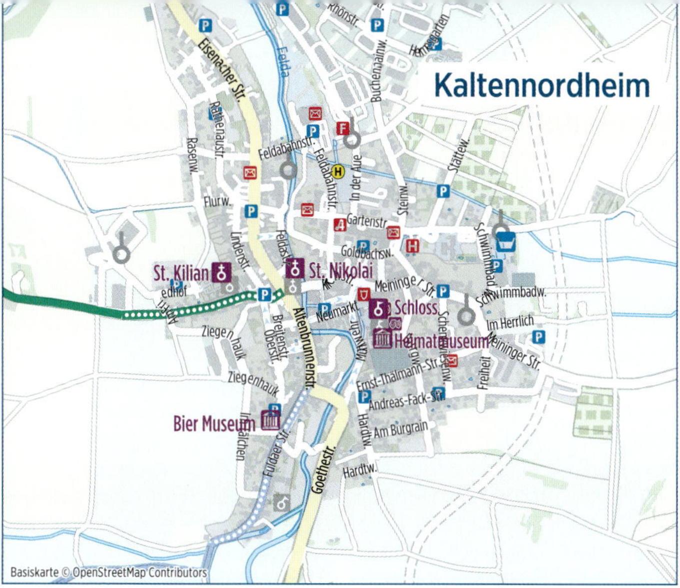

Braugeschichte eines Jahrhunderts sowie allerhand Kurioses rund ums Bier gibt es hier zu sehen. Mit Möglichkeit zur Verkostung. @ cuv471

Heimatmuseum, Schlosshof 4, im Schloss, ✆ 84623 Das Museum informiert über das bürgerlich-bäuerliche Leben um die Jahrhundertwende.

Friedhofskirche St. Kilian, Kirchtor. Die Kirche aus dem 15. Jh. ist die älteste der Stadt und zudem die älteste noch erhaltene Steinkirche im Feldatal.

Stadtkirche St. Nikolai, Kirchstr. Nach einem Brand 1858, der weite Teile der Stadt zerstört hat, wurde die Kirche bis 1867 im neugotischen Stil wiedererbaut.

Schloss. Für dessen Neubau wurden 1754 die Steine der alten Wasserburg Meerlinse (14. Jh.), auch Merlinsburg genannt, verwendet. Von der mittelalterlichen Burg sind nur noch Reste der Ringmauer und Teile des Haupt- und Torturms erhalten.

Amtshaus. Das schlichte Gebäude wurde 1754 auf der Mauer der alten Hennebergischen Merlinsburg gebaut.

Kaltennordheimer Heiratsmarkt, Wilhelm-Külz-Pl. Der einstige Bauernmarkt findet seit 1563 jeweils zu Pfingsten statt und ist heute ein bekanntes, nicht eben kleines Volksfest. @ aou653

Gasthaus Zum Hirsch, Wilhelm-Külz-Pl. 4, ✆ 274897, Fr-Mi 17-21 Uhr, MI, Fr-So auch 11-14 Uhr, @ kiv676

Die Rhön: Landformung im Eiszeitalter

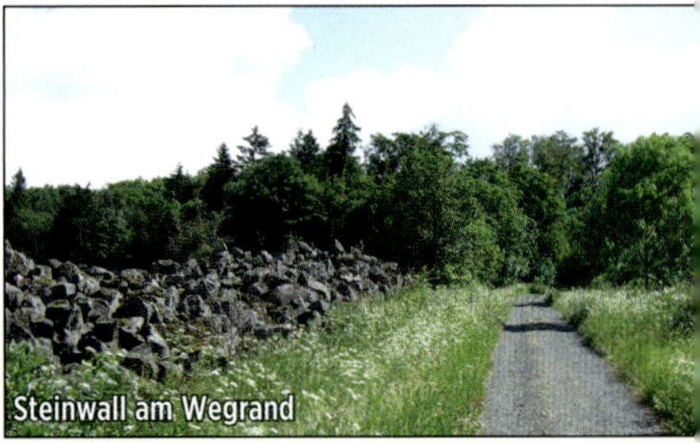
Steinwall am Wegrand

Im Eiszeitalter wechselten Kalt- und Warmzeiten miteinander ab. Während der Kaltzeiten erfolgten Eisvorstöße von Norden und Süden. Dazwischen befand sich ein eisfreies Gebiet, zu dem auch die Rhön gehörte. In diesem herrschten Klimabedingungen wie in der heutigen Tundra. Durch starke Temperaturunterschiede zerfielen auch der Phonolith und der Basalt in einzelne Blöcke, die an steileren Hängen Blockmeere bildeten, die im Buch bereits mehrfach erwähnt wurden. Durch häufiges Gefrieren und Wiederauftauen des Bodens kam es auch im flacheren Gelände zu einer Bewegung und Verbreitung der Blöcke, dem sog. Solifluktionsblockstreu. In der NS-Zeit wurde der Reichsarbeitsdienst beauftragt, die Blöcke aus den Wiesen zu entfernen, um die landwirtschaftlichen Möglichkeiten in der Rhön zu verbessern. Dieses Vorhaben ist letztlich nicht gelungen, sodass nur noch Wälle aus Lesesteinen wie z. B. bei Birx daran erinnern. Verstreute Blöcke findet man z. B. beim Abstieg nach Birx und im Bereich des Ellenbogens.

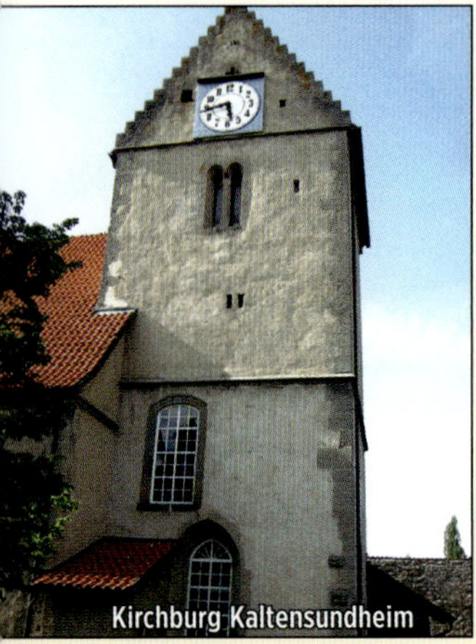
Kirchburg Kaltensundheim

Das deutsche Sibirien

Sind Ihnen schon die vielen Orte mit „kalten“ Namen aufgefallen? Die etwa 550 Meter hoch gelegene Gegend um Kaltensundheim, Kaltenlengsfeld, Kaltennordheim und Kaltenwestheim am Nordostrand der Rhön wird wegen ihres rauen Klimas auch „Das deutsche Sibirien“ genannt. Der Etappenort Kaltensundheim besitzt auf einem Muschelkalkfelsen an der Stelle einer einstigen Burg eine spätgotische Kirchenburg, von der die Ringmauer, das Torhaus und die Stallungen erhalten sind. Von den ehemaligen vier Wehrtürmen soll einer nach den alten Vorlagen wiederhergestellt werden. In der Ortschaft befinden sich Fachwerkhäuser aus dem 17. und 18. Jahrhundert.

Etappe 9 19,8 km

Von Kaltennordheim zum Abzweig Dermbach (Ostroute Lange Rhön)

Start: Abzweig Kaltennordheim
Ziel: Abzweig Dermbach
Aufstieg: 474 m
Abstieg: 554 m
Gehzeit: 5 - 6 Std.
Hartbelag: 14 %
Wanderwege: 58 %
Wanderpfade: 28 %

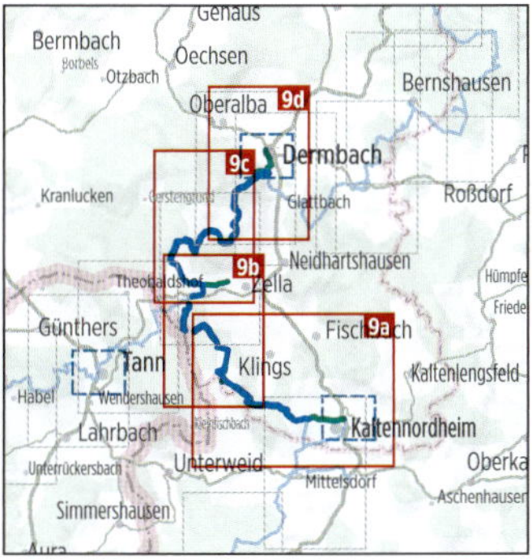

Hoch über dem Feldatal

Die Wanderetappe verläuft reich an Aussichten hoch über dem Feldatal. Zunächst wird bei Kaltennordheim ein Höhenzug erklommen, danach wandern Sie sehr abwechslungsreich durch Wäldchen, an deren Rändern entlang und im Bereich hoch gelegener Wiesen. Von den hervorragenden Aussichtspunkten dieser Etappe empfiehlt sich besonders jener bei der sagenumwobenen Hexenlinde, da

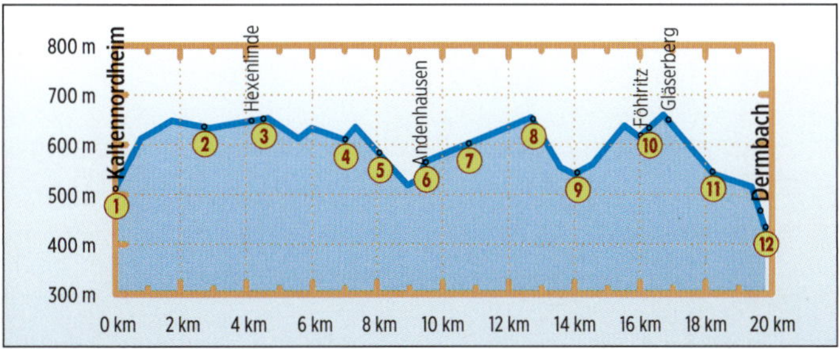

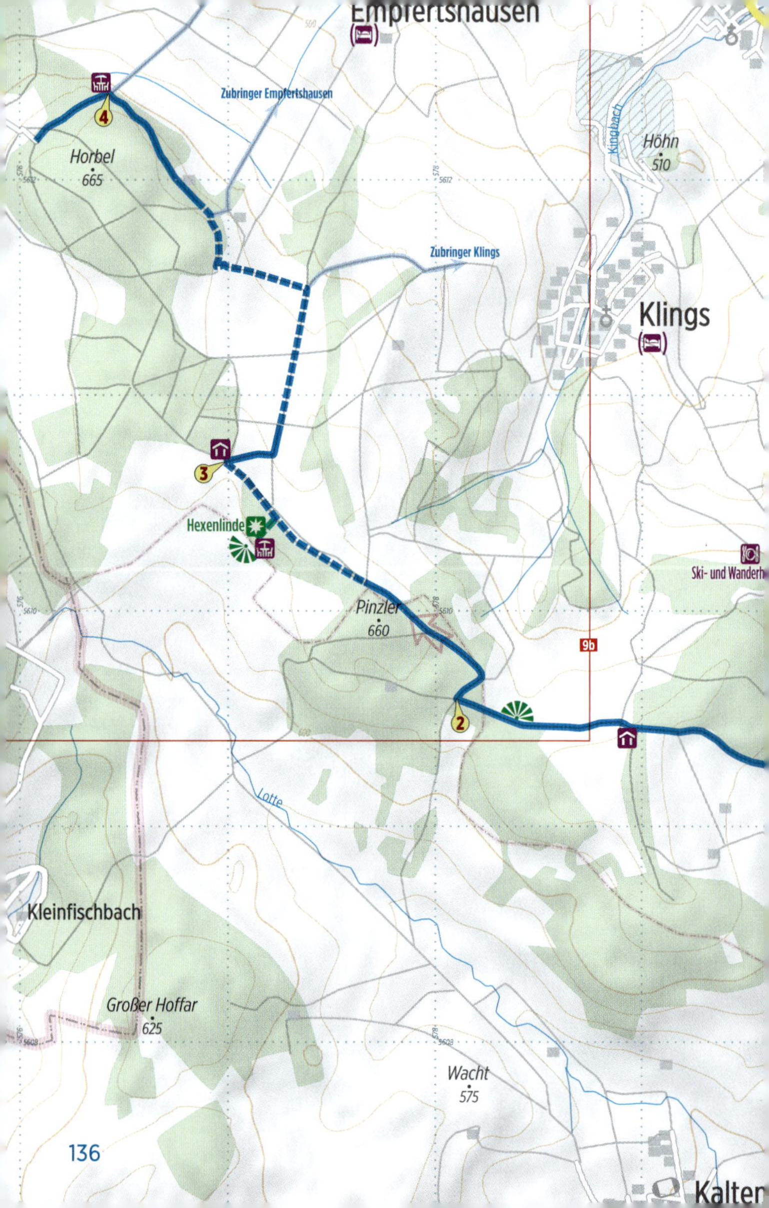
Empfertshausen
Zubringer Empfertshausen
Horbel
665
4
Zubringer Klings
Höhn
510
Kinglbach
Klings
3
Hexenlinde
Ski- und Wanderh
Pinzler
660
9b
2
Lotte
Kleinfischbach
Großer Hoffar
625
Wacht
575
Kalten

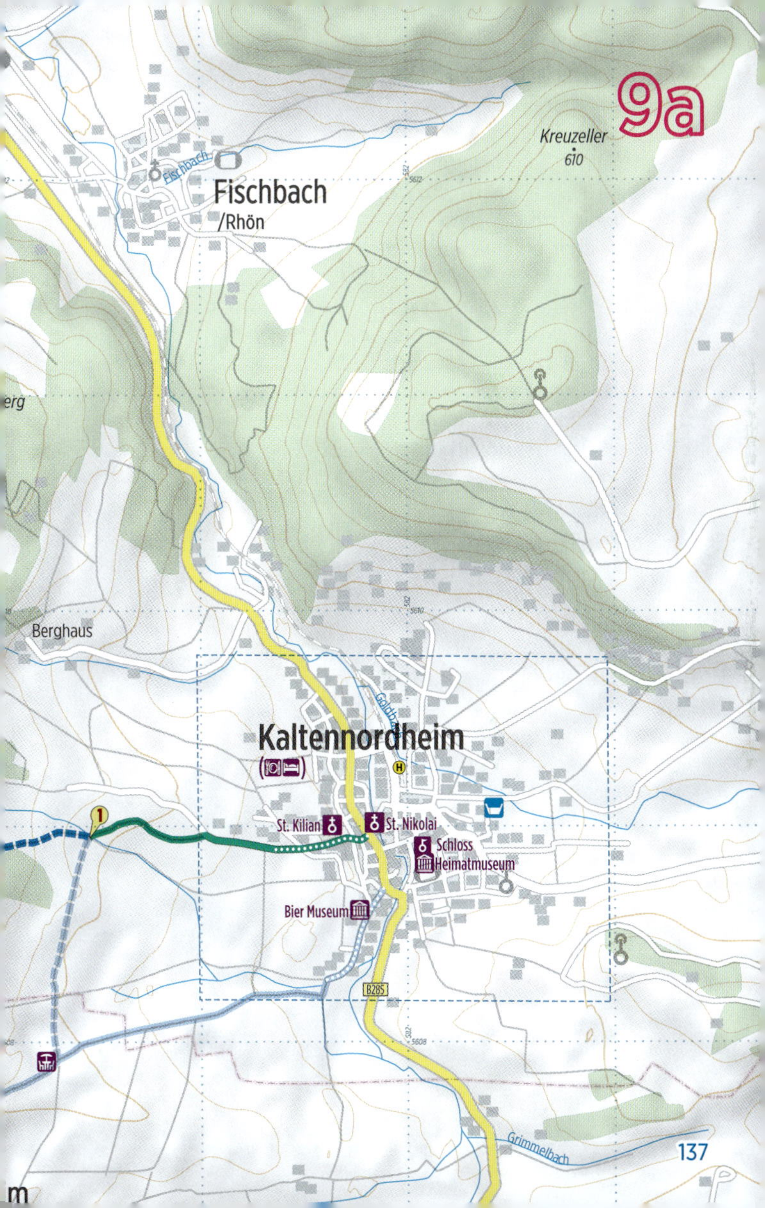
9a
Kreuzeller
610
Fischbach
/Rhön
Fischbach
erg
Berghaus
Kaltennordheim
Goldbach
St. Kilian
St. Nikolai
Schloss
Heimatmuseum
Bier Museum
B285
Grimmelbach
m

er den Blick zur weit zurück liegenden Wasserkuppe bietet. Nach Umwanderung des Horbels geht es auf einem Plattenweg hinab zum schönen Rastplatz, wo sich West- und Ostroute des Hochrhöners wieder vereinigen. Hinter Andenhausen umrundet die Route den Katzenstein, hier ist ein Ausstieg aus dem Hochrhöner möglich (Bus). Schließlich erwartet Sie mit der Dermbacher Hütte auf dem Gläserberg noch einer der schönsten Orte am Hochrhöner.

Kaltennordheim

Gehen Sie auf dem Hochrhöner-Zubringer von der Kirche in die Straße **Kirchtor**, die Sie direkt aus dem Ort bringt ⇝ 250 m nach dem Gewerbegebiet an der Gabelung links in den etwas schmaleren Weg abzweigen, der Sie zurück zur Hauptroute bringt ⇝ an der Wegkreuzung weiter auf dem Hochrhöner.

1 0,0 (510) Von Mittelsdorf kommend gehen Sie beim Abzweig nach Kaltennordheim links zwischen Hecken und Bäumen aufwärts ⇝ nach einem Wäldchen wird das Gelände flacher, nun auf einem Pfad durch zeitweilig hohes Gras auf steinigem Boden ⇝ am Fahrweg kurz rechts, nach wenigen Metern links zur Forststraße und dort geradeaus, nur kurz auf Asphalt ⇝ längere Zeit entlang des Waldrandes ⇝ kurz durch Wald, dann beim ehemaligen Marschlerhof vorbei an den überdachten **Rastplätzen**, von hier bietet sich eine Aussicht nach Norden auf Zella im Feldatal, darüber Föhlritz mit dem Gläserberg, wenig später auch auf den Pleß mit seinem Turm ⇝ unter der Stromtrasse hindurch und in den Wald hinein.

Botanik am Wegesrand

Bereits Mitte Juli blüht hier auf den Waldlichtungen das purpurrote Schmalblättrige Weidenröschen, der Traubenholunder hat dann bereits rote Früchte – ein sicheres Zeichen, dass der Zenit des Jahres überschritten ist.

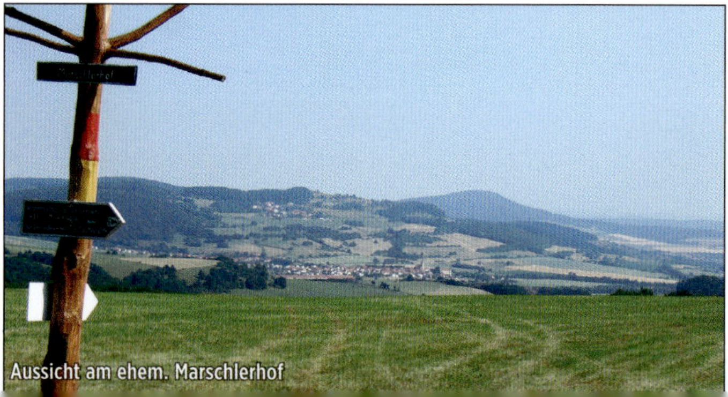

Aussicht am ehem. Marschlerhof

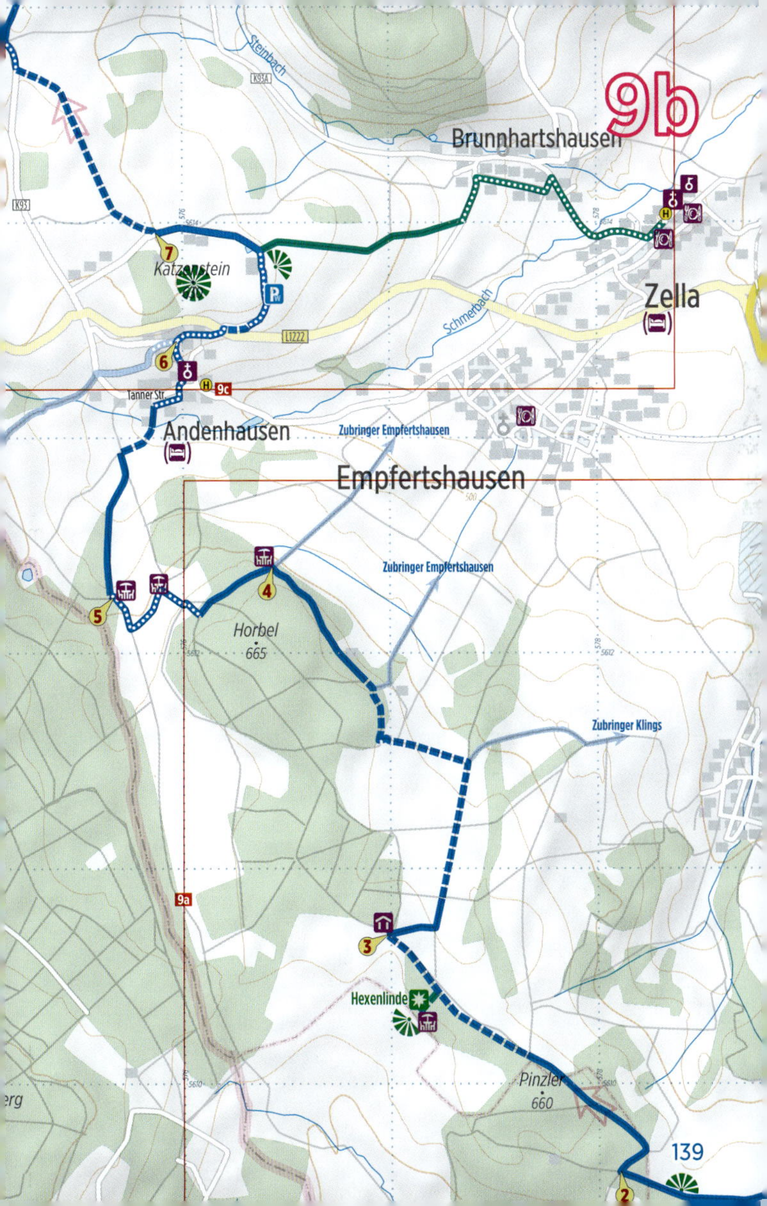
9b
Brunnhartshausen
Zella
Katzenstein
Andenhausen
Empfertshausen
Zubringer Empfertshausen
Zubringer Empfertshausen
Zubringer Klings
Horbel
665
Hexenlinde
Pinzler
660
Tanner Str.
Steinbach
Schmerbach
K93A
K93
L1222
9c
9a

2 2,7 (635) Im Wald rechts abbiegen, kurz darauf der Linkskurve folgen und weiter durch den Wald ⤳ vorbei am **Pinzler** ⤳ wieder entlang des Waldrandes zu einem Abzweig.

AUSFLUG Ein Stichweg führt links zur zwiegespaltenen Hexenlinde mit überdachtem Rastplatz und noch etwas weiter zu einem Aussichtspunkt.

Hexenlinde, Die 350 Jahre alte Linde ist der einzige Laubbaum in einem reinen Nadelwald. Der Sage nach stand hier einst ein Dorf.

Auf der Hauptroute folgen Sie weiter dem Waldrand.

3 4,5 (650) Nach einem weiteren **Aussichtspunkt** biegen Sie am Ende des Weges rechts ab auf den Schotterweg ⤳ wenig später links folgen und hinab über die Wiesen ⤳ vor dem Rechtsbogen am beginnenden Wald, geradeaus führt ein Zubringer nach Klings, biegen Sie links ab Richtung Andenhausen und wandern zum Waldrand ⤳ nach zweimaliger Querung eines Weidezauns hinein in den Wald ⤳ vorbei an einem Abzweig nach Empfertshausen ⤳ am Hang des **Horbels** entlang, stellenweise mit Ausblicken ins Feldatal ⤳ weiter bis zum Rastplatz.

4 7,0 (610) Beim Rastplatz, wo rechts ein weiterer Zubringer nach Empfertshausen abzweigt, gehen Sie links und weiter bergauf ⤳ nach knapp 500 m rechts auf den Plattenweg ⤳ an der ehemaligen innerdeutschen Grenze beim Rastplatz am **Wachturm** vorbei links folgen ⤳ nach 250 m an der T-Kreuzung rechts.

5 8,1 (585) Kurz darauf erreichen Sie einen weiteren Rastplatz und biegen dort rechts ab ⤳ durch einen wasserreichen Talgrund mit Streuobstwiesen wandern Sie auf grasigem Weg abwärts nach Andenhausen ⤳ am Ortsrand rechts, kurz danach links und aufwärts.

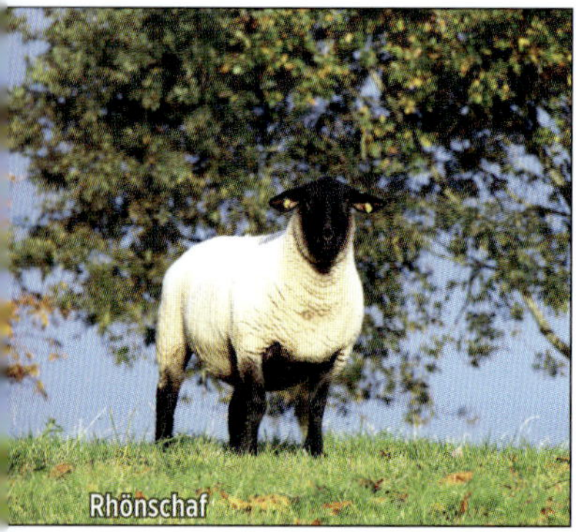

Rhönschaf

TIPP In Andenhausen besteht die Möglichkeit, die Fernwanderung zu beenden, indem Sie mit dem Bus (Linie 133, in den Randzeiten Rufbuslinie 132, tel. Anmeldung unter ✆ 0180/7979899 bis eine Stunde vor Abfahrt) über Dermbach nach Bad Salzungen (Buslinie 130) fahren, wo Anschluss ans Bahnnetz besteht.

Andenhausen

Kirche. Der Turm der Kirche aus dem Jahre 1757 ist schieferverkleidet.

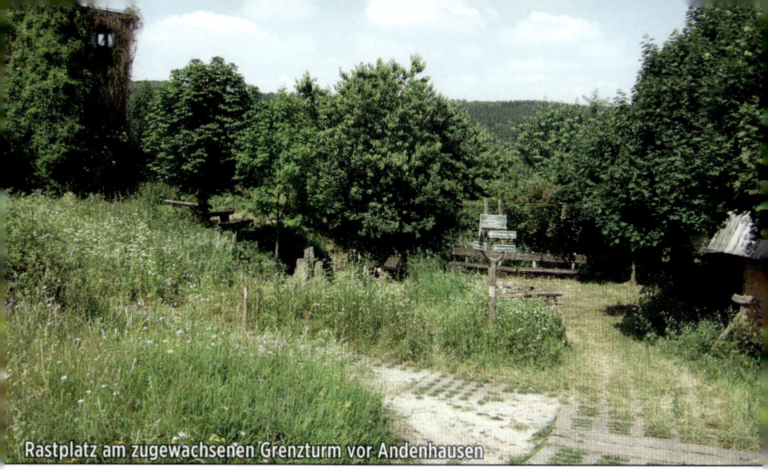

Rastplatz am zugewachsenen Grenzturm vor Andenhausen

Über die Tanner Straße, dieser nach rechts folgend ginge es zur Bushaltestelle, und auf der Straße **Kirchberg** aufsteigend an der Kirche vorbei.

6 9,5 (565) An der T-Kreuzung biegen Sie rechts ab in die Straße **Berggarten**, von links stößt die Westroute des Hochrhöners hinzu.

TIPP An dieser Stelle treffen die Hochrhöner-Routen Kuppenrhön und Lange Rhön zusammen und verlaufen, nun wieder als Hochrhöner, bis Bad Salzungen.

Bald weiter auf der Straße **Oberer Berggarten** durch das Dorf ⇝ an der **L 1222** nur wenige Meter nach rechts, dann links abzweigen in den Pfad und hinauf zur Straße, die zum Hotel Katzenstein führt ⇝ vorbei an Tierskulpturen, dann am derzeit nicht bewirtschafteten Hotel.

TIPP Etwas abseits des Hochrhöners oberhalb der Hotelanlage ist der Katzenstein zu sehen. Der felsige Gipfel ist leider nicht offiziell zugänglich.

Katzenstein, Fels aus Basaltsäulen.

AUSSTIEG Vom Parkplatz des ehemaligen Hotels kommen Sie in 2,5 km nach Zella, wo es Busanbindung und eine Übernachtungsmöglichkeit gibt. Folgen Sie zunächst dem Wegweiser Brunnhartshausen/Zella, gehen an der ersten Weggabelung geradeaus und an der zweiten links nach Brunnhartshausen, dann rechts nach Zella und im Ort links auf die Goethestraße.

Zella

Maria Himmelfahrt, Goethestr. Barocke Saalkirche aus dem 18. Jh.

Probstei Zella, Goethestr. Die Propstei ging einst aus einer Benediktinerinnen-Abtei hervor. Das Schloss steht über dem

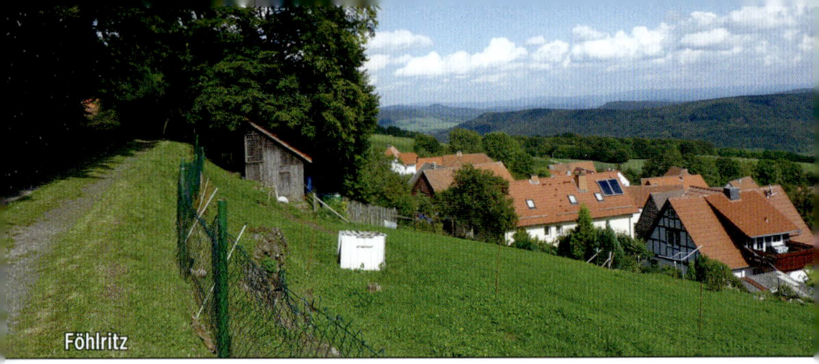

nahen Talgrund der Felda. Benachbart liegt ein Klostergarten.

Gasthaus Schäfer, Goethestr. 12, ✆ 036964/93115, @ aya813

Klosterschenke, Goethestr. 3, ✆ 036964/93209

Auf der Hauptroute folgen Sie nach dem Hotelparkplatz weiter dem ausgedehnten Linksbogen der Straße ⁓ vorbei an einem ehemaligen Kasernengelände.

7 10,8 (600) Gut 100 m später zweigt der Hochrhöner halbrechts ab ⁓ nun ein längeres Stück auf dem Wiesenweg über eine Weide, markiert durch Pfosten ⁓ an der **K 93** kurz rechts, dann in der Linkskurve beim Kreuz und dem Rastplatz rechts abbiegen auf den Feldweg ⁓ hinauf zum Waldrand, wo sich ebenfalls ein Rastplatz befindet.

8 12,7 (650) Hinein in den Wald und kurz darauf rechts, der Pfad verläuft unweit des Waldrandes abwärts ⁓ am breiten Weg rechts, wenig später ist bereits der Gläserberg zu sehen ⁓ der Weg endet an der **K 93A**, wo Sie links abbiegen.

9 14,1 (545) Nach gut 300 m rechts und zunächst entlang naturnaher Bachläufe ⁓ folgen Sie auch auf dem Asphaltsträßchen dem weiten Rechtsbogen bis zum Sattel zwischen Waltersberg und Gläserberg ⁓ kurz vor dem Wald der Linkskurve folgen, dann geradeaus vorbei oberhalb der **Aussichtshütte** ⁓ weiter am Hang entlang oberhalb von Föhlritz.

Föhlritz (Dermbach)

Vorwahl: 036964

Zum Hobbywirt, Föhlritz 23, ✆ 93143, So 12-18 Uhr

10 16,3 (635) Nach den letzten Häusern führt schließlich ein Weg nach links auf den Höhenrücken ⁓ am kleinen Parkplatz rechts weiter zum Gipfel des Gläserberges mit der Dermbacher Hütte und einer großartigen Aussicht.

Gläserberg (Dermbach)

Dermbacher Hütte, auf dem Gläserberg, ✆ 036964/93784, So 10-17 Uhr. Die gemütliche Hütte, die vom Rhönklub

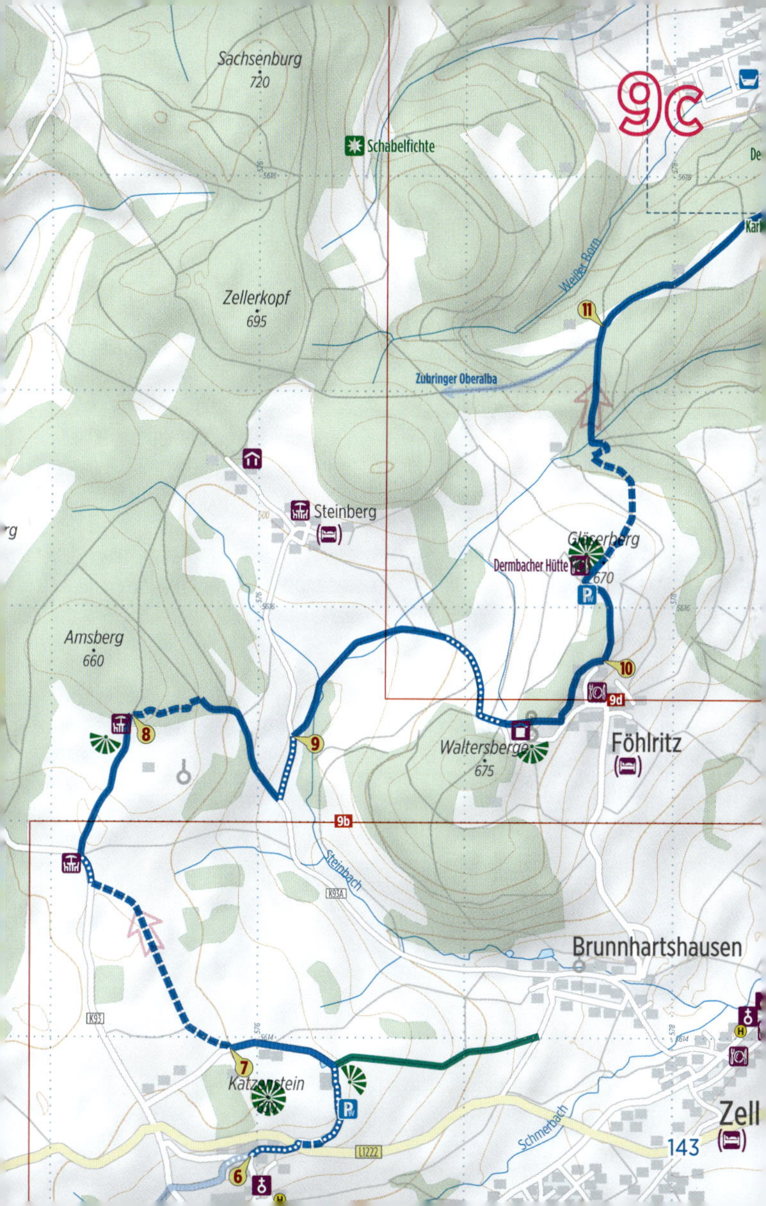

9c
Sachsenburg
720
Schabelfichte
Zellerkopf
695
Weißer Born
Zubringer Oberalba
Steinberg
Glöserberg
Dermbacher Hütte
670
Amsberg
660
Waltersberge
675
Föhlritz
9d
9b
Steinbach
K93A
Brunnhartshausen
K93
Katzenstein
L1222
Schmerbach
Zell

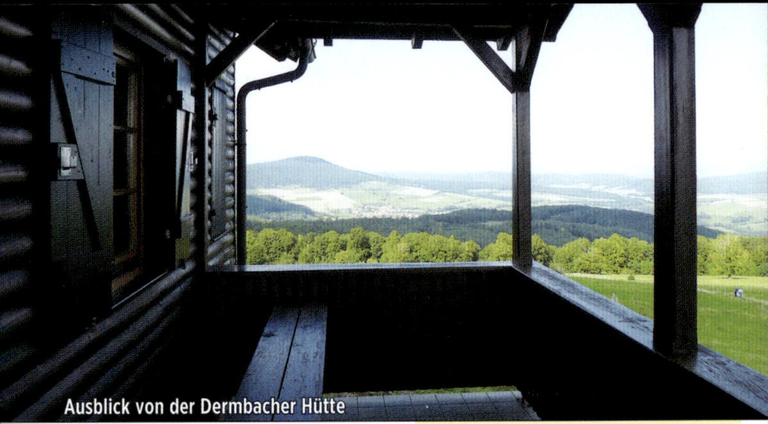

Ausblick von der Dermbacher Hütte

betrieben wird, ist mit ihrer berauschenden Aussicht einer der schönsten Plätze der ganzen Rhön. @ cfv757

In der Aussicht vom 670 m hohen Gläserberg sind besonders markant das Werratal, der Pleß mit seinem Turm und der Kamm des Thüringer Waldes mit dessen höchsten Erhebungen.

Auf einem Pfad steigen Sie über Wiesen hinab zum Waldrand ⇝ im Wald in Kehren abwärts zu einem breiten Weg, wo Sie links gehen und kurz darauf ein Bachtal queren.

Geologie am Wegesrand

An diesem Ort entdeckte der Geologe Bücking 1915 in einem Wasseranriss im Muschelkalk Basalteinschlüsse der Gläserbergintrusion. Da Basaltschmelzen Temperaturen von über 1.000 Grad aufweisen, wurde durch Hitze und hohen Druck aus Muschelkalk Marmor.

Aus dem Wald hinaus, von links mündet ein Zubringer von Oberalba ein.

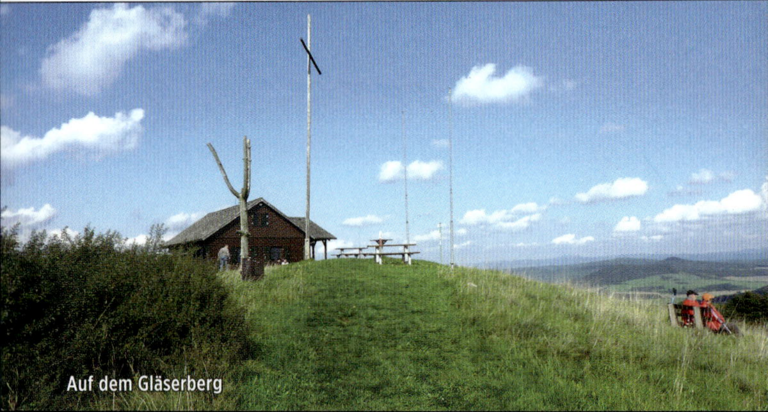

Auf dem Gläserberg

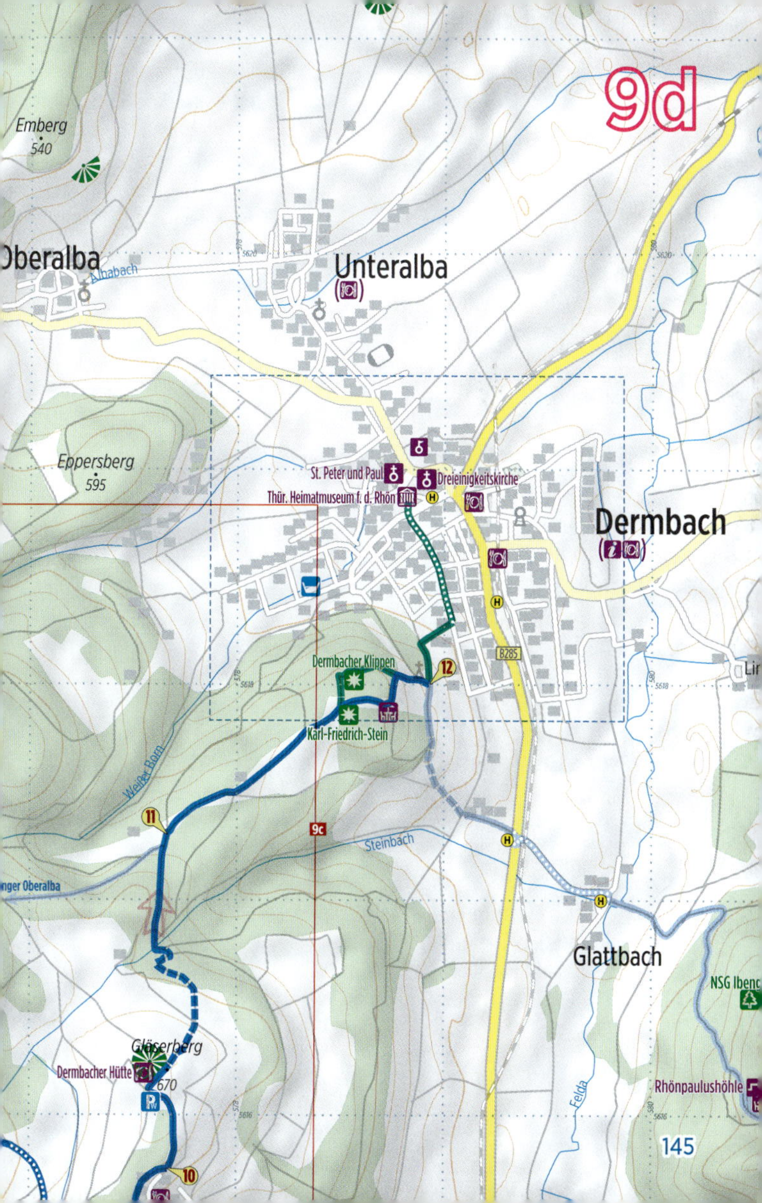
9d
Emberg
540
Oberalba
Albabach
Unteralba
Eppersberg
595
St. Peter und Paul
Dreieinigkeitskirche
Thür. Heimatmuseum f. d. Rhön
Dermbach
B285
Dermbacher Klippen
12
Karl-Friedrich-Stein
Weißer Born
11
9c
Steinbach
Glattbach
NSG Ibenc
Gläserberg
Dermbacher Hütte
670
Felda
Rhönpaulushöhle
10

11 18,2 (545) Der Hochrhöner führt rechts weiter durch Wiesen, auf denen sich im Mai ein bunter Blütenteppich ausbreitet ⤳ Sie passieren die Abbiegung zu den sehenswerten Dermbacher Klippen.

VARIANTE Um sich die eindrucksvollen Dermbacher Klippen anzuschauen, biegen Sie an dieser Stelle links ab und halten sich oben im Wald rechts.

Dermbacher Klippen. Von der Abtragung freigelegte Muschelkalkfelsen mit deutlicher Schichtung.

Nach dem **Karl-Friedrich-Stein** halten Sie sich vor dem **Pavillon Dermbacher Stadtblick** links und gehen abwärts über Wiesen ⤳ kurz darauf rechts weiter hinab ⤳ ab der kleinen Kapelle weiter auf dem Fahrweg bis zur Dreierkreuzung.

12 19,8 (435) Der Hochrhöner verläuft an dieser Stelle rechts weiter in Richtung Glattbach und Bernshausen, ins nahe Dermbach führt ein Zuweg.

AUSSTIEG Bis ins beschauliche Zentrum des Etappenortes Dermbach sind es von hier aus ca. 15 Min.

Zubringer nach Dermbach 1 km

Folgen Sie an der Dreierkreuzung links der grünen Markierung des Zubringers und gehen bei erster Gelegenheit rechts ⤳ an der asphaltierten **Rödestraße** biegen Sie links ab.

TIPP Zum Hotel Rhönpaulus gehen Sie von der Rödestraße rechts auf der Waldstraße und an der B 285 links.

Immer geradeaus in Richtung Ortsmitte ⤳ vor der Kirche geradeaus auf die **Schlossbergstraße**, wo Sie den historischen Ortskern mit der Tourist-Information erreichen.

Dermbach

Vorwahl: 036964

Tourismusbüro im Museum, Kirchberg 5, ✆ 8763, @ jrq752

Museum der Thüringischen Rhön, Kirchberg 5, ✆ 8863 Ⓒ Die Attraktion des Museums ist ein Eichenkasten, der als Gefängnis für den legendären Räuber „Rhönpaulus" diente. @ ink466

Evang. Kirche. Neben der kath. Kirche und dem Schloss ist die Kirche aus dem Jahre 1707 Teil des Dermbacher Barockensembles.

St. Peter und Paul. Die kath. Kirche aus dem Jahre 1736 wurde in jüngerer Zeit umfassend restauriert.

Dermbacher Schloss. Die Anlage aus dem Jahre 1707 entstand mit der Übernahme des Amtes durch Fulda und dem Wunsch des damaligen Fürstabtes, Dermbach eine ansprechende Residenz als Sitz für die Amtsverwaltung zu geben.

Zum Rhönpaulus, Bahnhofstr. 21, ✆ 82234, ⏲ Fr-Mi 11-22 Uhr, @ gyc136

Zur Klause, Bahnhofstr. 5, ✆ 82379, ⏲ Do-Di 11-14 Uhr und 17-22 Uhr, @ rty651

Dermbach liegt im Feldatal im Biosphärenreservat Rhön und wurde

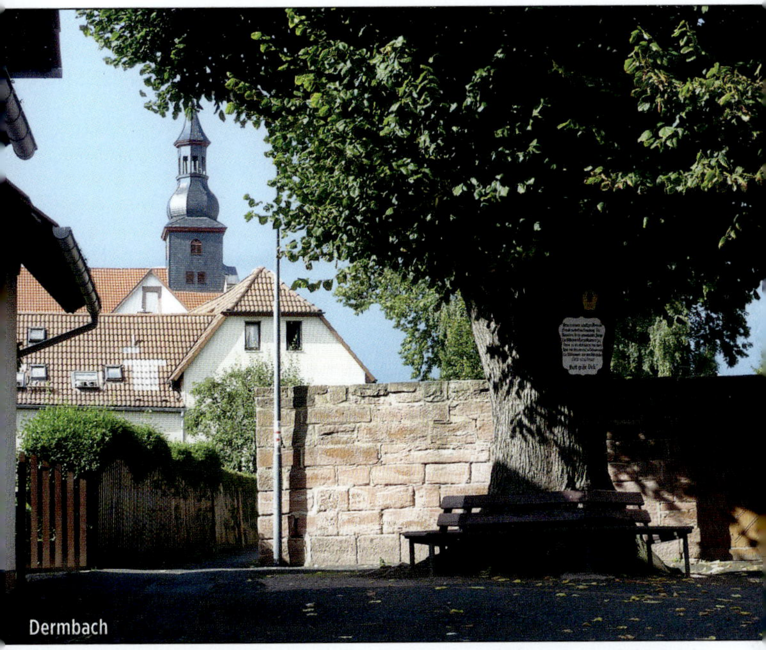

Dermbach

1186 erstmals urkundlich erwähnt. Das Städtchen bietet einen schönen alten Ortskern mit Fachwerkhäusern, zwei Kirchen, einem Schloss und dem Museum. Die katholische Kirche gilt als eine der schönsten Spätbarockkirchen im Osten Deutschlands. Im Inneren sind der Hochaltar, die Kanzel, das Gestühl und eine Wappentafel sehenswert. Die evangelische Kirche hat neben ihrem mittelalterlichen Turm ebenfalls ein barockes Schiff. Ebenso wie die Kirche stammt das Schloss der Fürstäbte von Fulda aus dem Jahr 1707. Das neben der evangelischen Kirche befindliche Museum zeigt die Kultur- und Sozialgeschichte der Rhön. Unter einer Linde befinden sich ein Tisch mit Bank aus Stein, ferner eine Tafel mit einer zum Nachdenken anregenden Inschrift.

Etappe 10 11,2 km

Von Dermbach nach Bernshausen

Start: Abzweig Dermbach
Ziel: Abzweig Bernshausen
Aufstieg: 406 m
Abstieg: 456 m
Gehzeit: 2,5 - 3 Std.
Hartbelag: 14 %
Wanderwege: 70 %
Wanderpfade: 16 %

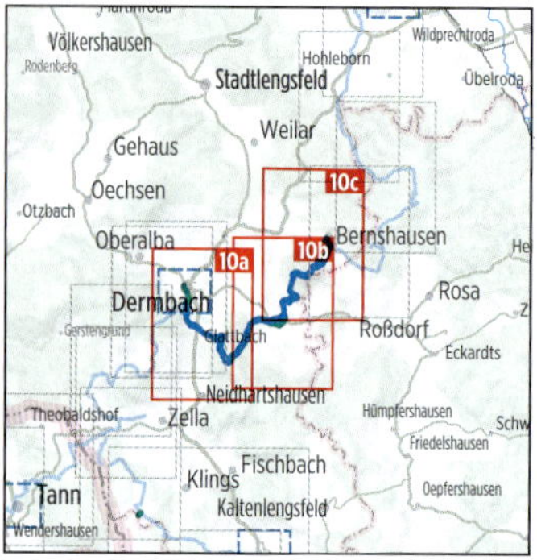

Zum Ibengarten und den Blumen auf den Trockenrasen

Während große Teile der Rhön durch vulkanische Gesteine, ihre Formen und Böden geprägt sind, stehen zwischen Dermbach und Bernshausen Buntsandstein und Muschelkalk an. Auf Letzterem befinden sich viele altgerodete, einst als Weide genutzte Flächen. Hier sind viele einzelne Bäume, oft auch Wacholdersträuche und viele teils seltene Blumen zu finden. Eine besondere Rarität auf dieser Route sind zahlreiche der heute selten gewordenen Eiben. Sie wandern jedoch auch durch wiesenreiche Täler und über dicht bewaldete Berge wie z. B. den Horn mit einem sehr guten Aussichtspunkt. Die insgesamt niedrigere Lage dieser Etappe verändert die Wanderbedingungen zu jeder Jahreszeit auffällig.

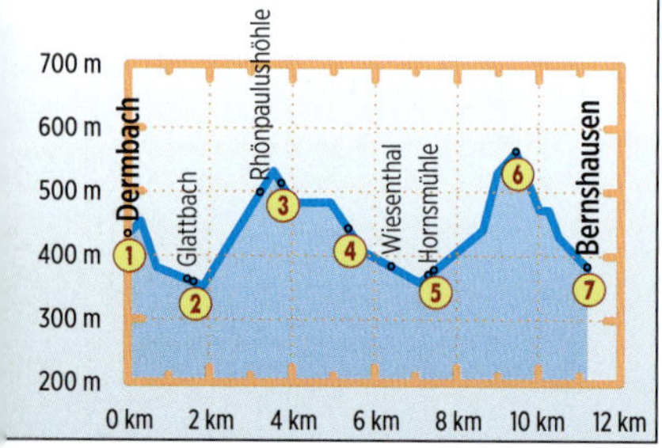

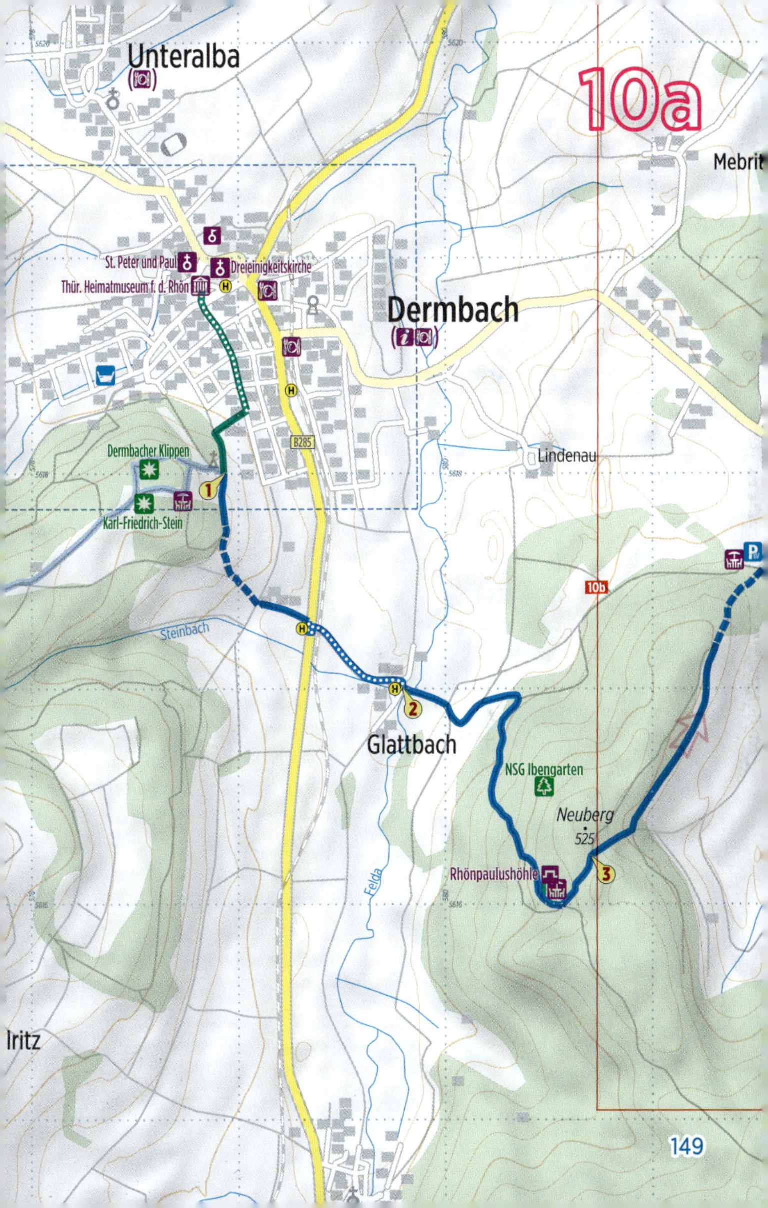

10a
Unteralba
Mebrit
St. Peter und Paul
Dreieinigkeitskirche
Thür. Heimatmuseum f. d. Rhön
Dermbach
B285
Dermbacher Klippen
Karl-Friedrich-Stein
Lindenau
10b
Steinbach
Glattbach
NSG Ibengarten
Neuberg
525
Rhönpaulushöhle
Felda
Iritz
1
2
3

Dermbach

Zugang zum Hochrhöner 1 km

Folgen Sie der grünen Markierung des Hochrhöner-Zubringers von der Ortsmitte zunächst auf der **Schlossbergstraße**, später der **Rödestraße** ~ am Ortsende rechts ab, dann links, an einer **Kapelle** vorbei zur Weggabelung, wo Sie den Hochrhöner erreichen.

Anschluss Hochrhöner

1 0,0 (435) Wandern Sie ausgehend von der Weggabelung nach der Markierung des Hochrhöners Richtung Ibengarten ~ zunächst am Hang entlang, dann links auf dem Pfad die Wiese steil hinab ~ anschließend weiter auf dem breiten Weg zur **B 285** und diese in einem Rechtsschlenker über die Fußgängerinsel überqueren.

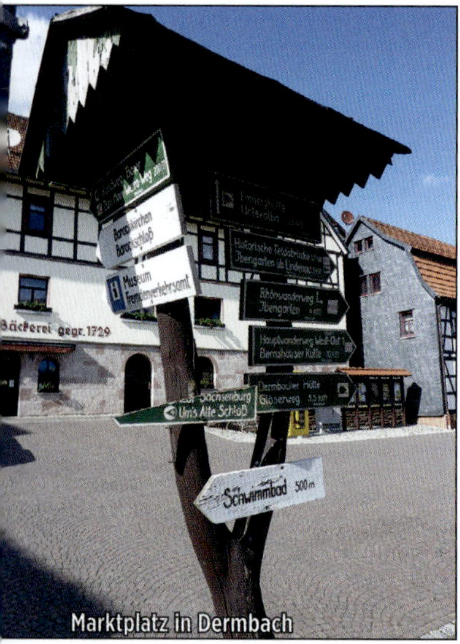

Marktplatz in Dermbach

Geologie am Wegesrand

Die auffallend rötlichen Böden der Äcker im Feldatal sind auf die Rötschichten des Oberen Buntsandsteins zurückzuführen.

Nach Querung der Bundesstraße weiter auf der Straße Richtung Glattbach, dabei hinein ins Biosphärenreservat ~ in Glattbach rechts und gleich wieder links.

Glattbach (Dermbach)

2 1,6 (355) Auf der Brücke über die **Felda** ~ nach knapp 250 m rechts halten, dann gleich links halten und auf dem Wanderweg hinauf zum Ibengarten auf dem Neuberg.

Botanik am Wegesrand

Vor Erreichen des Waldes kommen Sie an einem Kalktrockenrasen mit prächtiger Flora und Fauna vorbei. Infotafeln geben eine ausführliche Erläuterung.

Sie wandern zunächst durch Buchenwald, dann folgt ein bemerkenswerter Eibenbestand, der als Ibengarten bezeichnet wird.

Ibengarten (Dermbach)

NSG Ibengarten. Das Naturschutzgebiet Ibengarten gilt als ältester Eibenbestand Europas, die Bäume sind bis zu 600 Jahre alt. Eiben können sogar 1.000 Jahre alt werden. Die älteste Baumart Europas war früher besonders in

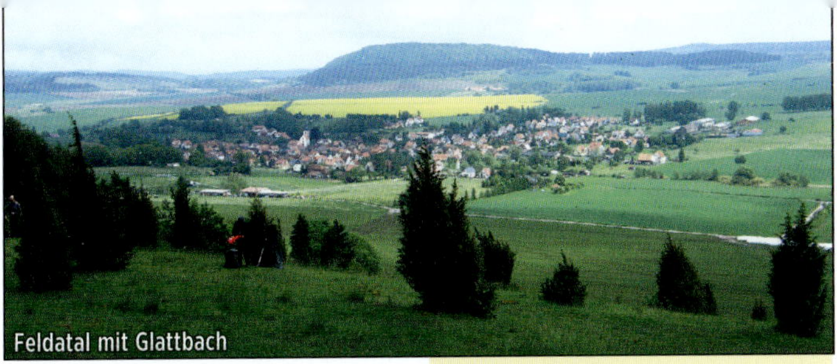
Feldatal mit Glattbach

Muschelkalkgebieten weit verbreitet. Das harte elastische Holz wurde vielseitig verwendet.

Vorbei an einer Abzweigung zur Rhönpaulushöhle.

TIPP Nach links ist es nur ein kurzes Stück zur Rhönpaulushöhle, die sich mit ihrem Rastplatz gut für eine Pause empfiehlt.

Rhönpaulushöhle. Rhönpaulus, in der 2. Hälfte des 18. Jhs. so etwas wie der „Robin Hood" der Rhön, versteckte sich als Deserteur im Siebenjährigen Krieg in einer winzigen Felsspalte der Klufthöhle. Er hielt sich mit allerlei Zwielichtigem über Wasser und schädigte dabei nie die Bedürftigen, denen er vielmehr von seiner Beute abgab. Unterhalb der Höhle gibt es einen Rastplatz.

Kurz darauf biegen Sie links ab ⁓ weiter hinab zu einer Weggabelung.

3 3,7 (510) An der Gabelung rechts und weiter steil hinab ⁓ bis zum Waldrand und diesem linkshaltend folgen ⁓ der Weg verläuft reizvoll oberhalb eines Hanges mit Wacholderheide.

Trockenrasen

Unterhalb des Weges befindet sich Trockenrasen. Diese auch als Magerrasen bezeichnete Fläche ist ein besonders wertvolles Biotop. Das Pflanzenwachstum ist wegen des geringen Nährstoffgehalts gering, sodass vorwiegend Kräuter und Zwergsträucher neben einzelnen Bäumen und größeren Sträuchern vorkommen. Unterschieden wird nach dem anstehenden Gestein Silikatmagerrasen und Kalkmagerrasen, nach der Bodenfeuchtigkeit lässt sich ferner in Trocken- und Halbtrockenrasen gliedern. In der Thüringischen Rhön auf Muschelkalk kommt meist Kalktrockenrasen vor. Überwiegend handelt es sich um Biotope, die durch Rodung und anschließende jahrhundertlange Beweidung geschaffen und erhalten wurden, sodass heute meistens Pflegemaßnahmen zum Erhalt notwendig sind. Die hier vorkommenden Pflanzen und Tiere gehören zu den Raritäten der heimischen Fauna und Flora, sodass im Bereich dieser Kalktrockenrasen häufig Naturschutzgebiete ausgewiesen sind.

Der folgende Abstieg verläuft auf zeitweise morastigem Weg.

4 5,4 (440) Am kleinen **Wanderparkplatz** mit Sitzgruppe weiter auf dem geschotterten Fahrweg ⤳ die Straße vor Wiesenthal queren Sie leicht links versetzt geradeaus.

TIPP Wahlweise können Sie rechtshaltend den Weg durch das Dorf Wiesenthal nehmen.

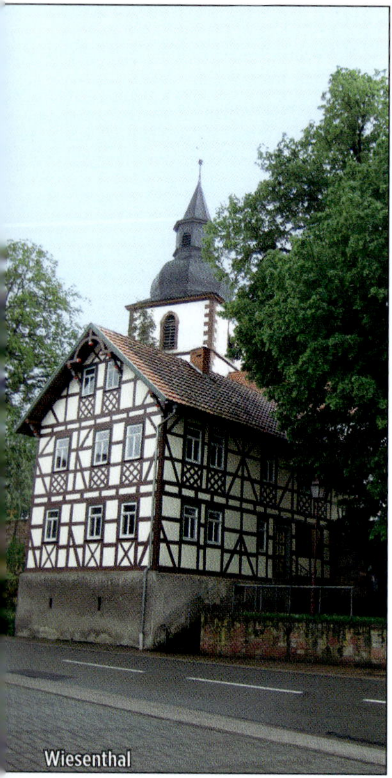

Wiesenthal

Variante durch Wiesenthal

Folgen Sie dem Wegweiser des Zubringers auf dem Hohlweg abwärts ⤳ wieder auf der Straße durch den Ort.

Wiesenthal

Vorwahl: 036964

Freibad, Kirchgraben

Gasthof Schmalz, Schulzeng. 12, ✆ 82533, nur gelegentlich

Vor der Kirche links in die **Pfarrgasse** ⤳ dann nochmals links und über den Wiesenthalbach zurück zum Hochrhöner.

Auf der Hauptroute wandern Sie oberhalb der Ortschaft vorbei ⤳ an der Straße links, nun weiter etwas oberhalb des **Wiesenthalbaches** ⤳ rechts folgend über den Bach und vorbei an der **Hornsmühle**.

5 7,4 (375) Danach im Rechtsbogen scharf links ⤳ in weiten Bögen hinauf zum Waldrand ⤳ der weitere, teils morastige Weg im Wald verläuft zunächst in einem Rechtsbogen, dann zum Teil steil aufwärts.

6 9,4 (560) Sie erreichen den reizvollen **Aussichtspunkt** und Rastplatz unterhalb des Horns mit Blick auf die von Bergen mit Wald, Wiesen und Trockenrasen umgebenen Ortschaften Wiesenthal und Roßdorf, die sog. Wiesenthaler Schweiz ⤳ nach dem **Rastplatz** im Abstieg zunächst durch Wald, dann über eine Lichtung und wieder durch Wald über den Langen Rain ⤳ auf dem

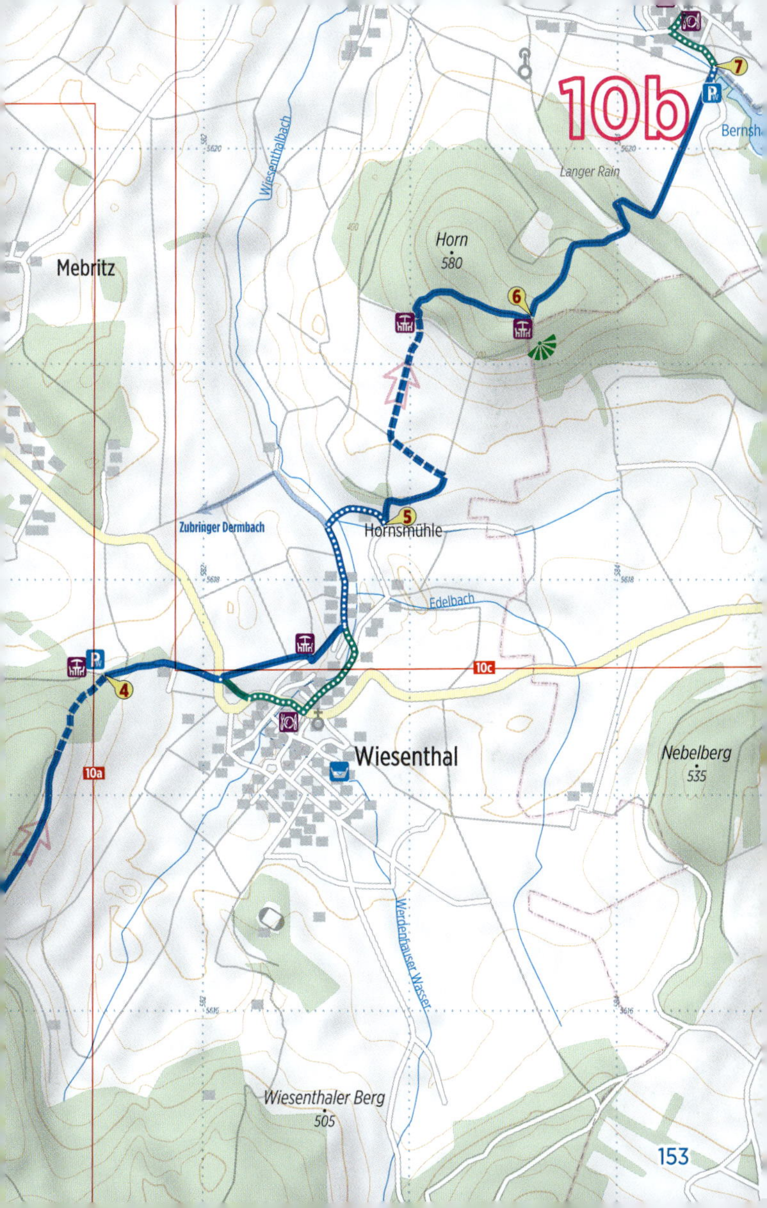
10b
Bernsh
Langer Rain
Horn
580
Mebritz
Wiesenthalbach
Zubringer Dermbach
Hornsmühle
Edelbach
10c
10a
Wiesenthal
Nebelberg
535
Werdenhauser Wasser
Wiesenthaler Berg
505
4
5
6
7

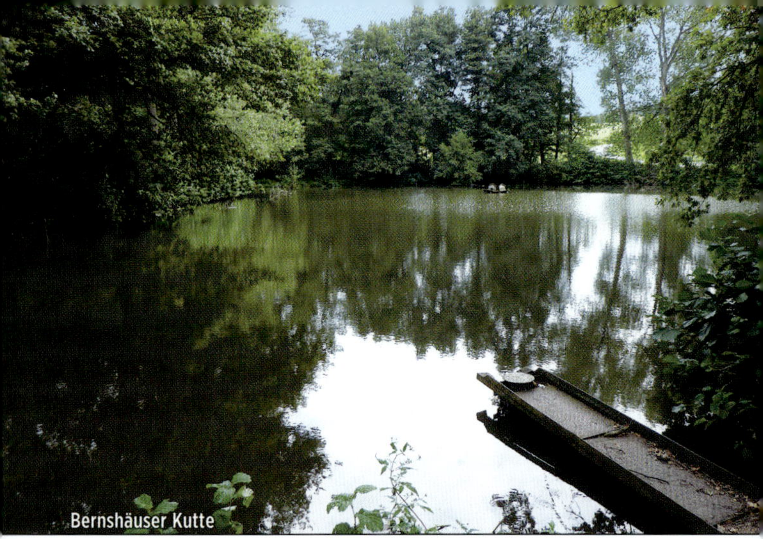

Bernshäuser Kutte

schnurgeraden Feldweg wandern Sie auf Bernshausen zu ⤳ an der Landstraße links.

7 11,2 (380) Nach wenigen Metern erreichen Sie den Abzweig am kleinen Weiher der Bernshäuser Kutte und damit das heutige Tagesziel.

Bernshäuser Kutte

Am Fuße der Stoffelskuppe liegt die Bernshäuser Kutte, mit 45 Metern der dritttiefste Einsturzsee Deutschlands. Der kreisförmige Trichter inmitten des Buntsandsteingebietes entstand durch einen Erdfall nach unterirdischen Salzauslaugungen. Auch Schönsee und Roßdorfer Kutte sind so genannte Erdfallseen. Der Schönsee hat im Gegensatz zur Bernshäuser Kutte eine eigene gefasste Quelle und zeichnet sich durch gute Wasserqualität aus.

Zugang nach Bernshausen

Folgen Sie der Straße im Linksbogen in den Ort ⤳ rechts hoch zur **Kirche** und den Unterkünften.

Bernshausen (Urnshausen)

Landhotel Zur Grünen Kutte, Bernshausen 9, ✆ 036964/82346, keine festen ÖZ, am besten tel. nachfragen, @ uqs624

TIPP: Sollte in Bernshausen kein Zimmer frei sein, können Sie mit der regelmäßig verkehrenden Buslinie 130 (Mo-Fr oft, am Wochenende seltener) vom benachbarten Urnshausen nach Dermbach fahren, wo sich weitere Quartiere finden. Es gibt direkt von Bernshausen auch die Rufbuslinie 132, die jedoch im Vorfeld angefordert werden muss.

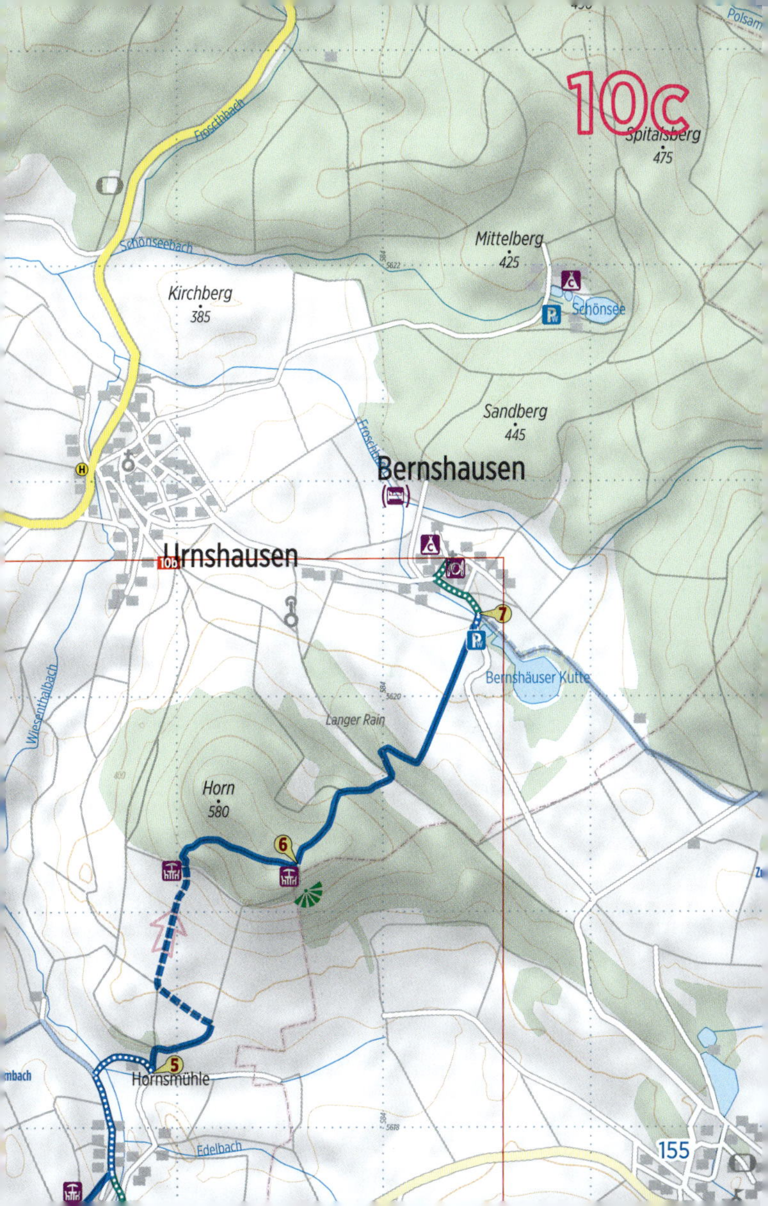
10c
Spitalsberg
475
Froschbach
Schönseebach
Mittelberg
425
Schönsee
Kirchberg
385
Sandberg
445
Bernshausen
Urnshausen
10b
7
Bernshäuser Kutte
Wiesenthalbach
Langer Rain
Horn
580
6
5
Hornsmühle
Edelbach

Etappe 11 — 18,8 km

Von Bernshausen nach Bad Salzungen

Start: Abzweig Bernshausen
Ziel: Bad Salzungen, Bahnhof
Aufstieg: 285 m — *Hartbelag:* 14 %
Abstieg: 421 m — *Wanderwege:* 65 %
Gehzeit: 4,5 - 5 Std. — *Wanderpfade:* 21 %

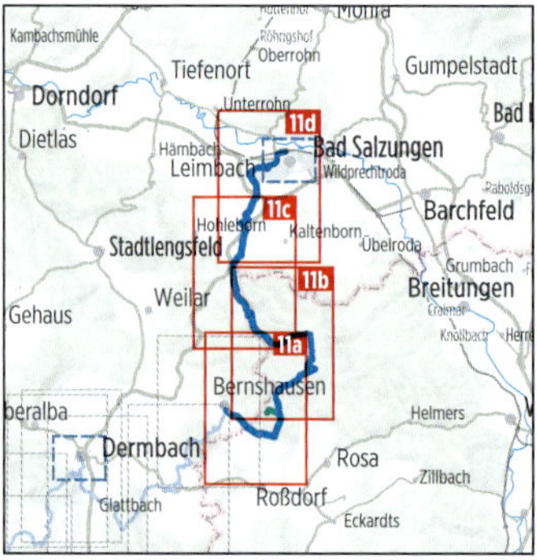

Über den Pleß ins Werratal

Nach dem dicht an der Route gelegenen Übernachtungsort Bernshausen erreichen Sie zunächst die Bernshäuser Kutte, ein Naturschutzgebiet mit einem See, in dem sogar gebadet werden kann. Dann verläuft der Hochrhöner längere Zeit durch ausgedehnte Wälder auf Böden, die aus Buntsandstein hervorgegangen sind und dadurch eine ganz charakteristische Flora tragen. Höhepunkt, und

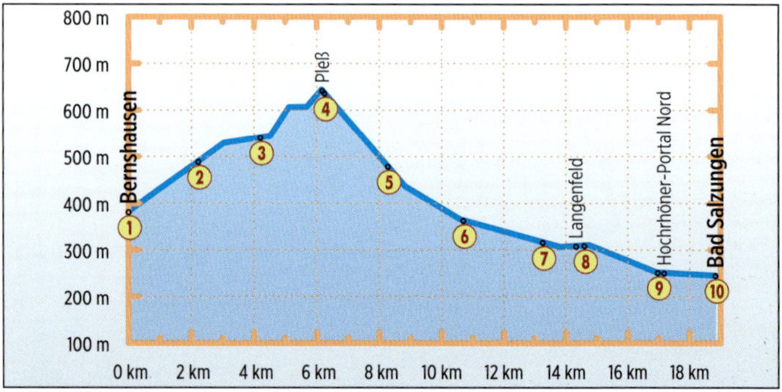

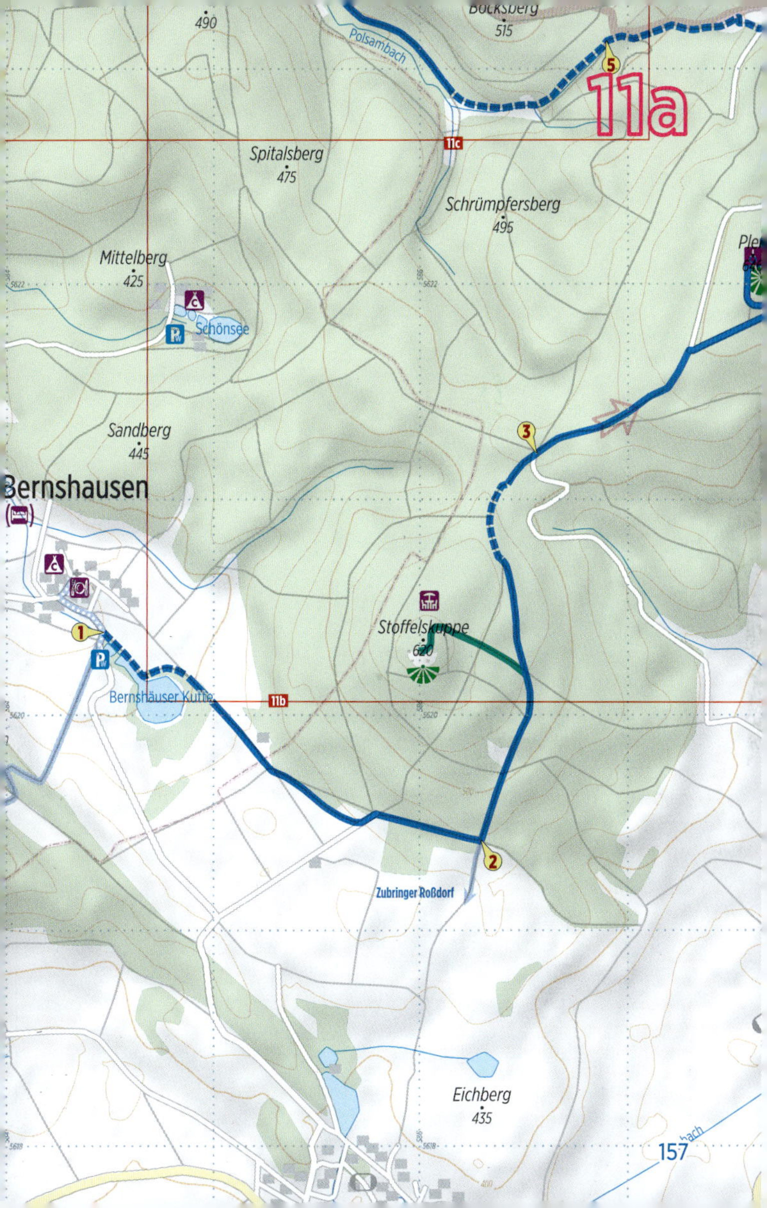

Bocksberg
515
490
Polsambach
5
11a
11c
Spitalsberg
475
Schrümpfersberg
495
Mittelberg
425
Schönsee
Sandberg
445
Bernshausen
3
Stoffelskuppe
620
1
Bernshäuser Kuffe
11b
2
Zubringer Roßdorf
Eichberg
435

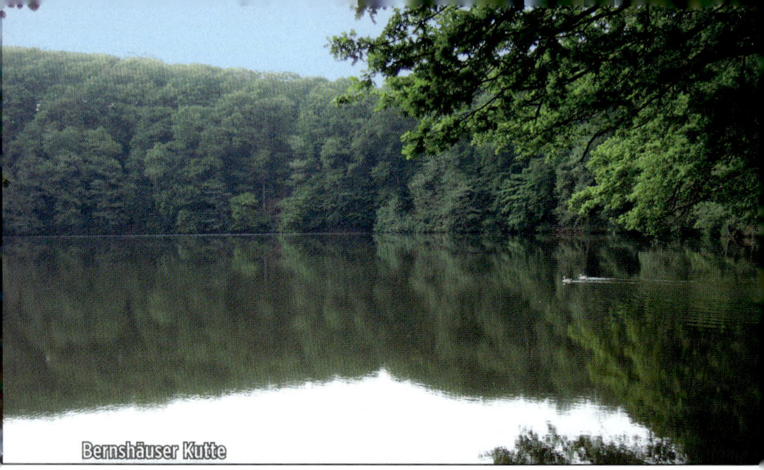

das nicht nur im geographischen Sinne, ist der Pleß mit Einkehrmöglichkeit am Wochenende und einem wirklich hervorragenden Aussichtsturm. Der breite Polsambachgrund stellt nach längerer Waldpassage eine angenehme Abwechslung dar. Hinter Langenfeld, wo nochmals eine Einkehrmöglichkeit besteht, gelangen Sie auf Wanderwegen weit ins Stadtgebiet von Bad Salzungen, sodass es bis zum Bahnhof nicht mehr weit ist.

Bernshausen (Umshausen)

Zugang zum Hochrhöner

Von der Ortsmitte bei der Kirche gehen Sie zurück zur Hauptstraße, dort links und aus dem Ort bis zum Parkplatz an der Bernshäuser Kutte.

Bernshäuser Kutte

1 0,0 (380) Von der Weggabelung am Parkplatz gehen Sie an zwei Weihern vorbei zur kreisrunden **Bernshäuser Kutte** ⤳ Sie wandern etwas oberhalb des Sees ⤳ an dem breiten Weg rechts weiter ⤳ nach einer Baumreihe am Wald entlang ⤳ teils durch Wald zu einer Wegkreuzung.

2 2,2 (490) Biegen Sie an der Kreuzung links ab ⤳ weiter auf breitem Wanderweg ⤳ an einer Waldwiese und etwas später am Abzweig zur Stoffelskuppe vorbei.

AUSFLUG: Hier bietet sich ein kurzer Abstecher auf die Stoffelskuppe mit ihrer Blockschutthalde an.

Stoffelskuppe. Der 620 m hohe Berg erhebt sich über der Bernshäuser Kutte.

Auf der Hauptroute zweigen Sie nach gut 500 m links ab auf den Pfad, der parallel zu dem breiten Weg verläuft.

3 4,2 (540) An der Wegkreuzung am **Roßdorfer Tor** geradeaus Richtung Pleß/Bad Salzungen, jetzt wieder

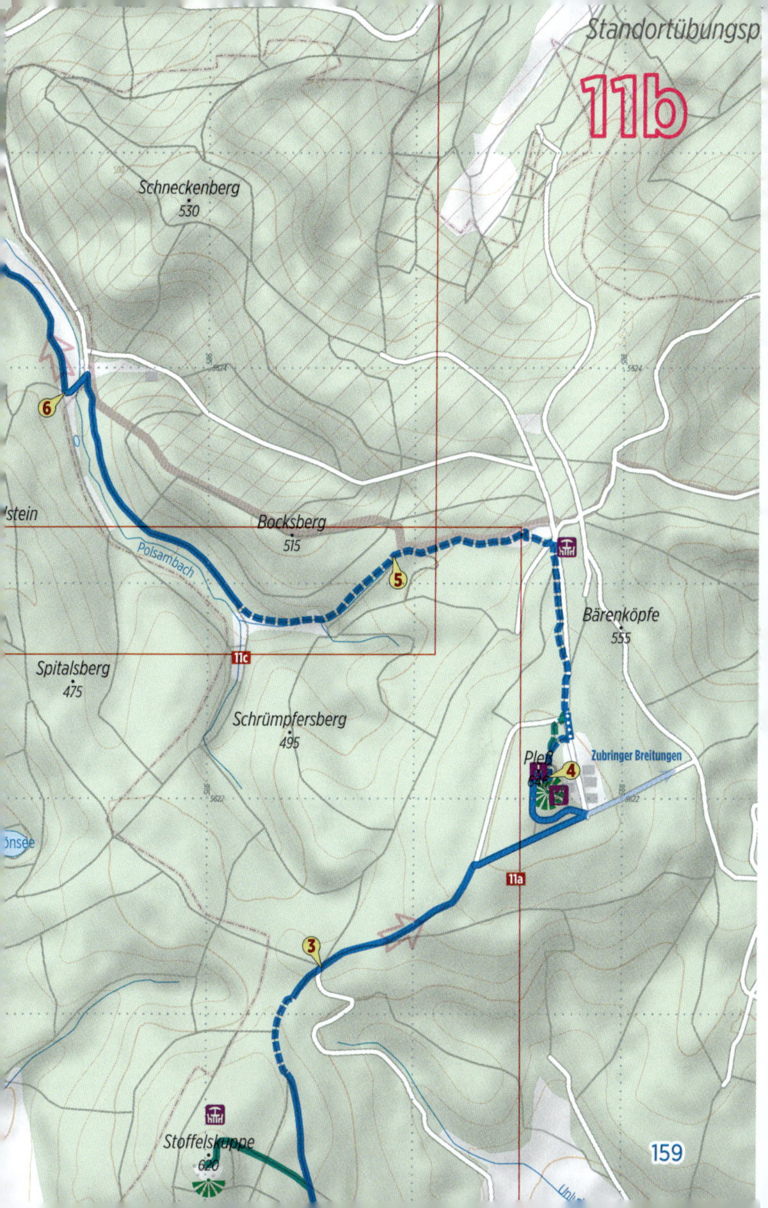
Standortübungsp
11b
Schneckenberg
530
6
'stein
Bocksberg
515
Polsambach
5
Bärenköpfe
555
Spitalsberg
475
11c
Schrümpfersberg
495
Pleß
4
Zubringer Breitungen
11a
3
Stoffelskuppe
620

auf einem breiten Waldweg ⤳ vorbei am Bätlersborn.

Botanik am Wegesrand

Das Vorkommen von Besenginster, Heidelbeeren und der Berg-Platterbse deutet auf saure Böden hin, die durch die Verwitterung des hier anstehenden Buntsandsteins entstanden sind. Gehen Sie an der folgenden Weggabelung rechts ⤳ nach knapp 300 m vorbei an einem Pfad zum Pleß.

VARIANTE Falls der Pfad in gutem Zustand ist, können Sie bereits hier links abbiegen und etwas abkürzen.

Auf der Hauptroute biegen Sie erst bei der folgenden Möglichkeit links ab und folgen den weiten Bögen des breiten Weges hinauf zum Gipfel ⤳ Sie erreichen das Plateau am Gipfel mit der Wanderhütte und dem Aussichtsturm.

Pleß (Breitungen/Werra)

Pleß-Turm. Seit 1999 gibt es auf dem 645 m hohen Pleß wieder einen Aussichtsturm, von dem sich weit in die Rhön und den Thüringer Wald schauen lässt.

Wanderhütte, auf dem Pleß, ✆ 036848/31263, Sa 13-17 Uhr, So/Fei 10-17 Uhr (Okt.-März nur bis 16 Uhr)

Vom Aussichtsturm auf dem Pleß bietet sich eine umfassende Aussicht, die auf vier Panoramatafeln dargestellt ist. Bei geeignetem Wetter lassen sich in der Ferne z. B. der Thüringer Wald, die Wasserkuppe und das Hessische Kegelspiel erkennen, in der näheren Umgebung die Stoffelskuppe, das Horn bei Dermbach und der Hochrhöner-Zielort Bad Salzungen im Werratal.

4 6,2 (635) Der Abstieg erfolgt mit dem Aussichtsturm im Rücken wahlweise auf einem steilen Pfad zur Straße unterhalb des Gipfels oder bequemer auf einem Stufenweg ⤳ in beiden Fällen gehen Sie unten an der Straße links ⤳ von der Straße zweigt links wieder ein Pfad ab, der in etwa parallel zur Straße

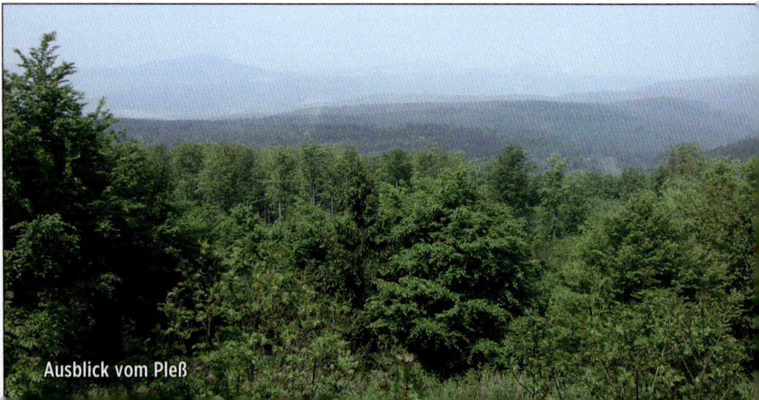

Ausblick vom Pleß

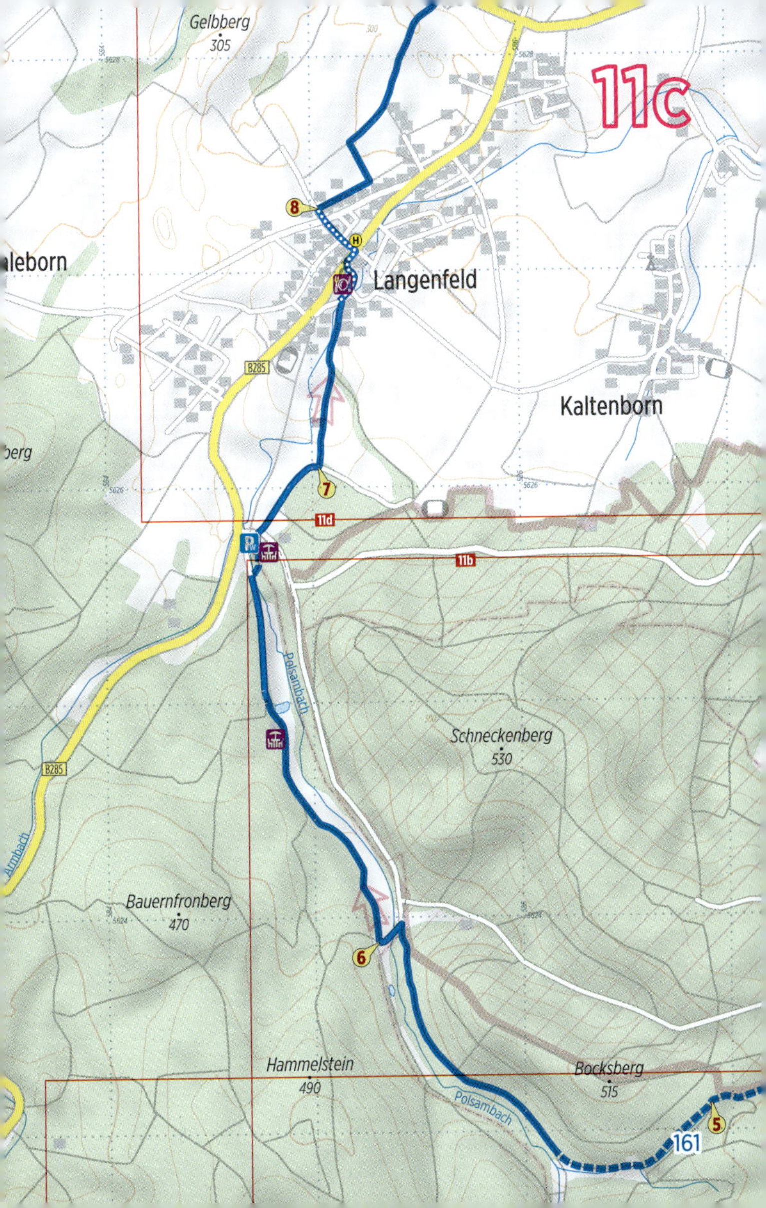
11c
Gelbberg
305
Langenfeld
Kaltenborn
B285
11d
11b
Polsambach
Schneckenberg
530
Armbach
Bauernfronberg
470
Hammelstein
490
Bocksberg
515
Polsambach
161
8
7
6
5

verläuft.

Botanik am Wegesrand

Hier können Sie auf den seltenen Siebenstern treffen, der auf sauren Böden vorkommt. Der Siebenstern hat quirlig stehende Blätter, lang gestielte Blüten mit meist sieben weißen Blütenblättern. Die zu den Schlüsselblumengewächsen gehörende Art ist vor allem in den Mittelgebirgen und im Norden Deutschlands sowie Europas verbreitet.

Am Ende des Pfades kurz die Straße berühren, dann gleich wieder links in den kleinen Weg ⤳ über die Pleßhauswiese, dort links halten und weiter hinab.

5 8,3 (480) An einer Weggabelung wandern Sie geradeaus, dann rechts eines Baches entlang ⤳ auf einer Lichtung erreichen Sie einen breiten Weg und gehen rechtshaltend weiter durch den **Schmalen Grund** ⤳ einige Kilometer durch den **Polsambachgrund** ⤳ der Weg wechselt auf die linke Talseite und kreuzt dabei den Bach.

6 10,7 (365) Nach der Bachquerung rechts und dem Bachverlauf folgend länger am Saum des Waldes entlang ⤳ vorbei an einem Weiher ⤳ nach 650 m vor dem Waldrand rechts auf einem Pfad weiter zum **Wanderparkplatz** und geradeaus über einen Fahrweg ⤳ kurz wandern Sie entlang des Waldrandes.

7 13,2 (315) Nach der Rechtskurve gehen Sie links und wandern vorbei an Gärten hinab nach Langenfeld.

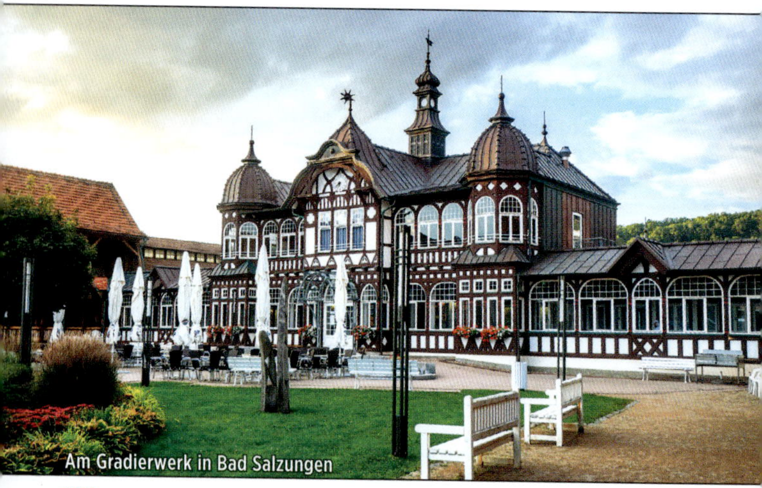

Am Gradierwerk in Bad Salzungen

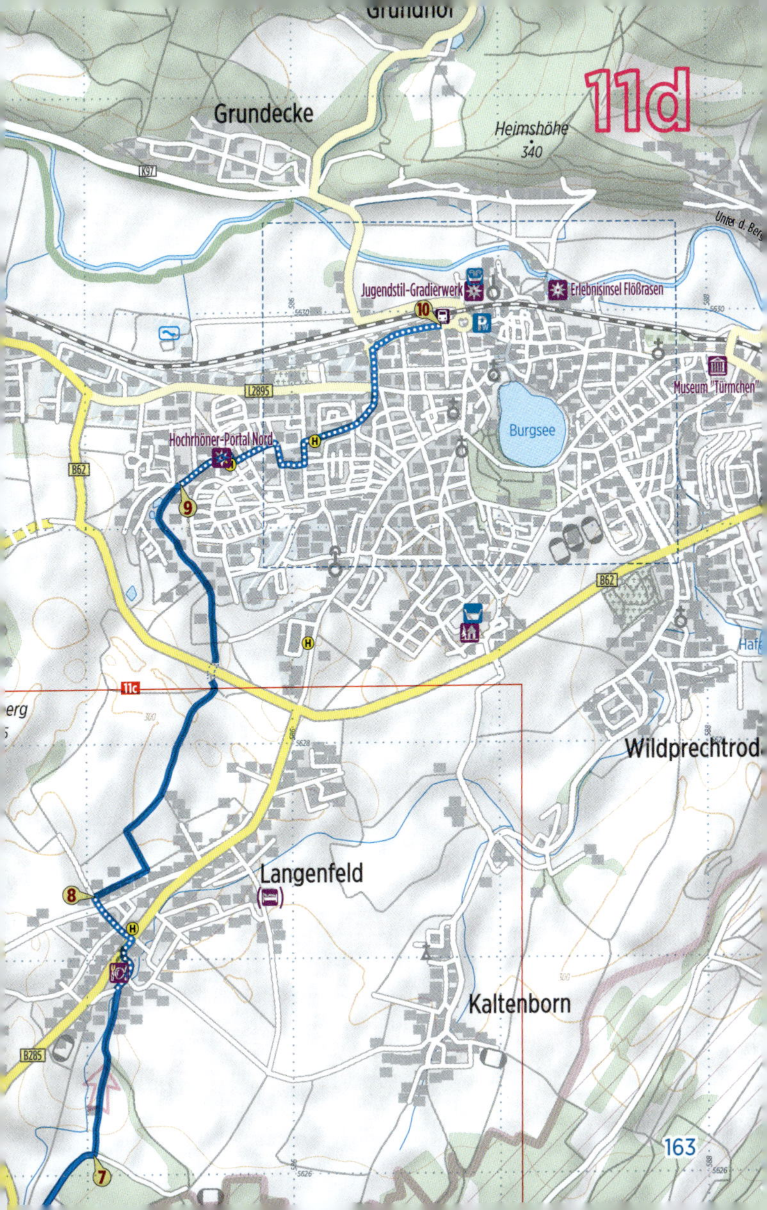
11d
Grundecke
Heimshöhe
340
K97
Jugendstil-Gradierwerk
Erlebnisinsel Flößrasen
10
L2895
Museum "Türmchen"
Hochrhöner-Portal Nord
Burgsee
9
B62
11c
Langenfeld
8
Kaltenborn
B285
7

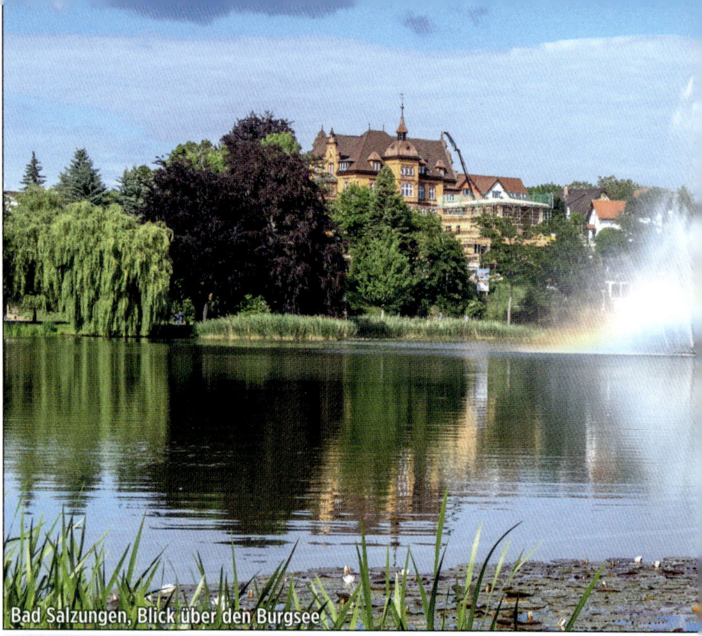

Bad Salzungen, Blick über den Burgsee

Langenfeld (Bad Salzungen)
Vorwahl: 03695

Gasthof Adam, Kirchg. 2, 624094, Do-Mo ab 10 Uhr, wif118

Nach einer Bachbrücke rechts und vorbei am Gasthaus, dann am Ende des Linksbogens rechts zur Hauptstraße ~ an der **B 285** kurz nach rechts, dann links in die Straße **Höhbaum** ~ über die Hohleborner Straße hinweg.

8 14,6 (310) Kurz darauf biegt der Hochrhöner rechts ab in den Weg hinter den Gärten ~ nach 250 m links abwärts ins Tal ~ an der T-Kreuzung wieder rechts ~ vorbei an Ginstersträuchern hinab zur Umgehungsstraße am Stadtrand von Bad Salzungen ~ durch die Unterführung der B 26 ~ weiter unterhalb des Klinikums und im weiten Rechtsbogen durch die **Kleingartenanlage**.

9 17,0 (250) Nach zwei Weihern gehen Sie rechts aufwärts zur **Bushaltestelle Gymnasium**, dabei kurz auf einem Sträßchen.

TIPP Kurz vor der Otto-Grotewohl-Straße endet die Markierung des Hochrhöners, das nördliche Portal des Weitwanderweges ist erreicht.

An der Straße kurz rechts und mit der **grünen Markierung** des Hochrhöner-Zubringers gleich wieder

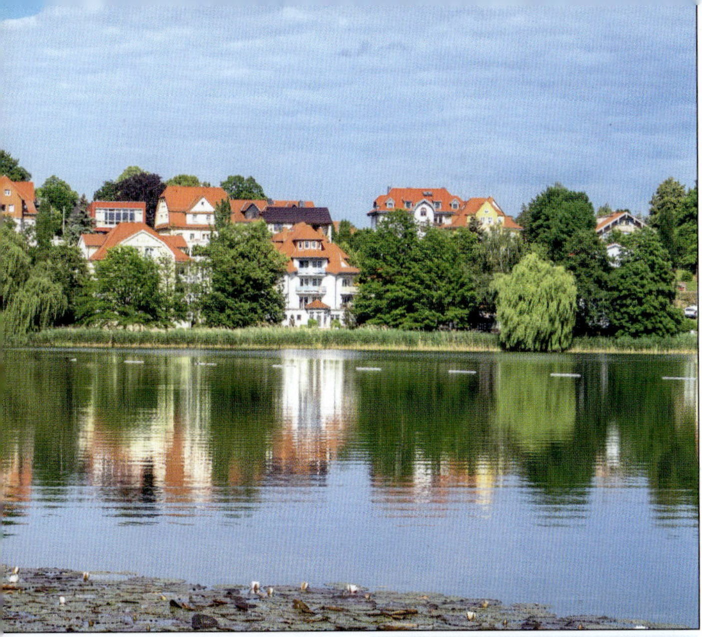

links in die Straße **Untere Beete** ⤳ in einem Rechtsschlenker um das Center herum, dann weiter auf der **Willi-Steitz-Straße** ⤳ linkshaltend der **Rhönstraße** folgen, bald die Leimbacher Straße überqueren und entlang der **Bahnhofstraße** ⤳ am Kreisverkehr biegen Sie rechts ab und gehen die letzten Meter zum Bahnhof.

10 18,8 (245) Am **Bahnhof** erreichen Sie das Ziel Ihrer Wanderung auf dem Hochrhöner.

VARIANTE Wollen Sie die fehlende Variante des Hochrhöners noch nachholen, können Sie in 2-3 Stunden mit der Bahn über Fulda nach Gersfeld fahren und dort dem Zubringer zum Roten Moor folgen, wo Sie die Hochrhöner-Gabelung erreichen (s. S. 62).

Bad Salzungen (s. S. 166)

Es freut uns ganz besonders, dass Sie für Ihre Wanderung auf dem Hochrhöner unseren Wanderführer als Ihren Begleiter gewählt haben. Wir hoffen, dass Sie damit zufrieden waren und Freude daran hatten. Das *Hikeline*-Team freut sich, wenn Sie in Zukunft wieder auf ein Buch aus unserer Serie zurückgreifen. Wir wünschen Ihnen eine gute Heimreise!

Bad Salzungen

Vorwahl: 03695

Tourist-Information, Flößrasen 1, im Museum am Gradierwerk, ✆ 693420, @ rpr732

Museum am Gradierwerk, An den Gradierhäusern 4, ✆ 693471 Es wird über die Entstehung, Gewinnung und Anwendung von Salz sowie über die Kurgeschichte der Stadt informiert. Im Museumsgarten befindet sich ein Siedehaus, wo im Sommer Salz gesiedet wird. @ ymw856

Museum im „Türmchen", August-Bebel-Str. 69, ✆ 693471, jeder 1. Fr im Monat u. n. V. Historische Buchdruckmaschinen können bestaunt werden. Zudem erfährt man etwas zu den regionalen Sagen und Geschichten aus der Schule. @ brp373

Jugendstil-Gradierwerk, An den Gradierhäusern 4, ✆ 69340 Das Gradierwerk als architektonisches Kleinod bietet auch zahlreiche Inhalationsmöglichkeiten unter Verwendung der Bad Salzunger Sole, einem anerkannten natürlichen Heilmittel. Anfang der 2020er Jahre wurde das Gradierwerk rekonstruiert bzw. runderneuert. @ btb644

Erlebnisinsel Flößrasen, Am Flößrasen. Mit Spielgolfanlage und Erlebnisspielplatz. @ rym642

Solewelt, Am Flößrasen 1, ✆ 69340. Mit Aktivbad, Saunalandschaft, Atemzentrum, Salzgrotte und Gesundheitszentrum. @ rnt665

Kurhaus Am Burgsee, Burgseestr. 12, ✆ 652090, ✆ 85350, @ lgv478

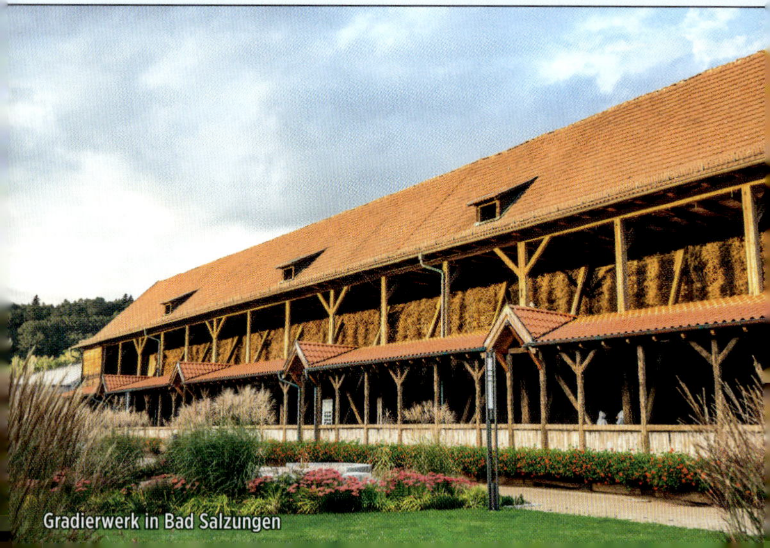

Gradierwerk in Bad Salzungen

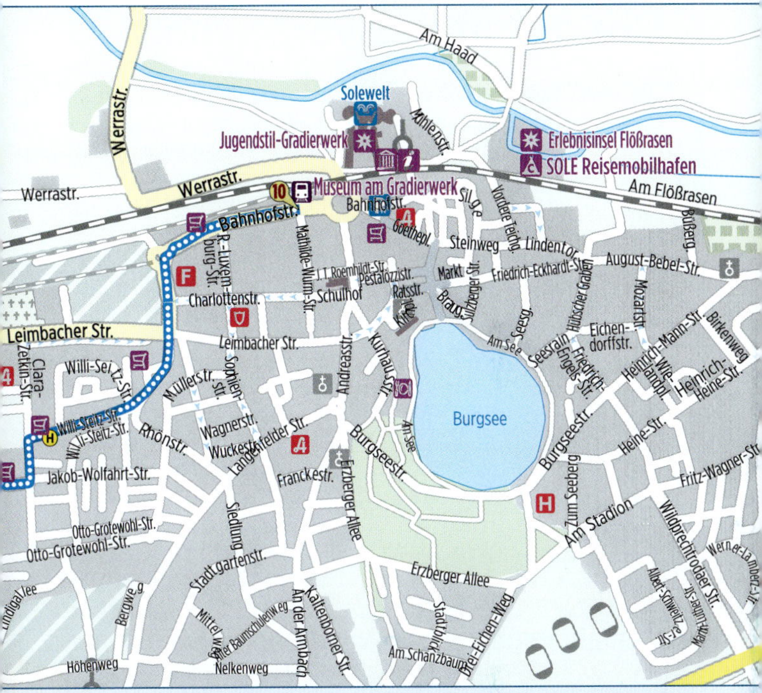

Zwischen den Südwesthängen des Thüringer Waldes und der kuppenreichen Rhön liegt, eingebettet ins liebliche Werratal, die Kur- und Kreisstadt Bad Salzungen. Seit 2009 trägt die Stadt das Prädikat „staatlich anerkanntes Sole-Heilbad". Seit frühgeschichtlicher Zeit wird bereits Salz gewonnen und seit 1590 das Gradierverfahren zur Gewinnung konzentrierter Sole genutzt. Der Kurbetrieb setzte schließlich im 19. Jahrhundert ein, nachdem 1821 das erste Badehaus gebaut wurde und die Verfahren der heilenden Wirkung der Sole in größerem Maßstab angewendet wurden. Von 2021 bis 2023 wurden die Gradierwände und historischen Brunnen im Rahmen aufwändiger Arbeiten vollständig rekonstruiert.

Übernachtungsverzeichnis

Übernachtungsadressen

Dieses Verzeichnis beinhaltet folgende Übernachtungskategorien:

Kategorien

- i Tourist-Information
- H Hotel
- Hg Hotel garni
- Gh Gasthof, Gasthaus
- P Pension, Gästehaus
- Pz Privatzimmer
- Ho Hostel
- Mo Motel
- NF Naturfreundehaus
- AH Apartmenthotel
- B&B Bed and Breakfast
- B Bungalow
- Fw Ferienwohnung (Auswahl)
- Bh Bauernhof
- Hh Heuhotel
- S Sonstiges
- Jugendherberge, -gästehaus
- Campingplatz
- Zeltplatz (Naturlagerplatz)

Die Auflistung stellt keine Empfehlung einzelner Betriebe dar und erhebt keinen Anspruch auf Vollständigkeit. Um das Verzeichnis stets aktuell zu halten, sind wir für Mitteilungen bezüglich Änderungen jeder Art dankbar. Der einfache Eintrag erfolgt für die Betriebe natürlich kostenfrei, aus Platzgründen können wir diesen allerdings nicht garantieren. Vor allem in Tourismusgebieten mit großem Übernachtungsangebot muss die

Qualitätsgastgeber Wanderbares Deutschland

Gütesiegel für wanderfreundliche Gastgeber

In den Kriterien zum „Qualitätsgastgeber Deutschland“ spiegeln sich die Bedürfnisse und Ansprüche von Wanderern wider. Übernachtungs- und Gastronomiebetriebe werden nach transparenten Kriterien überprüft. Dazu gehören:

- Lage (u. a. Anschluss an das Wanderwegenetz)
- Ausstattung (u. a. Trockenraum, Wanderapotheke)
- Service (u. a. Gepäcktransport, persönliche Atmosphäre)
- Wanderkompetenz (u. a. Tourentipps, Wanderberatung)
- Wanderinformation (u. a. Kartenmaterial, ÖPNV-Pläne)
- Küche (gesundes Frühstück, regionale Küche)

Vor Ort untersuchen vom Deutschen Wanderverband geschulte Experten die interessierten Hotels, Pensionen, Ferienwohnungen, Campingplätze, Jugendherbergen und Einkehrbetriebe auf ihre Wanderfreundlichkeit – so wird Wanderqualität deutschlandweit transparent.

Eine Auflistung der aktuellen zertifizierten Qualitätsgastgeber finden Sie unter

www.wanderbares-deutschland.de

Liste aus Platzgründen automatisiert leicht gekürzt werden.

Kennzeichnung

I Preiskategorie unter € 25,–
II Preiskategorie € 25,– bis € 35,–
III Preiskategorie € 35,– bis € 50,–
IV Preiskategorie € 50,– bis € 70,–
V Preiskategorie € 70,– bis € 100,–
VI Preiskategorie über € 100,–
o.F. kein Frühstück angeboten
HP mit Halbpension
nur Zimmer mit Etagenbad
W Qualitätsgastgeber Wanderbares Deutschland
2.5 Entfernung vom Weg in Kilometer Luftlinie

Preise

Die Preise gelten als Richtwert pro Person in einem Doppelzimmer mit Dusche oder Bad inkl. Frühstück.
Die angegebenen Preiskategorien entsprechen dem Stand des Erhebungs- bzw. Überarbeitungszeitraumes und können sich von den tatsächlichen Preisen unterscheiden. Besonders während Messezeiten, aufgrund von unterschiedlichen Zimmertypen und nicht zuletzt saisonal bedingt sind preisliche Schwankungen möglich.

Entfernung

Die blaue Zahl (2.5) beim Übernachtungsbetrieb gibt die Entfernung zur Route in Kilometern an. Bitte beachten Sie, dass sich diese Zahl auf die Luftlinie bezieht, ohne Berücksichtigung der Höhenmeter und der tatsächlich zurückzulegenden Strecke.
Aktuelle Korrekturen zum Übernachtungsverzeichnis erhalten Sie über das LiveUpdate auf www.esterbauer.com.

Etappe 1 - Von Bad Kissingen nach Stralsbach

Bad Kissingen

Vorwahl: 0971

i Tourist-Information Arkadenbau, Am Kurgarten 1, direkt im Kurgarten, ✆ 8048444 0
H Aparthotel Hohenzollern, Kurhausstr. 29, ✆ 71900, III-IV 0
H Bayerischer Hof, Maxstr. 9-11, ✆ 80450, IV-V 0
H Bristol, Bismarckstr. 8-10, ✆ 8240, IV-VI 0
H Campus, Schurzstr. 2-6, ✆ 72260, III-IV 0.5
H Dappers, Menzelstr. 21, ✆ 785480, V-VI 0.5
H Das Kleinod, Kurhausstr. 18, ✆ 72320, ✆ 0157/, IV-V 0
H Frankenland, Frühlingstr. 11, ✆ 810, V-VI 0.5
H Grand Hotel Kaiserhof Victoria, Am Kurgarten 5-7, ✆ 7010, V-VI 0
H Humboldt, Theresienstr. 24, ✆ 13061062, ✆ 0152/13463691, III-IV 0
H Krone am Park, Kurhausstr. 14, ✆ 6991880, ✆ 0971 72730, IV 0
H Laudensacks, Kurhausstr. 28, ✆ 72240, V-VI 0
H Parkhotel Cup Vitalis, Menzelstr. 19, ✆ 7000, IV-VI W 0.5

H Saxonia, Bergmannstr. 5, ✆ 72770, IV 0.5

H Fw Sonneneck, Rosenstr. 18, ✆ 71170, IV-V 0.5

H Sonnenhügel, Burgstr. 15, ✆ 830, V 1

H Villa Arnold, Menzelstr. 23, ✆ 72220, IV 0.5

H Fw Villa Spahn, Boxbergstr. 5, ✆ 3044, III-IV 0.5

H Villa Thea Kurhotel am Rosengarten, Theresienstr. 12, ✆ 71820, IV-VI 0

H Vital-Hotel Erika, Prinzregentenstr. 23, ✆ 71040, o.F., IV-V 0.5

H Weisses Haus, Kurhausstr. 11a, ✆ 72730, IV-V 0

H Westpark-Hotel, Rosenstr. 2, ✆ 71560, HP, IV 0.5

Hg Haus Marga, Schönbornstr. 8, ✆ 3326, III-IV 0.5

Hg Residenz am Rosengarten, Theresienstr. 8, ✆ 71260, IV-V 0

P Münchner Kindl, Grabeng. 3, ✆ 2101, ✆ 0151/23288677, III 0.5

P Villa Amber, Schönbornstr. 20, ✆ 7852195, III-IV 0.5

Heiligenhof, Alte Euerdorfer Str. 1, ✆ 71470, III 2

Campingpark, Euerdorfer Str. 1, ✆ 78513966 0.5

Stralsbach (Burkardroth)

Vorwahl: 09734

Gh Zum Weißen Rössl, Von-Henneberg-Str. 15, ✆ 201, III-IV 0

Fw Henneberger Hütte, Von-Henneberger-Str. 18, ✆ 0171/8187507, III-IV 0

Etappe 2 - Von Stralsbach nach Oberweißenbrunn

Burkardroth

Pz Gästehaus Albert, Obere Marktstr. 7, ✆ 09734/489, I-II 2

Fw Brehm, Obere Marktstr. 30, ✆ 09734/7786, II 2

Aschach (Bad Bocklet)

Vorwahl: 09708

Fw Kiesel, Quellenweg 35, ✆ 705848, ✆ 0151/10452055, III 0.5

Bad Bocklet

Vorwahl: 09708

i Tourist-Information, Kurhausstr. 2, Haus des Gastes, ✆ 707030 0.5

H Kunzmanns, An der Promenade 6, ✆ 780, VI 0.5

P Fw Domizil Karin, Rhönstr. 17, ✆ 8200, ✆ 0160/6404803, IV 1

P Fw Höchemers Feriendomizil, Rhönstr. 23, ✆ 6397, ✆ 0170/3032085, III-IV 1

P Rhönlust, Rhönstr. 9, ✆ 706020, ✆ 271, o.F., II-III 0.5

P Fw Saaletal, Aschacher Str. 6, ✆ 91050, II-III 0.5

Fw Appartementhaus Laura Sophie, Am Hofacker 2, ✆ 70255, II 1

Premich (Burkardroth)

Vorwahl: 09701

P Schöne Aussicht, Steinbergstr. 5, ✆ 9068768. Stand 2023 wurde nach einem Nachfolger gesucht, bis dahin findet keine Bewirtschaftung statt. 0

Stangenroth (Burkardroth)

Fw Haus Keßler, Rhönhallenstr. 35, ✆ 09734/1347, I-II W 3

Langenleiten (Sandberg)

Vorwahl: 09701

P Böhnlein, Lindenstr. 5, ✆ 907474, I-II 0.5

P Gasthaus Kissinger Hütte, Kissinger Hütte 1, auf dem Feuerberg westlich von Langenleiten, ✆ 286, III-IV 1.5

Kloster Kreuzberg (Bischofsheim a. d. Rhön)

Vorwahl: 09772

- Tourist-Information, Kreuzberg 1, ✆ 932853 0
- Gh Berggasthof Elisäus, Kreuzberg 2, IV 0
- Gh Roth, Kreuzberg 10, ✆ 1245, III 0
- P Franziskaner Klosterbetriebe, Kreuzberg 2, ✆ 91240, III 0

Oberwildflecken (Wildflecken)

- Campingplatz Kreuzberg/Rhön, Schulstr. 7, ✆ 09745/2294, ✆ 0171/1971700 1.5

Haselbach (Bischofsheim a. d. Rhön)

Vorwahl: 09772

- H Luisenhof, Haselbachstr. 93, ✆ 1880, III-IV 1.5

Bischofsheim a. d. Rhön

Vorwahl: 09772

- Tourist-Information, Kirchpl. 7, ✆ 910150 2.5
- Gh Brennerei Gasthaus Dickas, Josefstr. 9, ✆ 456, III 2.5
- Gh Gasthof Adler, Ludwigstr. 28, ✆ 320, III-IV 3
- P Fw Knüttel, Ahornstr. 32, ✆ 1372, ✆ 0163/1823314, o.F., I-II 3
- Fw Renate Hahn, Am Pfarrgrund 23, ✆ 1033, I-II 2.5

Frankenheim (Bischofsheim a. d. Rhön)

Vorwahl: 09772

- P Hansenmühle, Gersfelder Str. 37, ✆ 329, III 2
- Fw Sonnenstrahl, Fuchserb 4, ✆ 8903, II-III 1.5

Oberweißenbrunn (Bischofsheim a. d. Rhön)

Vorwahl: 09772

- Hg Gasthof Rhönlust, Geigensteinstr. 50, ✆ 442, III 0.5
- Gh Mühlengrund, Mühlengrund 3+5, ✆ 445, III 0
- P Zum Lamm, Geigensteinstr. 26, ✆ 93030, III 0
- Fw Arnsbergblick, Geigensteinstr. 34, ✆ 8594, ✆ 0175/5252483, III-IV 0.5

Etappe 3 - Von Oberweißenbrunn zur Enzianhütte (Westroute Kuppenrhön)

Rhönhäuschen (Bischofsheim a. d. Rhön)

Vorwahl: 09772

- P Rhönhäuschen, Rhönhaus 1, ✆ 322, III-IV 1

Gersfeld (Rhön)

Vorwahl: 06654

- Tourist-Information Gersfeld, Brückenstr. 1, ✆ 1780 0
- H Gersfelder Hof, Auf der Wacht 14, ✆ 1890, V 0.5
- H Sonne, Amelungstr. 1, ✆ 96270, III 0
- P Jäger, Auf der Wacht 19, ✆ 230, ✆ 0171/7369844, III-IV 0.5
- P Schleicher, Tannenstr. 1, ✆ 370, ✆ 308, ✆ 0162/3287105, III 0
- P Weinig, Am Kreuzgarten 4, ✆ 557, ✆ 0170/7907504, III 0.5
- Jugendherberge Gersfeld, Jahnstr. 6, ✆ 340, II 0.5
- Hochrhön, Schachen 13, ✆ 7836, I 1.5

Schachen (Gersfeld (Rhön))

- Gh Zur schönen Aussicht, Schachen 26, ✆ 06654/445, III 1.5

Sandberg (Gersfeld (Rhön))

Vorwahl: 06654

- Pz Landhaus Schneeberg, Sandberg 24, ✆ 496, III-IV 0.5

Obernhausen (Gersfeld (Rhön))

Vorwahl: 06654

H Fuldaquelle, Obernhausen 4, ✆ 7414, III 1

P Hohe Rhön, Obernhausen 25, ✆ 453, III 1

Pz Gästehaus Berghof Wasserkuppe, Obernhausen 5, ✆ 251, III 1.5

Wasserkuppe (Gersfeld (Rhön))

Vorwahl: 06654

i Tourist-Information Rhön Kompetenzzentrum Wasserkuppe, Wasserkuppe 1, ✆ 917120 0

H Berghotel Deutscher Flieger, Wasserkuppe 48, ✆ 381, II-IV 0

H Peterchens Mondfahrt, Wasserkuppe 46, ✆ 381, IV 0

Abtsroda (Poppenhausen)

Vorwahl: 06658

Gh Berggasthof Zum Hirsch/Hessisch Canada, Wasserkuppenstr. 18, ✆ 9188417, III-IV 0.5

P Landhaus Zur Schmiede, Brunngrabenstr. 2, ✆ 202, III-IV 0

Enzianhütte (Hilders)

P Enzianhütte, Bornbergstr., ✆ 06658/319, II-III 0

Etappe 4 - Von der Enzianhütte nach Gotthards (Westroute Kuppenrhön)

Grabenhöfchen (Poppenhausen)

H Grabenhöfchen, An der 458, III-IV 0

Maulkuppe (Poppenhausen)

Gh Fuldaer Haus, Maulkuppe 1, ✆ 06658/242, III-IV 0.5

Danzwiesen (Hofbieber)

Fw Milseburgstube, Gangolfweg 1, ✆ 06657/608565, III. Mit Biergarten. 0.5

Kleinsassen (Hofbieber)

Vorwahl: 06657

Fw Alte Mühle, Am Hirtsrain 13, ✆ 6684, III-IV 1.5

Fw Milseburgblick, Am Krautgarten 1, ✆ 1273, I-II 1.5

Oberbernhards (Hilders)

Vorwahl: 06657

JH Jugendherberge Oberbernhards, Oberbernhards 5, ✆ 240, III 0.5

Steens (Hofbieber)

Vorwahl: 06657

H Lothar-Mai-Haus, Lothar-Mai-Str. 1, ✆ 2309700, V-VI 0

Elters (Hofbieber)

Vorwahl: 06657

Fw Milseburg, Ellenbogenweg 6, ✆ 914593, ✆ 0152/56126105, I-II 2

Eckweisbach (Hilders)

Vorwahl: 06681

Gh Kühler Grund, Hauptstr. 21, ✆ 290, III 2.5

Gh Zum Rosenbachschen Löwen, Hauptstr. 27, ✆ 258, III-IV 2.5

Fw Landhaus Will, Von-Guttenberg-Str. 14, ✆ 318, III W 2.5

Hilders

Vorwahl: 06681

i Tourist-Information, Kirchstr. 2-6, ✆ 960815 6

Langenbieber (Hofbieber)

Vorwahl: 06657

Hg Biebertal, Bahnhofstr. 16, ✆ 0174/3962220, III 5

Gh Rhön Gasthof Zur Linde, Bibersteinerstr. 13, ✆ 96050, III-IV 4.5

Hofbieber

Vorwahl: 06657

i Tourist-Information, Schulweg 5, ✆ 9870 4.5

H Sondergeld, Am Lindenpl. 4, ✆ 376, III-IV 4

Gh Kiesbergquelle, Langenbieber Str. 3, ✆ 238, IV 4.5

Fw Ferienhof Laibold-Evers, Am Kiesberg 10, ✆ 7464, II 4

Schwarzbach (Nüsttal)

Gh Schwarzer Adler, Weinstr. 4, ✆ 06684/243, III-IV 0.5

P Rhön Stern Hotel, Tanner Str. 27, ✆ 06684/244, III-IV 0.5

Gotthards (Nüsttal)

Vorwahl: 06684

Gh Rhönhof, Kettener Str. 2, ✆ 917444, III 0

Fw Klewitz, Schwarzbacher Str. 20, ✆ 296 0

Obernüst (Nüsttal)

Vorwahl: 06684

Bh Ferienhof Königsmühle, Königsmühle 1, ✆ 282, III 2

Etappe 5 - Von Gotthards nach Tann (Westroute Kuppenrhön)

Günthers (Tann)

P Ulsterbrücke, Brückenstr. 1, ✆ 06682/9704046, ✆ 0163/7317530, II-III 2

Tann

Vorwahl: 06682

i Tourist-Information Tann, Marktpl., im Rathaus, ✆ 96110 0

H Am Rathaus, Marktpl. 16, ✆ 96220, III-IV 0

Gh Zur Krone, Am Stadttor 2, ✆ 213, IV-V 0

P Ditzel, Rockenstuhlstr. 12, ✆ 1791, ✆ 0171/7781695, I-II 0.5

Fw Ingrid, Geriethweg 5, ✆ 8221, I 0.5

Lahrbach (Tann)

H Landhaus Kehl, Eisenacher Str. 15, ✆ 06682/387, III-IV 2

Fw Ferienwohnung am Felsenkeller, Ringweg 2, ✆ 06682/8515, II-III 2

Etappe 6 - Von Tann zum Abzweig Dermbach (Westroute Kuppenrhön)

Dietgeshof (Tann)

P Apfelweinstube, Dietgeshof 1, ✆ 06682/315, ✆ 0176/22010618, III 0

Theobaldshof (Tann)

Gh Zur schönen Aussicht, Rhönbergstr. 17, ✆ 06682/216, II 1.5

Andenhausen

Vorwahl: 036964

Bh Burgbauernhof Katzenstein, Wirtschaftshof 1-2, ✆ 83876, ✆ 0176/64717917, III 0.5

Zella

Vorwahl: 06691

P Schmidt, Gläserblick 1, ✆ 036964/93348, II 0

Empfertshausen

Fw Leopold, Hauptstr. 22, ✆ 036964/93855, ✆ 0151/65964751, I-II 1

Steinberg (Dermbach)

Bh Schuchert, Steinberg 9, ✆ 036964/93384, II 0.5

Föhlritz (Dermbach)

Vorwahl: 036964

Fw Zum Hobbywirt, Föhlritz 23, ✆ 93143, I-II 0

Dermbach

Vorwahl: 036964

i Tourismusbüro im Museum, Kirchberg 5, ✆ 8763 0

H Rhöner Botschaft, Bahnhofstr. 2, ✆ 869230, IV-VI 0.5

H Zum Rhönpaulus, Bahnhofstr. 21, ✆ 82234, III-IV 0.5

Fw Kiewitt, Bahnhofstr. 17, ✆ 82450, II 0.5
Fw Mihms, Steinstr. 40, ✆ 7632, II 0.5

Unteralba (Dermbach)

Vorwahl: 036964
Gh Zum Baier, Karlstr. 4, ✆ 82406, III-IV 1

Oberalba (Dermbach)

Vorwahl: 036964
Fw Zur Linde, Oberalba 1, ✆ 82415, II 2

Etappe 7 - Von Oberweißenbrunn nach Birx (Ostroute Lange Rhön)

Rhönhäuschen (Bischofsheim a. d. Rhön)

Vorwahl: 09772
P Rhönhäuschen, Rhönhaus 1, ✆ 322, III-IV 1

Wüstensachsen (Ehrenberg)

Vorwahl: 06683
H Haus zur Wasserkuppe, Schafsteiner Str. 25, ✆ 600, III-IV 2.5
Gh Lisas Welt, Tanner Str. 18, ✆ 250, III-IV 2
Fw Haus Beckenmühle, Beckenmühle 5, I-II 3
Rhön Camping Park, An der Ulster 1, ✆ 1268 2

Sennhütte (Fladungen)

H Berggasthof Sennhütte, Sennhütte 1, Hochrhönstraße beim Schwarzen Moor, Fladungen, ✆ 09778/91010, IV-V 0

Birx

Vorwahl: 036946
P Dreiländereck, Am Sportpl. 7, ✆ 31455, IV W 0
P Flechsenberger Hof, Seifertser Str. 18, ✆ 32110, IV 0

Seiferts (Ehrenberg)

Vorwahl: 06683
H Krenzers Rhön, Eisenacher Str. 24, ✆ 96340, V-VI 2.5
Gh Goldener Stern, Eisenacherstr. 48, ✆ 287, III 2.5

Etappe 8 - Von Birx nach Kaltennordheim (Ostroute Lange Rhön)

Frankenheim

Vorwahl: 036946
i Gemeinde Frankenheim, Am Friedhof 5, ✆ 31610 0
Fw Rhöner Sternenhimmel, Leubacher Str. 22, ✆ 0160/97804945, III-IV 0

Thüringer Rhönhaus (Frankenheim)

Gh Thüringer Rhönhaus, Rhönhausstr. 1, ✆ 036946/32060, III-IV 0.5

Oberweid

Vorwahl: 036946
Gh Silberdistel, Anzenweg 4, ✆ 22124, III-IV 2.5
Fw Glanz, Löcherweg 13, ✆ 29782, ✆ 01520/8633009, II 2
Fw Gottbehüt, Frankenheimer Str. 22, ✆ 26050, II 2.5

Kaltenwestheim

Fw Ferienhaus Rhöner-Auszeit, Untertorstr. 5, ✆ 0151/12316651, II-III 0.5

Kaltensundheim

Vorwahl: 036946
Gh Zur guten Quelle, Hauptstr. 7-9, ✆ 3850, III-IV 0

Kaltennordheim

Vorwahl: 036966
H Zum Löwen, August-Bebel-Str. 1, III 0
Gh Zur Einkehr, August-Bebel-Str. 24, ✆ 84214, II-III 0.5

Etappe 9 - Von Kaltennordheim zum Abzweig Dermbach (Ostroute Lange Rhön)

Klings

Pz Fw Haus Denner, Obere Dorfstr. 16,

℃ 036966/7441, I-II 1.5

Andenhausen

Vorwahl: 036964

Bh Burgbauernhof Katzenstein, Wirtschaftshof 1-2, ℃ 83876, ℃ 0176/64717917, III 0.5

Zella

Vorwahl: 06691

P Schmidt, Gläserblick 1, ℃ 036964/93348, II 0

Empfertshausen

Fw Leopold, Hauptstr. 22, ℃ 036964/93855, ℃ 0151/65964751, I-II 1

Steinberg (Dermbach)

Bh Schuchert, Steinberg 9, ℃ 036964/93384, II 0.5

Föhlritz (Dermbach)

Vorwahl: 036964

Fw Zum Hobbywirt, Föhlritz 23, ℃ 93143, I-II 0

Dermbach

Vorwahl: 036964

i Tourismusbüro im Museum, Kirchberg 5, ℃ 8763 0

H Rhöner Botschaft, Bahnhofstr. 2, ℃ 869230, IV-VI 0.5

H Zum Rhönpaulus, Bahnhofstr. 21, ℃ 82234, III-IV 0.5

Fw Kiewitt, Bahnhofstr. 17, ℃ 82450, II 0.5

Fw Mihms, Steinstr. 40, ℃ 7632, II 0.5

Unteralba (Dermbach)

Vorwahl: 036964

Gh Zum Baier, Karlstr. 4, ℃ 82406, III-IV 1

Oberalba (Dermbach)

Vorwahl: 036964

Fw Zur Linde, Oberalba 1, ℃ 82415, II 2

Etappe 10 - Von Dermbach nach Bernshausen

Bernshausen (Urnshausen)

H Landhotel Zur Grünen Kutte, Bernshausen 9, ℃ 036964/82346, IV-V W 0

H Rhön Feeling, Bernshausen 29, ℃ 036964/82523, IV 0

Schönsee-Camping, am Schönsee, nördlich von Bernshausen, ℃ 0174/3006299 1.5

Etappe 11 - Von Bernshausen nach Bad Salzungen

Bad Salzungen

Vorwahl: 03695

i Tourist-Information, Flößrasen 1, im Museum am Gradierwerk, ℃ 693420 0.5

H Solewerk Hotel, Bahnhofstr. 21, ℃ 6393646, ℃ 7910700, III-IV 0

Hg Haus Hufeland, Sulzberger Str. 11-13, ℃ 653000, ℃ 652999, IV-V 0.5

P Elli-Christine, Silge 9, ℃ 824477, ℃ 0172/3454477, o.F., II 0.5

P Kartoffelkäfer, Silge 11, ℃ 606204, III 0.5

P Morgenweck, Wuckestr. 8, ℃ 55460, III-IV 0.5

P Pension Stegmann, Am Flößrasen 3, ℃ 623051, ℃ 0172/4987273, III-IV 0.5

Jugendherberge Bad Salzungen, Kaltenborner Str. 70, ℃ 622208, ℃ 8500011, III 1

Witzelroda (Moorgrund)

Vorwahl: 03695

H Panorama Hotel „Am Frankenstein“, Salzunger Str. 100, ℃ 858570, IV 2.5

Ortsindex

Die Seitenzahlen ab S. 168 beziehen sich auf das Übernachtungsverzeichnis.